ro
ro
ro

«Hast du U-Bahn?»

«Hab Bus!»

«Binisch auch Bus.»

In der ersten Zeit stellte ich mir oft die Frage, welche Gespräche man hörte, wenn man nicht wie ich auf einem Gymnasium unterrichtete. Äußerungen in der Pause waren das eine, in den Unterrichtsstunden machte ich jedoch keine anderen Erfahrungen.

«Cemal! Erläutere mir doch bitte mal, wie der Humanismus dazu beitrug, dass die Europäer damals unbekannte Regionen und Kontinente entdeckten!»

«Kolumbus.»

«Cemal, bitte antworte im ganzen Satz!»

«Wegen Kolumbus.»

«Das ist noch kein ganzer Satz.»

«Doch!»

«Nein, da liegst du falsch.» Über diese Streitfrage in der Klasse abzustimmen, hätte Cemal zu einem Kantersieg verholfen, weshalb ich auf solche plebiszitären Elemente verzichtete und lieber fortfuhr, ihn zu triezen …

Stephan Serin wurde 1978 in Ostberlin geboren. Nach seinem Abitur studierte er Französisch und Politische Bildung auf Lehramt in Potsdam und Pau, Frankreich, zwei Fächer mit den deutschlandweit schlechtesten Einstellungschancen für Pädagogen. Seit dem Jahr 2000 ist er festes Mitglied der Berliner Lesebühne «Chaussee der Enthusiasten». Wenn Stephan Serin nicht schreibt oder liest, arbeitet er als Lehrer oder versucht, seine Kinder zu erziehen.

Stephan Serin

FÖHN MICH NICHT ZU

Aus den Niederungen deutscher Klassenzimmer

Mit Illustrationen
von Ulrich Scheel

Rowohlt Taschenbuch Verlag

Für meine Freundin
und meine Prüfungsklasse in Französisch

6. Auflage November 2010
Originalausgabe
Veröffentlicht im Rowohlt Taschenbuch Verlag,
Reinbek bei Hamburg, September 2010
Copyright © 2010 by Rowohlt Verlag GmbH,
Reinbek bei Hamburg
Umschlaggestaltung ZERO Werbeagentur, München
(Illustration: Ulrich Scheel)
Innenillustrationen Ulrich Scheel
Redaktion Regina Carstensen
Satz Minion PostScript, InDesign, bei
KCS GmbH, Buchholz bei Hamburg
Druck und Bindung CPI – Clausen & Bosse, Leck
Printed in Germany
ISBN 978 3 499 62670 8

INHALT

POST AUS DER BEUTHSTRASSE

Da stand es nun, Schwarz auf Weiß, ich war zum Referendariat in Berlin zugelassen. Eigentlich eine Neuigkeit, über die ich mich hätte freuen sollen. Andere Bewerber warteten schließlich drei Jahre auf einen Platz. Bei mir waren es nur zehn Monate gewesen. Aber schon spürte ich sie wieder, meine Ängste. War das wirklich der richtige Beruf für mich? War ich nicht viel zu unorganisiert, viel zu chaotisch, um die Arbeit eines Lehrers halbwegs zeitökonomisch zu bewältigen? Wie sollte ich es schaffen, mir all die Schülernamen zu merken, wenn ich mir schon sonst nicht den von Frau Schmidt und Herrn Müller merken konnte? Würde ich mich mit meiner Körpergröße gegen die Jugendlichen behaupten können? Konnte ich vor ihnen glaubwürdig als Lehrer auftreten, wenn ich schon per se alles, was ich tat, selbstironisch infrage stellte, um mich nicht angreifbar zu machen? Und vor allen Dingen: War das Referendariat wirklich so schrecklich, wie alle sagten? Würde ich das erste Mal an meine Grenzen stoßen, das Zweite Staatsexamen vielleicht nicht bestehen oder die Ausbildung gar mittendrin abbrechen? Oder übertrieben die von mir befragten Lehrer, die diese zwei Jahre als schlimmste Zeit in ihrem Leben ansahen, weil sie in ihnen trotz größter Bemühungen permanent immer nur negative Rückmeldungen erhalten hatten? Leider war das Schreiben der Senatsverwaltung nicht dazu angetan, meine Sorgen zu zerstreuen und mir Mut zu machen:

6. Juni 2007

Sehr geehrter Herr Serin,

ich freue mich, Ihnen mitteilen zu dürfen, dass nach dem Ergebnis des Zulassungsverfahrens Ihre Einstellung in den Vorbereitungsdienst zum 22. August 2007 mit der Fächerkombination Sozialkunde, Französisch erfolgen könnte. Informationen über die Zuweisung zum Schulpraktischen Seminar und zur Ausbildungsschule erhalten Sie drei Wochen vor Dienstantritt. Sehen Sie bitte von telefonischen Nachfragen bei uns ab.

Voraussetzung für die Einstellung in den Vorbereitungsdienst ist Ihre gesundheitliche Eignung, nachzuweisen durch Vorlage eines amtsärztlichen Gutachtens. Die amtsärztliche Untersuchung habe ich beim zuständigen Gesundheitsamt angeordnet, welches Ihnen den Untersuchungstermin schriftlich mitteilt. Der Aufforderung zur Untersuchung ist unbedingt nachzukommen. Sollten Sie dieser Verpflichtung zuwiderhandeln, werden Sie vom Einstellungsverfahren ausgeschlossen.

Beantragen Sie überdies unverzüglich bei der für Sie zuständigen Meldebehörde die Erteilung eines «Führungszeugnisses zur Vorlage bei einer Behörde» (Belegart «0»). Die Gebühr für das Führungszeugnis haben Sie selbst zu tragen. Führungszeugnisse, die vor Mai 2007 ausgestellt wurden, werden von uns nicht akzeptiert. Sollte ich das Führungszeugnis bis zum 16. Juli nicht erhalten haben, werden Sie vom Einstellungsverfahren ausgeschlossen.

Schicken Sie mir ferner unverzüglich Ihre Lohnsteuerkarte für das Jahr 2007 und füllen Sie das beigefügte

Formblatt vollständig und mit Unterschrift aus. Beides muss bis zum 20. Juni in unserer Behörde eingegangen sein. Maßgebend ist nicht der Poststempel.

Sollten Sie allen Forderungen nachgekommen sein und sich aus der amtsärztlichen Untersuchung sowie dem Führungszeugnis keine Bedenken gegen Ihre Einstellung ergeben, würde ich Sie zum 22. August in den Vorbereitungsdienst aufnehmen.

Mit freundlichen Grüßen,
Im Auftrag
Schönemann

Hatte vor dem Lesen des Briefes zumindest noch eine Restzuversicht in mir geschlummert, dass mit den zwei Jahren Referendariat nicht zwingend eine bittere Leidenszeit für mich anbrechen würde, so war diese Hoffnung nun endgültig ausgeräumt. Meine nächtliche Atemnot und Herzbeklemmung würden wohl noch zunehmen. Der ganze Tonfall erinnerte mich stark an die Schreiben vom Jobcenter Mitte, mit dem ich seit Ende meines Studiums im letzten Jahr konferierte, weil ich nicht sofort einen Referendariatsplatz ergattert und mich darum arbeitslos gemeldet hatte. Nur war es denen im Jobcenter immer um Abschreckung gegangen, darum, dass ich meinen Antrag auf Arbeitslosengeld II zurückzog. Verfolgte Frau Schönemann in der Senatsverwaltung – von einem ehemaligen Kommilitonen, der bereits Referendar war, wusste ich, dass es sich bei «Schönemann» um eine Frau handelte – mit ihrem Brief etwa das gleiche Ziel? Dieser vermittelte mir zumindest nicht den Eindruck, als wolle man mich als Referendar, eher, als sei es ein Verbrechen von mir, mich überhaupt beworben zu haben. Und da man mich formal nicht ablehnen konnte, versuchte man nun, mich eben mittels dieses unfreundlichen Behördenjargons zum Aufgeben zu bewegen. In der Tat erschien mir ein fortgesetztes Leben mit Hartz IV angesichts der Alternative Lehrerausbildung gerade deutlich weniger bedrohlich als sonst, denn als Arbeitsloser hatte ich mich schließlich schon bewährt. Nur hätte Frau Schönemann, um sicherzugehen, dann auch gleich noch deutlicher werden können, in etwa so:

Herr Serin,

es ist unsere Pflicht, Sie davon in Kenntnis zu setzen, dass nach dem Ergebnis des Zulassungsverfahrens Ihre Einstellung in den Vorbereitungsdienst zum 22. August 2007 erfolgen könnte. Informationen über Zuweisung zur Ausbildungsschule folgen. Unterstehen Sie sich, mich oder meine Kollegen diesbezüglich mit telefonischen Nachfragen zu belästigen.

Um sicherzugehen, dass unsere Schüler nicht von kranken oder behinderten Menschen (zum Beispiel solchen mit Klumpfüßen) unterrichtet werden, haben wir für Sie eine amtsärztliche Untersuchung beim zuständigen Gesundheitsamt angeordnet, welches Ihnen den Untersuchungstermin schriftlich mitteilt. Sollten Sie der Aufforderung zur Untersuchung nicht nachkommen oder um eine Verschiebung des Termins ersuchen, so interpretieren wir dies als vorsätzliches Verschweigen krankheits- bzw. behindertenrelevanter Tatbestände. Dieser Betrug hat ein sofortiges lebenslanges Berufsverbot in Berlin und allen anderen Bundesländern zur Folge.

Da Sie nicht weiblich sind, sind Sie überdies verpflichtet, uns innerhalb der kommenden zwei Wochen ein aktuelles polizeiliches Führungszeugnis vorzulegen. Sollte laut diesem nichts zu beanstanden sein, so werden wir

Sie noch einem Lügendetektortest zu eventuell vorhandenen Sympathien für totalitäre Systeme unterziehen. Das machen wir bei allen Kandidaten so, die auf dem Boden der DDR zur Welt gekommen sind.

Ihre Lohnsteuerkarte für das Jahr 2007 und das ausgefüllte Formblatt bringen Sie bis zum 20. Juni gefälligst persönlich in unserer Dienststelle vorbei. Unsere Sprechzeiten sind montags von 11.00–11.15 Uhr und von 11.15–11.30 Uhr. Belästigen Sie uns nicht außerhalb dieser Sprechzeiten. Der Postweg wird nicht akzeptiert.

Sollten Sie wider Erwarten alle Bedingungen erfüllen, so werden wir Sie am 22. August vereidigen müssen, ob es uns passt oder nicht.

Abschließend möchten wir Sie noch darauf hinweisen, dass Ihre Chancen, nach dem Referendariat als Lehrer eine Stelle zu finden, äußerst gering sind, hingegen Ihre Chance, während des Referendariats an Burnout zu erkranken, umso größer. Für zukünftige Rückfragen werden wir Ihnen nicht mehr zur Verfügung stehen.

Gruß,
Senatsverwaltung für
Bildung, Jugend und Sport

Wenn es Frau Schönemann nicht darum gegangen war, mich abzuschrecken, sondern abzuhärten, damit ich vom Referendariat selbst nicht mehr so geschockt werden konnte, dann hatte sie ihr Ziel verfehlt. Gerade in dieser Phase voller Selbstzweifel an meiner beruflichen Eignung und daran, das benötigte Durchhaltevermögen für die Ausbildungszeit zu besitzen, brauchte ich besonders viel Zuspruch. Und hätte darum ein Schreiben in folgender Akzentuierung bitter nötig gehabt:

Lieber Herr Serin,

14   als Ihre persönliche Sachbearbeiterin ist es mir eine Freude, Ihnen mitteilen zu dürfen, dass Sie nach dem Ergebnis des Zulassungsverfahrens kurz vor Ihrer Einstellung in den Vorbereitungsdienst stehen. Über Ihre Ausbildungsschule liegen noch keine näheren Informationen vor. Die Rütli wird es aber nicht sein, das kann ich Ihnen schon mal versichern. Ich rufe Sie jedenfalls sofort an, sobald ich Näheres weiß.

Um tatsächlich eingestellt werden zu können, müssen Sie noch ein amtsärztliches Gutachten vorlegen. Aber keine Sorge, die Amtsärztin ist ein bisschen schwer von Begriff. Behaupten Sie einfach, Sie seien gesund. Die glaubt Ihnen das. Und wenn Sie sich Sorgen um Ihre Urinprobe machen, dann bringen Sie einfach eine fremde mit.

Überdies bräuchte ich noch ein polizeiliches Führungszeugnis von Ihnen. So sympathisch wie Sie auf dem Passfoto in Ihrer Bewerbung lächeln, kann ich mir zwar nicht vorstellen, dass Sie irgendetwas verbrochen haben. Aber Sie wissen ja selbst, wie unflexibel Behörden oft sind. Sollte in Ihrem Führungszeugnis doch schon etwas vermerkt sein, Schwamm drüber! Das sind für mich Jugendsünden, und ich werde Sie trotzdem im Personalrat durchboxen. Versprochen!

Und schließlich müssten Sie mir noch das ausgefüllte und unterschriebene Formblatt sowie Ihre Lohnsteuerkarte zukommen lassen. Sie können es schicken, aber auch vorbeibringen. Das hätte den Vorteil, dass wir uns mal persönlich kennenlernen würden. Meine Sprechzeiten sind Montag bis Sonntag jeweils 7–22 Uhr.

Ich bin mir sicher, dass Ihnen das Referendariat trotz seines schlechten Rufs viel Freude bereiten wird. Lassen Sie sich von zwischenzeitlichen Rückschlägen nicht verunsichern. Sie werden die Aufgaben meistern. Sie haben das Zeug zu einem guten Lehrer. Das sagt mir Ihr sympathisches Lächeln auf dem Bewerbungsfoto.

Auf bald,
Ihre Ines

PS: Haben Sie eigentlich schon eine Freundin?

WO ENTSTEHT URIN?

Die Zusage von der Senatsverwaltung besaß ich zwar, aber ich musste noch durch den Bodycheck, die amtsärztliche Untersuchung im Gesundheitsamt Mitte, das sich im dritten Stock eines elfgeschossigen Neunziger-Jahre-Hochhauses unweit vom Alexanderplatz befand. Als ich nach meiner Ankunft am Empfang von der Arzthelferin einen Anamnesebogen erhielt, musste ich wieder an die Worte des GEW-Referenten denken, den ich extra vorher angerufen hatte: «Die Untersuchung ist reine Formsache. Mach dir keine Sorgen!» Aber konnte ich mir bei all meinen Behinderungen da wirklich so sicher sein? Zudem hatten mich seit dem Schreiben von Frau Schönemann aus der Beuthstraße meine referendariats- und berufsbezogenen Sorgen dermaßen fest im Griff, dass ich mir gleich wieder ein paar neue somatoforme Störungen zugelegt hatte: Stiche in der Brust, ein nächtliches Puckern im rechten Oberschenkel sowie ein permanentes Druckgefühl im Bauch. Empfahlen mir diese Beschwerden nicht im Grunde, besser durch die amtsärztliche Untersuchung zu fallen, um mich keiner Arbeit zu verschreiben, die mir nur schaden konnte?

Allerdings waren meine Verunsicherung und meine körperlichen Leiden auch keine konstruktiven Berater, solange mir keine tatsächliche Alternative zum Lehrerberuf einfiel. Denn für Journalismus, für den ich mich zu meiner Schulzeit mal begeistert hatte, war der Zug wohl abgefahren, da ich mich in den letzten Jahren überhaupt nicht mehr in diese Richtung engagiert hatte. Und etwas anderes konnte ich mir nicht vorstellen. Außerdem: Was, wenn meine Panik eigentlich unbegründet und lediglich

Ausdruck diffuser Zukunftsängste war? Was, wenn ich doch für den Beruf des Lehrers geeignet war? Dann sollte ich wohl eher hoffen, nicht ausgemustert zu werden.

Im Zweifel darüber, was nun eigentlich für mich richtig war beziehungsweise was ich eigentlich wollte, gab ich der Arzthelferin unter Angabe aller Behinderungen und Erkrankungen – außer jenen Beschwerden, die, obwohl ich an ihnen litt, von allen Medizinern bisher verleugnet worden waren – einen wahrheitsgemäß ausgefüllten Anamnesebogen ab. Zudem unterzog ich mich der Urinprobe, um danach noch einmal auf einem der schwarzen Kunststoffschalensitze im Wartebereich Platz zu nehmen, in welchem sich außer mir niemand aufhielt. Kurze Zeit später rief man mich ins Sprechzimmer zu Frau Dr. Jost. Der Raum war hell und schmal, vielleicht fünf Meter lang, drei Meter breit. Hinter mir, an der Tür, die Zahlenreihen für den Sehtest. Gegenüber, an der Stirnseite, ein großes zweiflügeliges Fenster. Die schwarzen Vorhänge waren zur Seite gezogen, sodass man auf die Rückseite vom *Kino International* blickte. An der linken Wand die Untersuchungsliege. Über dieser das berühmte Anatomieposter, mir bestens bekannt aus den Physiotherapiepraxen, von denen ich wegen meiner chronischen Rückenschmerzen vermutlich jeder einzelnen in den Berliner Innenstadtbezirken bereits meine Aufwartung gemacht hatte. Rechter Hand ein Schreibtisch mit Computer. Hinter diesem, auf einem armlehnenfreien schwarzen Drehstuhl, die Ärztin, eine Frau in den späten Fünfzigern. Sie trug keinen Kittel, sondern einen marineblauen Anzug. Wollte sie mit dieser uniformähnlichen Tracht Autorität vermitteln – oder zum Ausdruck bringen, dass sie eine unkonventionelle Medizinerin war? Sie hielt sich bedeckt.

«So, Herr Serin, dann setzen Sie sich mal!», wies sie mir mit Nachdruck den Holzhocker neben sich zu. «Wir haben Ihre Urinprobe untersucht und darin Leukozyten gefunden.»

Leukozyten? Leukozyten? Was war das noch? Auf jeden Fall irgendwas Schlimmes. Das hatte ich irgendwo gehört, gelesen oder gesehen. Ich wusste, was das war, aber kam nicht drauf.

Natürlich wollte ich mir vor ihr nicht die Blöße geben und mich offen nach Leukozyten erkundigen. Dann hätte sie eine Bildungslücke vermutet, obwohl ich mich in Wirklichkeit lediglich nicht an mein Wissen erinnerte. Darum fragte ich nur indirekt: «Habe ich etwa Aids?»

«Nein! Außerdem kann man das auf Grundlage dieser Untersuchung nicht sagen.»

So beruhigend ihre Antwort für meine Lebenserwartung war, so wenig erhellend war sie im Hinblick auf mein Leukozyten-Blackout. Natürlich hätte ich zu Hause im Internet recherchieren können, aber ich wollte es sofort wissen. Außerdem schaute mich Frau Dr. Jost so an, als erwarte sie ob dieses medizinischen Scoops eine angemessene Reaktion von mir. Ich hakte darum nach, wieder verklausuliert: «Was kann denn die Ursache für die Leukozyten im Urin sein?»

Eigentlich hätte diese trickreiche Gesprächsführung der Ärztin die Information, auf die ich aus war, entlocken müssen, ohne dass sie es merkte. Selbst Verhörspezialisten des sowjetischen Geheimdienstes hätten ob meines geschickten Vorgehens vermutlich anerkennend den Hut gezogen. Doch Frau Jost stellte sich stur und reagierte mit einer Gegenfrage:

«Na überlegen Sie mal selber, junger Mann! Wo kommt denn Urin her?»

War ich hier in einem Quiz? Wollte sie mich auf den Arm nehmen? Wo Urin herkam?! Was für eine Kindergartenfrage. Ich konnte mir ein Schmunzeln nicht verkneifen, als ich zu ihr meinte: «Tut mir leid. Aber das weiß ich nicht.»

Sie war nicht zu Scherzen aufgelegt. In ihrem Blick lag abgrundtiefe Fassungslosigkeit.

«Das wissen Sie nicht?»

«Doch, doch!», beteuerte ich. «Urin kommt aus der Blase.»

Sie war immer noch nicht zufrieden. Was wollte sie denn hören?

«Wir sind hier nicht in der Grundschule, junger Mann!»

Genau! Wir waren nicht in der Grundschule. Aber wie in der Grundschule fühlte ich mich gerade behandelt.

«Wo bildet sich denn der Urin?»

«Na, hab ich doch schon gesagt, in der Blase.»

«Herr Serin!» Sie schien mittlerweile regelrecht verärgert zu sein. Eine gestrenge Furche vom Haaransatz zum Nasenrücken spaltete nun ihre Stirn in eine rechte und eine linke Hälfte. Woher sollte ich denn so etwas wissen? Ich hatte doch Französisch und Sozialkunde studiert, nicht Medizin oder Biologie. «Was haben *Sie* bloß für eine Allgemeinbildung? Und *Sie* wollen unterrichten? Also, ich möchte nicht Ihre Schülerin sein.» Das traf sich gut, denn ich hätte auch nicht ihr Lehrer sein wollen. Doch sie konnte einfach keine Ruhe geben: «Was wollen Sie denn Ihren Schülern erzählen, wenn die Sie mal fragen, wo der Urin herkommt?»

Diese Situation hielt ich für sehr unwahrscheinlich. Damit musste wohl eher ein Biolehrer rechnen. Aber ihr ging es scheinbar sowieso vor allem darum, mich herabzuwürdigen. Ihre ganze Art war vermutlich nur ein bitterer Vorgeschmack darauf, was mich die zwei Jahre im Referendariat erwarten würde: viele zutiefst demütigende und selbstwertbedrohliche Erfahrungen – als unterstes Glied in der Schulhierarchie und Fußabtreter der Seminarleiter.

Dass sie nicht wirklich an meiner Antwort interessiert war, zeigte sich auch daran, dass sie diese nicht abwartete, sondern mir stattdessen erläuterte, Urin habe seinen Ursprung in den Nieren, wandere von dort über die Harnleiter in die Blase und werde schließlich über die Harnröhre ausgeschieden. Und meine weißen

Blutkörperchen, die Leukozyten, seien möglicherweise ein Hinweis auf eine temporäre Entzündung. Kein Grund zur Beunruhigung. Ich solle den Test ein paar Wochen später wiederholen. «Das bedeutet noch nicht, dass Sie Ihr Referendariat nicht aufnehmen dürfen.» Ich hätte über diese Versicherung erleichtert sein können. Aber das Wort *noch* erweckte meine Aufmerksamkeit. Die Tauglichkeitsprüfung war also *noch* nicht abgeschlossen.

«Nun zu Ihrem Anamnesebogen!» Vor der Untersuchung hatte ich angenommen, erst an dieser Stelle würde ich mich warm anziehen müssen. Schließlich ging es nun um meine Behinderungen. Aber mittlerweile schien es mir, als sollte ich mir weniger wegen meiner Klumpfüße und Skoliose den Kopf zerbrechen, sondern vielmehr darüber, dass ich nicht im medizinischen Fachjargon erklären konnte, wo Klumpfüße – eine Form von Fehlstellung, bei der die Füße bei der Geburt nach innen verdreht waren – und Skoliose, eine seitliche Verbiegung der Wirbelsäule, eigentlich herkamen. Vielleicht würde mich die Ärztin gleich auffordern: «Herr Serin, legen Sie bitte knapp die heute gängigen Methoden zur Behandlung von Klumpfüßen dar!» Oder: «Erklären Sie bitte die von Dr. Clyde Lester Nash zur Bestimmung des Krümmungswinkels der Skoliose angewandte Methode!»

Doch Frau Dr. Jost hielt sich mit meinen Klumpfüßen nicht weiter auf, wollte vielmehr nur wissen, ob ich mir trotz dieser Beeinträchtigung zutraute, in der Pause auch hinter einem, wie sie es nannte, «ungezogenen Schüler» herzurennen. Was ich bejahte, denn dank mehrerer Operationen zeigten meine Füße mittlerweile immerhin nach vorne. Wenn sie mich im Referendariat tatsächlich nicht wollte, hätte sie dann nicht besser gefragt, ob ich mir zutraute, den ungezogenen Schüler auch zu fangen? Ich wurde aus ihr nicht schlau. Vielleicht wollte sie mich vor Antritt meiner Ausbildung vor allem verunsichern. Was aber nicht nötig gewesen wäre. Das schaffte ich alleine.

Zum Vorhaben, mich einzuschüchtern, passte der Vorwurf, den ich mir einfing, als ich ihr gestand, gegen meine chronischen, skoliosebedingten Rückenschmerzen nur gelegentlich Gymnastik zu machen. Verantwortungslos sei das, schalt sie mich. Sie wies mich in einem Ton, der keinen Widerspruch duldete, an, mir von nun an für diese Übungen jeden Tag zehn Minuten Zeit zu nehmen. Diese oberlehrerhafte Instruktion ließ für den sich anschließenden Hör- und Sehtest nichts Gutes erahnen, boten sich hier doch erneut Möglichkeiten, mich zu maßregeln. Dafür, dass ich zu oft ohne Oropax das Berliner Clubleben genossen hatte; und dafür, immer noch meine Brille aus der dreizehnten Klasse zu tragen, also das Modell aus der Lebensphase, als ich anderthalb Dioptrien weniger schwere Gläser benötigte.

Aber zu meiner großen Verwunderung meisterte ich diese beiden Prüfungen ohne Probleme. Vielleicht lag es daran, dass für die amtsärztliche Untersuchung zur Einstellung in den öffentlichen Dienst Tafeln mit größeren Zahlen verwendet und die viersilbigen Zahlwörter nicht zugeflüstert, sondern laut und deutlich gesprochen werden. Möglicherweise spielte die tatsächliche körperliche Verfassung der Bewerber fürs Referendariat auch einfach keine Rolle, solange man keine ansteckende Krankheit hatte.

Zum Schluss sollte ich mich entkleiden und hinlegen. Frau Jost tastete meine Bauchgegend ab und testete meine Reflexe. Ich hatte welche, sogar einen Puls und einen Blutdruck. Insgesamt hatte ich damit besser abgeschnitten als erwartet – trotz meiner Uringeschichte. Das musste doch zur Zulassung reichen.

Zuversichtlicher als zu Beginn der Untersuchung, zog ich mich wieder an. Als ich gerade in meine Hose schlüpfte, ergriff sie ein weiteres Mal das Wort, aber keineswegs, um mir mitzuteilen, ob ich nun tauglich sei.

«Ich wollte Ihnen nur sagen, dass Ihr Körper ästhetisch nicht unansehnlich ist. Sie brauchen keine Komplexe zu haben.»

«Wieso Komplexe?», wunderte ich mich.

«Na ja. Sie werden sicherlich oft gehänselt wegen Ihrer Behinderungen.»

«Eigentlich nicht.»

«Na gut! Aber Sie wissen ja sicherlich, wie Schüler so sind. Ich wünsche Ihnen jedenfalls ein dickes Fell. Schalten Sie dann einfach auf Durchzug!»

Psychologisches Einfühlungsvermögen war nicht ihre Stärke. Ich war bisher fest davon ausgegangen, meine körperlichen Defizite durch mir gewogene Kleidung kaschieren zu können: meine klobigen orthopädischen Schuhe unter den gazellenhaften Unterschenkeln durch weite, lange Schlaghosen und meine Skoliose, indem ich darauf verzichtete, mit nacktem Oberkörper zu unterrichten und den Mädchen und Jungen so meinen Rücken zur Schau zu stellen. Den skoliosebedingten Verlust an Körpergröße – etwa zwei Zentimeter – glich ich durch Einlagen in meinen Schuhen teilweise wieder aus. Aber was hatte Frau Dr. Jost im Sinn gehabt? Etwa einen Wandertag ins Schwimmbad? Daran hatte ich tatsächlich nicht gedacht. Vielleicht konnte man als Referendar von der Schulleitung gegen seinen Willen dafür eingeteilt werden. Als was würden mich die Schüler dann wohl verhöhnen? Als Klumpie? Als Glöckner von Notre Dame? Als Plattfußantilope?

«Also heißt das, dass ich tauglich bin?»

«Das sehen wir noch. Kommen Sie in vier Wochen wieder! Und geben Sie eine neue Urinprobe ab! Wenn die Leukozyten dann weg sind – wovon ich ausgehe – und Sie bis dahin nicht vergessen haben, wo sich Urin bildet, dürfen Sie Ihr Referendariat in Angriff nehmen.»

Ob die Ärztin die Drohung ernst meinte, wusste ich nicht. Auf jeden Fall hatte sie sie überzeugend vorgetragen. Und sehr wirkungsvoll, denn meine daraus resultierende Anspannung führte dazu, dass mir die Herkunft von Urin bereits auf dem Nachhauseweg wieder entfiel. Für die nächste Untersuchung würde ich besser lernen. Und vielleicht sollte ich Frau Dr. Jost bitten, mir eine Befreiung für Wandertage auszustellen, bei denen man sich als Lehrer ausziehen musste.

Lehrerzimmer, Montag, erste Hofpause

Ich: Sind Sie Frau Herz?

Frau Herz: Ja.

Ich: Ich bin Stephan Serin, der neue Referendar. Herr Stern[1] meinte zu mir, dass Sie die mir zugeordnete Lehrerin für Geschichte sind. Dass Sie mich ein bisschen einweisen. Dass ich mich bei Fragen an Sie wenden kann.

Frau Herz: Ich sag Ihnen gleich: Ich hab nicht viel Zeit. Herr Stern hat mich nicht gefragt. Ich kann Ihnen gerne Materialien ausleihen. Aber erwarten Sie nicht, dass ich mich jetzt hier um Sie kümmere.

---

[1] Der Schulleiter

Ich kam an die Werner-Heisenberg-Schule in der Brunnenstraße im Stadtbezirk Berlin-Mitte. Als ich dort mein Referendariat aufnahm, schockte mich neben dem Mangel an Disziplin auch die fehlende Sprachkompetenz meiner Schüler. Ich hatte mich selbst nie für besonders sprachbegabt gehalten, aber im Klassenraum wurde ich mit meinen fehlerfreien Hauptsätzen zu einem lexikalischen und syntaktischen Genie. Wenn ich hingegen den Schülern in der Pause beim Sprechen zuhörte, dröhnten mir sofort die Ohren:

«Musstu Alexa, ja?»

«Isch Alexa, wallah.»

«Ischauch.»

«Hast du U-Bahn?»

«Hab Bus!»

«Binisch auch Bus.»

«Weißdu gestern?»

«Nee, weiß nisch.»

«Musstu wissen gestern.»

«Isch?»

«Musstu wissen.»

«Was?»

«Gestern. Isch bin U-Bahn. Isch kein Fahrschein. Isch gefickt von Kontrolleur.»

«Escht? Tschüüüüsch! Musstu schlagen, Kontrolleur.»

«Nee, nisch schlagen. Kontrolleur Frau.»

«Escht schwul, die Muschi!»

In der ersten Zeit stellte ich mir oft die Frage, welche Gespräche man als Lehrer hörte, wenn man nicht wie ich auf einem Gymnasium unterrichtete. Vielleicht ließen die Schüler an Haupt- und Realschulen Verben und Personalpronomen gänzlich weg und gebrauchten nur noch Nomen.

Der Pausenjargon der Jugendlichen war das eine, aber in den Stunden machte ich keine anderen Erfahrungen. Mir bereitete die Sprache der Schüler fast körperliche Schmerzen, denn ich war von meinen Eltern früh dazu erzogen worden, auf meine Ausdrucksweise zu achten. Bereits als Erstklässler musste ich vor ihnen jeden Samstag einen Kurzvortrag zu einem Thema halten, das ich erst zwei Tage zuvor erfuhr, oftmals zu Gegenständen, anhand derer sich die Überlegenheit des Kommunismus nachweisen und der Untergang des Kapitalismus prophezeien ließ. Und schon zu Kindergartenzeiten wurde ich gemaßregelt, sobald ich mich schlampig ausdrückte. Fragte ich am Abendbrottisch: «Kann ich mal bitte Milch?», statt vorschriftsmäßig: «Kann ich mal bitte die Milch haben?», so schlug mir mein Vater zur Strafe mit der Gabel auf die Finger. Man mag das für grausam halten, aber in der DDR der achtziger Jahre waren solche Züchtigungen an der Tagesordnung. Nur so war es möglich, dass im friedliebenden Teil Deutschlands bis zum bitteren Ende auf höchstem Niveau Konversation betrieben wurde – während auf der anderen Seite des Eisernen Vorhangs die deutsche Sprache bereits in tiefer Agonie lag. DDR-Bürgern wäre es beispielsweise nie eingefallen, elliptische Satzstrukturen zu gebrauchen. Selbst für die Bekanntgabe einer Telefonnummer arbeiteten wir mit Para- und Hypotaxe: «Zuerst hebst du den Hörer ab. Im Anschluss daran steckst du den Zeigefinger in das Loch mit der Nummer 4 der Fingerlochscheibe. Durch eine anschließende Rechtsdrehung bis zum Fingeranschlag spannst du die Rückdrehfeder bis zum Anschlag. Nachdem dies erfolgt ist, verlässt der Finger das Loch, sodass die

Fingerlochscheibe linksdrehend durch die Rückdrehfeder wieder in ihre Ausgangslage gebracht wird. Nun, ohne den Hörer wieder aufzulegen, steckst du deinen Zeigefinger erneut in das Loch mit der Nummer 4. Durch eine weitere Rechtsdrehung wiederum bis zum Fingeranschlag ...»

Für den Austausch von Telefonnummern musste man viel Zeit einplanen. Darum verzichteten in der DDR die meisten freiwillig auf dieses Medium. Es entsprach einfach nicht unseren praktischen Kommunikationsbedürfnissen. Lieber fuhr man kurz von Berlin nach Dresden. Das ging schneller.

Verständlicherweise irritierte mich die nachlässige bis fehlerhafte Ausdrucksweise der Menschen aus den alten Bundesländern auch noch lange nach dem Mauerfall. Zehn Jahre sprachlicher DDR-Sozialisation konnte und wollte ich nicht so einfach abschütteln. So war mir an all meinen Freundinnen aus dem Westen auch immer unangenehm aufgefallen, dass sie beim Sex bestenfalls einzelne Worte stöhnten. Oft hatte ich unser Liebesspiel deshalb unterbrechen müssen und sie gebeten, das Stöhnen zu wiederholen – und zwar im ganzen Satz. Daran war manche Beziehung gescheitert. Bei meinen Schülern musste ich noch häufiger intervenieren. Eigentlich konnte ich am Werner-Heisenberg-Gymnasium keine Äußerung einfach so stehen lassen. Das führte regelmäßig zu ausgedehnten Lehrer-Schüler-Pingpongs:

«Cemal! Erläutere mir bitte, wie der Humanismus dazu beitrug, dass die Europäer damals unbekannte Regionen und Kontinente entdeckten.»

«Kolumbus.»

«Cemal, bitte antworte im ganzen Satz!»

«Wegen Kolumbus.»

«Das ist noch kein ganzer Satz, Cemal.»

«Doch!»

«Nein, da liegst du falsch.»

Über diese Streitfrage in der Klasse abzustimmen, hätte Cemal zu einem Kantersieg verholfen, weshalb ich auf solche plebiszitären Elemente verzichtete und lieber fortfuhr, ihn zu triezen.

«Welches Element gehört denn in einen Satz?»

«Weisnisch!»

«Jeder Satz braucht ein Verb. Ein Tuwort. Also: Was tat Kolumbus?»

«Amerika!»

«Das ist kein Verb, aber sicherlich auch eine Information, die in den Satz gehört. Also, ich fasse mal zusammen: *Wegen Kolumbus Amerika*. Nun zum Verb: Was hat Kolumbus denn getan, um nach Amerika zu gelangen?»

«Mit Schiff.»

«Okay, halten wir fest: *Wegen Kolumbus Amerika mit Schiff*. Was hat er denn mit dem Schiff gemacht, um nach Amerika zu gelangen?»

«Gefahren!»

«Also: *Wegen Kolumbus Amerika mit Schiff gefahren*. Ist es dass, was du sagen wolltest?»

«Ja.»

«Dann wiederhole bitte: *Der Humanismus trug zur Entdeckung unbekannter Regionen und Kontinente bei, weil Kolumbus mit dem Schiff nach Amerika gesegelt ist*.»

«Der Humanismus trug zur Entdeckung bei von Regionen äh …, weil Kolumbus nach Amerika gesegelt ist, äh … also mit 'nem Schiff.»

«Sprachlich ist das jetzt so weit in Ordnung, inhaltlich aber trotzdem falsch. Leider ist die Stunde nun zu Ende. Überlegt euch bitte bis zum nächsten Mal, wie die Antwort hätte richtig lauten müssen!»

Dieses Beispiel gehörte noch zu den Erfolgserlebnissen. Normalerweise wurde ich gar nicht verstanden, zumal wenn ich die

Operatoren – also die Verben mit Aufforderungscharakter – verwendete, die uns unsere Ausbilder aufnötigten.

«*Ermittelt* bitte aus dem Text, was die Ursachen für den Auf- stieg der NSDAP waren.»

«Wasis ermitteln?»

«Das heißt so viel wie rausholen. Informationen aus dem Text rausholen.»

«Escht krass! Wieisch Informationen aus Text holen. Habisch Schere? … Nee!»

Oder: «*Beurteilt* bitte, ob Hitler die Macht ergriffen hat oder übertragen bekam.»

«Wasis beurteilen?»

«Zu einer Frage eine begründete Meinung formulieren.»

«Ischhasse Hitler.»

Mein Unterricht war ein täglicher Kampf um das Einhalten sprachlicher Minimalstandards. Stofflich kam ich kaum voran. Wenn ich die Schüler im Französischunterricht aufforderte, einen dreihundert Wörter umfassenden Text zu lesen und alle Adjektive zu unterstreichen, die Gefühle ausdrücken, scheiterte ich daran, dass die Schüler nicht mal im Deutschen wussten, was eigentlich Adjektive waren und durch welche Begriffe Gefühle ausgedrückt werden konnten. So begnügte ich mich am Ende damit, dass die Schüler im Text einfach *alle* Wörter unterstrichen, aber für jedes eine andere Farbe benutzten. Ich begründete das ihnen gegenüber damit, dass sie zunächst lernen sollten, wo im Französischen das eine Wort aufhöre und wo das nachfolgende anfange.

Natürlich befriedigte mich das nicht. Das war nicht der Unterricht, den ich mir vorgestellt hatte. Der sprachliche Kontrast zu meiner eigenen Kindheit wurde mir jeden Tag umso drastischer in Erinnerung gerufen, als das Werner-Heisenberg-Gymnasium einer von den viergeschossigen Plattenbauten aus Stahlbeton war, in denen viele Ostberliner Schüler – auch ich – bis zur Wende unterrichtet worden waren. Nur hatte es eben mittlerweile zwei offenbar unrenovierte Jahrzehnte mehr in den Gliedern. Wie auch die zahlreichen Lehrer, die hier bereits vor dem Mauerfall tätig waren und die am sprachlichen Niedergang in ihrem Arbeitsumfeld ebenso hätten Anstoß nehmen müssen wie ich. Doch bei den gestandenen Kollegen stieß ich mit meinen Klagen auf taube Ohren. Niemanden schienen die Sprachprobleme der Schüler noch aufzuregen. Alle verschanzten sich hinter einem nach außen gekehrten Pragmatismus, der in Wirklichkeit Gleichgültigkeit kaschierte. Frau Willing, eine unserer Deutschlehrerinnen, meinte: «Man darf von einem Schüler der Oberstufe nicht zu viel verlangen. Man muss sich auf die heutigen Jugendlichen einstellen. Meine Klausuren bestehen daher einzig aus Ankreuzaufgaben. In ganzen Sätzen schreiben zu lernen, dafür gibt es schließlich die Uni.»

Andere verlangten von ihren Schülern nicht einmal mehr Deutsch zu sprechen, solange sie überhaupt irgendeine Sprache benutzten – auch wenn sie als Lehrer diese gar nicht verstanden. Es musste nur ein Schüler der Klasse mit derselben Muttersprache bezeugen, dass die Äußerung richtig war. Meiner Fassungslosigkeit begegnete keiner der Kollegen mit Verständnis: «Seien Sie doch froh, dass die Schüler überhaupt antworten. An anderen Schulen würde man Sie abstechen, wenn Sie die ansprechen. Außerdem hat es einen Vorteil, wenn die Schüler kaum Deutsch beherrschen. Wollen Sie mit Kollegen über die herziehen, müssen Sie das nicht heimlich tun. Verwenden Sie einfach Nebensätze. Und schon wird Sie keiner der Schüler verstehen.»

Auch wenn mich dieses Desinteresse am sprachlichen Vermögen der Jugendlichen anfangs sehr empörte, wurde mangels Erfolg selbst bei mir der Widerstand dagegen mit der Zeit schwächer, denn mein Aufbäumen war ein einsamer und vergeblicher Kampf gegen Windmühlenräder. Irgendwann fand ich mich ebenfalls damit ab, dass sich die Schüler schlechter ausdrückten als sie sollten, indem ich mir einredete, sie würden sich einfach *anders* ausdrücken. Und folglich gab auch ich mich schließlich mit Ein- Wort-Antworten zufrieden. Bezeichnete ein Schüler im Unterricht Wilhelm II. als *Vollhoden*, dann deutete ich das großzügig dahingehend, dass er die kriegstreibende Rolle des letzten deutschen Kaisers sehr wohl begriffen hatte. Immerhin ermöglichte mir diese neue Aufgeschlossenheit meinerseits, einige jugendsprachliche Begriffe kennenzulernen, die mir mit meiner ursprünglichen Haltung wohl entgangen wären.

Angesagte Musiker wurden als *endgeil, porno, tight* oder *mörder* bezeichnet, Stars, die out waren, als *voll assig.* Einen Schüler, der sich am unteren Ende der Klassenhierarchie befand, sah man als *Opfa* oder als *Toy.* Lehrer waren *schizo* und wurden wegen ihres Alters *Kadaver* genannt, in einer größeren Ansammlung als *Krampfadergeschwader.* Der immer elegant gekleidete und mit spitzen Lippen und distinguiert schrägem Kopf durch die dreckigen Flure eilende Herr Menz war wegen seiner Homosexualität *voll gaylord.* Ich wurde aufgrund meiner Größe abwechselnd als *Bonsai* oder *Nabelküsser* tituliert. Herr Rauter, der zu viel redete, *föhnte* die Schüler *zu.* Die magenkranke und auch sonst überall leidende Frau Flach hatte *Mundgulli* und *Gesäßhusten,* also einen schlechten Atem und Blähungen. Für Menschen mit Pickeln wurden alternativ die Bezeichnungen *Akne-X* und *Clearasil-Testgelände* benutzt.

Natürlich bemühte ich mich darum, mir diese Begriffe nicht zu eigen zu machen, mich weiterhin korrekt und in ganzen Sätzen zu artikulieren. Dennoch hinterließ die Sprache meiner Berlin-Mitte-Schüler bei mir Spuren. Das merkte ich aber erst, als ich nach dem Referendariat für eine kurze Zeit eine Stelle als Vertretungslehrer am Kant-Gymnasium in Zehlendorf annahm. Die sehr aufmerksamen und früh geförderten Arzt-, Psychologen- und

Anwaltskinder im Französischunterricht waren ziemlich verwundert, als ich sie in der ersten Stunde darum bat, im zu lesenden Text alle Wörter mit unterschiedlichen Farben zu markieren und ihnen anbot, beim Sprechen und Schreiben einfach Verben und Artikel wegzulassen, weil die Sprache dadurch einfacher würde. In meinem Grundkurs Politik kam es sogar zum Eklat, weil ich eine Schüleräußerung nicht entsprechend würdigte:

«Einleitend bitte ich Sie, mir zu sagen, was Ihnen spontan zum politischen System der BRD einfällt ... Ja, Hannes!»

«Deutschland ist eine parlamentarische Demokratie und ein Bundesstaat. Manche sprechen auch von einem Parteienstaat wegen der zentralen Bedeutung des Parteienwesens für den Prozess der Meinungs- und Willensbildung. Wahlen werden überwiegend als personalisierte Verhältniswahlen durchgeführt. Zentrale Aufgaben der politischen Institutionen werden durch das Grundgesetz geregelt, zum Beispiel die Rolle von Parlament und Regierung.»

Ich kommentierte seinen Beitrag in einer Weise, wie es mir noch nie passiert war. Es rutschte einfach so heraus: «Is ja gut! Nun föhn mich mal nicht zu! Die Message ist anjekommen, du Schnellchecker! Andre wollen auch noch was sagen.»

Einen Tag später standen seine Eltern auf der Matte. Hannes war aber echt empfindlich. Der sollte froh sein, dass er in Zehlendorf zur Schule ging. In Mitte wäre er mit seinem langen Monolog von seinen Mitschülern abgestochen worden. Das habe ich den Eltern auch erklärt. Sie haben wohl nur deshalb nichts gegen mich unternommen, weil meine Zeit an der Schule sowieso nach einem Monat beendet war.

Lehrerzimmer, Montag, Freistunde

Frau Baum: Entschuldigen Sie. Hier können Sie nicht sitzen!
Hier sitze ich immer. Schon seit über zwanzig Jahren.

Ich: Aha! Und wo dann?

Frau Baum: Also, die Referendare sitzen immer dahinten in
der Ecke, neben dem Kopierer.

Noch zehn Minuten bis zum Beginn der Vereidigung. Zum Glück war ich wie immer zu früh erschienen. Darum hatte ich noch eine große Auswahl und konnte zu meiner Erleichterung weiter hinten im Raum Platz nehmen. Kurz darauf waren die etwa fünfzig Klassenraumstühle, sauber angeordnet in dicht hintereinander stehenden Reihen, bereits alle besetzt. Rechts von uns Wartenden befand sich eine Wandtafel. Vor uns ein Tisch, an dem sich wohl gleich unser Hauptseminarleiter einfinden würde. Hier würde ich nun also jede Woche die Veranstaltungen meines Allgemeinen Seminars haben. Keinem der angehenden Referendare im Raum war ich schon mal begegnet. Keiner meiner ehemaligen Kommilitonen war anwesend. Ich kam mir so verloren vor wie als Jugendlicher auf Partys, auf denen ich niemanden gekannt und wo ich schon bei meiner Ankunft gespürt hatte, dass ich auch keine Person kennenlernen würde. Nur waren jene Veranstaltungen spätestens nach ein paar Stunden wieder vorbei gewesen. Doch diese Party hier würde vierundzwanzig Monate dauern.

Ich ließ meinen Blick schweifen auf der Suche nach möglichen Weggefährten für die Referendariatszeit. Vielleicht gab es unter meinen zukünftigen Leidensgenossen jemanden, der mir sympathisch erschien und an den ich mich in den kommenden zwei Jahren würde halten können. Zunächst musterte ich die Frauen. Waren ein paar Hübsche darunter, ging man gleich viel lieber zu den Seminarveranstaltungen. Natürlich würde ich meiner Freundin Melanie nichts davon erzählen. Zu meiner Enttäuschung bestätigten die meisten angehenden Referendarinnen jedoch den

Eindruck, der sich mir schon an der Freien Universität Berlin aufgedrängt hatte, dass Lehrerinnen in der Regel auch wie Lehrerinnen aussehen: strenge Gesichtszüge, zahlreiche Brillen, viele diszipliniert nach hinten gezogene und zu Zöpfen gebundene Haare, um den Hals geschlungene Seidentücher, Blazer, Blusen. Die Magersüchtige neben mir trug sogar eine Rüschenbluse und einen Hosenanzug. Alles in allem war also eher wenig Weiblichkeit im Raum. Den meisten Frauen sah man an, dass sie seit Jahrzehnten von nichts anderem träumten, als Lehrerin zu werden. Einige schienen auch schon deutlich älter als ich. Vielleicht hatten sie vorher promoviert. Melanie brauchte sich wirklich keine Sorgen zu machen. Oder doch?

Nur zwei Reihen weiter vorne, die Dunkelblonde mit den langen Haaren, sie fiel aus dem Rahmen. Mit ihrem schwarzen Hemd und den Jeans eher leger gekleidet, hatte sie von schräg hinten aus betrachtet ein recht hübsches Gesicht und, soweit es für mich erkennbar war, einen durchaus femininen Körper. Sie war möglicherweise sogar noch unter dreißig. Ein Lichtblick! Schade, dass sie nicht neben mir saß. So konnte ich sie nicht besser in Augenschein nehmen. Wäre ich noch mit dem Mut und der Spontanität eines Schülers gesegnet gewesen, hätte ich ihr ein Papierkügelchen an den Hinterkopf geworfen, damit sie sich umdrehte und ich sie besser *abchecken* konnte. Dann hätte sie mich ebenfalls gleich mustern können. Würde sie mich zu den attraktiven Referendaren zählen oder zu den unattraktiven? Nicht so einfach zu beantworten, denn unter den Männern war die Konkurrenz etwas größer. Der Kerl mit den schulterlangen, hellblonden Haaren drei Reihen vor mir war immerhin ein Typ, wahrscheinlich ein Künstler, der nur deshalb Lehrer werden wollte, weil er von seiner Kunst nicht leben konnte. Und es gab auch noch einige andere, die nicht danach aussahen, als sei Lehrer ihr Wunschberuf. Vor allem der Braunhaarige mit den tätowierten Armen und dem

Nasenpiercing. Der kam bei Frauen sicherlich gut an. War zudem recht sportlich, das konnte man durch sein rotes Hemd hindurch erkennen. Und er trug im Gegensatz zu mir keine Brille und keine orthopädischen Schuhe. Würde das für die Dunkelblonde ins Gewicht fallen? Er schien sie bereits ebenfalls wahrgenommen zu haben. Denn immer wieder wanderte sein Blick zu ihr hinüber. Ich hatte aber nun keine Zeit mehr, mich eingehender mit der Frage unserer Chancen zu beschäftigen, denn zwei Herren betraten den Raum.

Ein noch recht jugendlich erscheinender dunkelhaariger Mann in Jeans, weißem Hemd und aufgeknöpftem, hellbraunem Sportsakko mit dynamischem Schritt. Und ein Herr ziemlich fortgeschrittenen Alters, groß gewachsen, grauhaarig, goldgerahmte Brille, in dunkelbraunem Anzug aus Baumwollgabardine und mit mustergültig gebundener rot-blau gestreifter Krawatte. Seine schlanke Statur kontrastierte mit der Behäbigkeit seiner schweren Bewegungen. Sein ganzer Habitus versprühte den Charme eines Musterbeamten, für den Paragrafen immer Vorrang hatten vor emotionalen Regungen oder dem Menschen.

«Guten Tag, meine Damen und Herren», ergriff er das Wort und stellte sich als Herr Schubert vor, Leiter des 1. Schulpraktischen Seminars. Danach kam sein jüngerer Kollege dran, Herr Müller, Leiter des 2. Schulpraktischen Seminars. Hier wurden also heute sogar zwei Seminargruppen vereidigt. Und ich hatte den allem Anschein nach deutlich unangenehmeren Seminarleiter erwischt. Denn wie ich aus einem Schreiben der Senatsverwaltung wusste, war ich in Herrn Schuberts Seminar. Seiner sich anschließenden abgelesenen Rede über das Bild des Lehrers in der Öffentlichkeit und die Rechte und Pflichten, die mit diesem Beruf einhergingen, schenkte ich kaum noch Aufmerksamkeit, so sehr war ich damit beschäftigt, mich selbst zu bemitleiden und die zu beneiden, die zu Herrn Müller durften.

Ich kam erst wieder richtig zu mir, als wir von Herrn Schubert aufgefordert wurden, uns zu erheben, um den Diensteid abzuleisten: *Ich schwöre, dass ich mein Amt getreu dem Grundgesetz für die Bundesrepublik Deutschland und der Verfassung von Berlin in Übereinstimmung mit den Gesetzen zum Wohle der Allgemeinheit ausüben und meine Amtspflichten gewissenhaft erfüllen werde; so wahr mir Gott helfe.*

Obwohl nicht gläubig, sprach ich den Eid bis zum Ende mit, kreuzte aber hinter meinem Rücken Zeige- und Mittelfinger der rechten Hand, um mich von dieser religiösen Vereinnahmung zu distanzieren.

Nach dem Eid riefen Herr Schubert und Herr Müller ihre Referendare abwechselnd in alphabetischer Reihenfolge auf, um ihnen die Urkunden auszuhändigen. Während Herr Müller jedem mit einem aufmunternden Lächeln das Dokument aushändigte, blieb Herrn Schuberts Gesicht verbindlich ernst, so, als sollten wir gar nicht erst auf die Idee kommen, in den nächsten zwei Jahren würde eine angenehme Zeit auf uns warten.

Durch das Aufrufen erfuhr ich auch, dass die hübsche Dunkelblonde Sarah Weinert hieß und leider zur Seminargruppe von Herrn Müller gehörte. Die Magersüchtige hingegen war in meinem Seminar, aber immerhin auch der langhaarige vermeintliche Kunstreferendar – Lutz Ebert war sein Name – sowie der Tätowierte, André Groll, der, was ich wenige Minuten darauf im Gespräch mit ihm erfahren sollte, ebenfalls am Werner-Heisenberg-Gymnasium unterrichten würde. André schien über die Seminarzuteilung ebenfalls unglücklich zu sein, denn als Sarah Weinert von Herrn Müller nach vorne gerufen wurde, entfuhr ihm ein leises *Fuck*. Offenbar war er Englischreferendar.

Als Einziger im Raum erhielt ich von Herrn Schubert meine Urkunde nicht ausgehändigt, schuld daran waren die Leukozyten im Urintest. Zwar versicherte ich: «Jetzt ist mein Urin wieder in Ord-

nung. Ich war noch mal zum Wasserlassen im Gesundheitsamt.»
Doch mein Seminarleiter erklärte, das Ergebnis meiner zweiten
Probe, die ich vier Wochen nach der ersten abgegeben hatte, läge
der Senatsverwaltung und ihm noch nicht vor. Vielleicht hatte
Frau Dr. Jost die Weiterleitung des leukozytenfreien Befunds absichtlich verzögert, zur Strafe für meine Wissenslücken während
der ersten Untersuchung. Ich war somit nicht, wie alle anderen
Referendare, ein Beamter auf Widerruf, sondern zugleich noch
ein Referendar auf Widerruf – obwohl mittlerweile ein Experte
für Fragen rund um die Blasenentleerung. Aber immerhin behielt
ich meinen prekären Status nur für vierzehn Tage. Dann hatte die
Beuthstraße und Herrn Schubert die Nachricht erreicht, dass von
meinem Harn für die Schüler keine Gefahr ausging.

5

«ACHTEN SIE AUF DIE NONVERBALEN SIGNALE DES LEHRERS!»

Manchmal jagte ich den älteren Lehrern regelrecht Angst ein – wenn ich in ihren Unterricht wollte. Dabei tat ich nur das, was uns Referendaren unser Hauptseminarleiter Herr Schubert bereits kurz nach der Vereidigung geheißen hatte: «Hospitieren Sie, so viel Sie können! Nicht nur im vorgeschriebenen Umfang. Durch Beobachtung Ihrer Kollegen können Sie eine Menge lernen. Was gestandene Lehrer gut machen. Und was gestandenen Lehrern nicht so gut gelingt, was Sie darum besser vermeiden sollten.»

Die besagten gestandenen Kollegen an meiner Schule fürchteten wohl vor allem Letzteres. Anders konnte ich mir die Widerstände nicht erklären, auf die ich bei ihnen ständig mit meinem Wunsch stieß, mir ihre Stunden anzuschauen. Nicht bei allen, aber bei sehr vielen. Ich fing mir im Kollegium bereits in der ersten Woche mehr Körbe ein als in den achtundzwanzig Jahren zuvor. Die Körbe kamen aber nicht nur von Frauen, sondern auch von Männern. So von dem Kollegen Zwirner.

«Entschuldigen Sie, wäre es möglich, dass ich mich in der nächsten Stunde bei Ihnen hinten reinsetze?»

«Warum denn das?»

«Als Referendar muss ich regelmäßig hospitieren.»

«Und wieso bei mir?»

«Weil Sie wie ich Geschichte[2] unterrichten.»

---

[2] Geschichte wird auch von Sozialkundelehrern unterrichtet und umgekehrt. In der Oberstufe nennt sich Sozialkunde in Berlin Politikwissenschaft (PW).

«Nee! Lassen Sie mal! Das ist mir nicht so recht. Fragen Sie doch Frau Wenzel! Die macht das bestimmt.»

«Da hab ich schon gefragt. Die hat nein gesagt.»

Frau Ullrich hatte mich noch vehementer abgewimmelt: «Darf ich bei Ihnen …»

«Nein!»

«Aber …»

«Ich hab *nein* gesagt!»

Vielleicht hatte sie mich auch nur für einen Schüler gehalten.

Von einigen Lehrern musste ich mir sogar Vorwürfe anhören, so von der weißhaarigen, leicht geduckt laufenden, weil immer Böses witternden Frau Steinert: «Sie wollen sich wohl ein Urteil von mir verschaffen! Gucken, was ich alles falsch mache. Ich kann Ihnen aber gleich sagen: Bloß weil Sie von der Uni kommen, können Sie nicht alles besser. Ich sag Ihnen: Das, was Sie an der Uni gelernt haben, vergessen Sie am besten sofort! Das nützt Ihnen hier gar nichts.» Ihr Hochschul-Bashing war umso absurder, als sie selbst mal eine Universität besucht hatte.

«Aber ich will Sie gar nicht kontrollieren. Ich muss nur hospitieren.»

«Na, ich weiß doch, wie die Studenten ticken. Sie freuen sich über jeden Fehler, den man macht. Stehen Sie mal selber vor dreißig halbkriminellen Jugendlichen. Dann möchte ich mal sehen, wie Sie sich anstellen würden.»

Frau Steinert war so auf Verteidigung eingeschossen, dass Sie mir gar nicht die Möglichkeit gab, ihr zu erklären, dass ich längst kein Student mehr war, sondern Referendar mit eigenen Unterrichtsverpflichtungen. Auch ich hatte in den nächsten zwei Jahren vermutlich mehrmals pro Woche dreißig halbkriminelle Jugendliche vor mir. Meiner aufgebrachten, kurz vor der Pensionierung stehenden Kollegin war nur in einem Punkt Recht zu geben. Ich freute mich tatsächlich über jeden Fehler, den ich bei anderen Lehrern beobachtete. Am liebsten hospitierte ich sogar in Stunden, die völlig in die Hosen gingen und die den Lehrer zur Verzweiflung brachten. Aber nicht aus Schadenfreude, wie Frau Steinert anzunehmen schien, sondern weil diese Beobachtungen mein eigenes Scheitern relativierten. Wenn selbst deutlich mehr Berufserfahrung einen nicht davor schützte, immer wieder auch Unterricht zu vergeigen, warum sollte ich mich dann von meinen eigenen Misserfolgen deprimieren lassen? Je schlechter es bei den anderen lief, desto besser wurde im Verhältnis dazu das, was ich zeigte.

Auch wenn Frau Steinert am energischsten auf mein Hospitationsansinnen reagierte, so spürte ich bei allen Lehrern, die mich nicht in ihren Unterricht lassen wollten, ähnliche Ängste. Oft vernahm ich: «Diesmal nicht! Die Klasse lässt sich von Besuch immer so leicht ablenken. Fragen Sie mich später noch mal.» Oder: «Heute nicht, vielleicht nächste Woche. Heute werte ich nur den Test aus. Das bringt Ihnen nichts.» Dieselben Lehrer, die mich auf die nachfolgende Woche vertrösteten, zogen in eben jener Woche, als sie mich kommen sahen, schnell die Tür ihres Klassenzimmers zu und verschlossen diese, obwohl die Pause noch fünf Minuten andauerte. Sie nahmen in Kauf, nur mit der Hälfte der Schüler Unterricht zu machen, einzig um mich nicht mit den Nachzüglern in den Raum zu lassen.

Frau Landruth-Hendricks, resignierte Altachtundsechzigerin, Kettenraucherin mit von vielen Marokkobesuchen sonnengegerbter Haut und eine der wenigen Westberlin-Importe an unserer Schule, versuchte mich mit der Bemerkung fernzuhalten, sie spiele in der Stunde lediglich *Hangman*. Nachdem sie mir das in drei aufeinanderfolgenden Wochen erzählt hatte, wurde ich misstrauisch. Ich bestand darauf, trotzdem zu hospitieren, weil ich ihr das ständige *Hangman*-Spielen nicht abnahm. Viermal habe ich bei ihr hospitiert. Jedes Mal hat sie mit der Klasse *Hangman* gespielt, obwohl sie das, wie mir die Schüler versicherten, vorher noch nie getan hätte. Offenbar fürchtete sie, sich vor mir mit ihrem regulären Unterricht zu blamieren. Auch diese Sorge teilte sie mit zahlreichen Kollegen. Denn selbst einige, die mir einen Besuch bei ihnen nicht verwehrten, verbrachten regelmäßig einen nicht unerheblichen Teil der fünfundvierzig Unterrichtsminuten hinten bei mir, um mir zu erklären, dass die Schüler «heute aber ein bisschen aufgekratzt sind» oder dass «heute der Wurm drin ist, kein Vergleich zu sonst». Vielleicht taten sie das aber in Wirklichkeit auch nur, um herauszufinden, was ich auf meinem Beobachtungsbogen notierte, beziehungsweise um mich davon abzuhalten, dort etwas Kritisches über sie zu vermerken. Andere verlangten von mir noch in der Stunde eine umgehende Fehleranalyse und erbaten sich Tipps, wie sie den Unterricht zukünftig besser gestalten könnten. Dabei hatte ich überhaupt noch keine Ahnung, so am Anfang meines Referendariats, weshalb ich jedes Mal nur meinte: «Das fand ich toll, was Sie da gemacht haben. Ich habe eine Menge gelernt» – auch wenn ich meistens nichts gelernt hatte. Aber ich fühlte mich nicht imstande, an ihrem Unterricht herumzumäkeln und ihnen Ratschläge zu erteilen.

Am unangenehmsten verhielt sich meine Fachbereichsleiterin für Französisch, Frau Reiz, eine steife, strenge, humorlose und oftmals zynische Kollegin um die sechzig. Sie verlangte von mir, ihr die Protokolle, die ich zu meinen Hospitationen anfertigen musste, am Ende jeder Stunde zur Korrektur vorzulegen. Wie ein ungezogener Schüler musste ich nach dem Pausenklingeln an ihren Lehrertisch zum Rapport, damit sie dort – den Oberkörper mustergültig im rechten Winkel zur Tischplatte ausgerichtet, die Schultern rückenschulentechnisch korrekt nach hinten gezogen, den Mund streng gespitzt, die Augen hinter ihrer dickrahmigen Lesebrille konzentriert zusammengekniffen, mit rotem Fineliner in ihrer schlanken Schreibhand – meine Aufzeichnungen durchgehen konnte. Irgendwann setzte sie ihre Brille ab, die nun an einer goldenen Kette um den Hals baumelte, und überhäufte mich mit Kritik. Ihrer Meinung nach hatte ich zu schlecht protokolliert. Bald ging ich nicht mehr zu ihr in den Unterricht. Ihre Belehrungen konnte ich gewiss nicht gebrauchen. Ich war mit dem Protokollieren eh schon überfordert. Da benötigte ich niemanden, der noch zusätzlich Druck auf mich ausübte.

In den ersten Hospitationsstunden saß ich tatsächlich ratlos über meinem von Herrn Schubert ausgegebenen Protokollbogen, der Spalten für *Zeit, Lerninhalt, Schüleraktivität, Medien* und *Bemerkungen* enthielt. Keinen blassen Schimmer hatte ich, was dort eigentlich stehen sollte. So schrieb ich einfach alles hin. Wie ein Stenograf notierte ich jede Äußerung, die im Unterricht gemacht wurde, jede Bewegung der Schüler und des Lehrers, selbst wenn nur jemand das Fenster schloss. Bereits fünf Minuten nach dem Stundenklingeln hatte ich regelmäßig Vorder- und Rückseite meines Bogens vollgekliert und griff mit schmerzendem Handgelenk nach einem neuen Blatt.

Von Frau Stahl, meiner Seminarleiterin für Geschichte, lernte ich kurz darauf, dass eine Hospitation nur etwas bringe, wenn man die eigene Aufmerksamkeit auf jeweils einen Aspekt fokussiere. Sie verteilte dazu konkrete Beobachtungsaufträge: *Achten Sie bei Ihrer Hospitation besonders auf die verbale Impulsgebung des Lehrers! Achten Sie bei Ihrer Hospitation besonders darauf, ob eine Progression der Lernziele erkennbar ist! Achten Sie auf die Transparenz der Unterrichtsphasen! Achten Sie auf die Gesprächsführung des Lehrers! Achten Sie auf die nonverbalen Signale des Lehrers! Achten Sie besonders auf den Medieneinsatz!* Mir brachten diese Beobachtungsaufträge nichts, denn Frau Stahl gab keine Erläuterungen, was genau darunter zu verstehen war. Dennoch probierte ich alle Aufträge dilettantisch durch. Sie schienen mir immer noch besser, als einfach weiter alles zu Papier zu bringen.

Achten Sie besonders auf den Medieneinsatz! hätte von mir erfordert, wie ich erst viel später erfuhr, den Einsatz der Unterrichtsmedien kritisch auf ihre Funktionalität zu prüfen. Dies anfangs nicht wissend, vermerkte ich in meinem Protokoll nichtssagende Wortreihen wie *Tafel, Tafel, Polylux, Folie, Stifte, Arbeitsblatt, Tafel.* Ähnlich unstrukturiert ging ich mit den *verbalen Impulsen* des Lehrers um. Statt beispielsweise festzuhalten, ob Herr X oder Frau Y weite oder enge Impulse setzten, ob sie auf Entscheidungsfragen («War der Buchdruck für die Kirche ein Segen?») zugunsten klarer Aufforderungen an die Schüler («Erläutere mir begründet, ob der Buchdruck für die Kirche ein Segen ist!») verzichteten oder ob ihre Impulse eindeutig waren, dokumentierte ich weiterhin jede Lehreräußerung. Auf die *Progression der Lernziele* konnte ich nicht achten, weil mir kein Lehrer seine Lernziele vor der Stunde offenlegte. Mein Bogen blieb also bei diesem Schwerpunkt leer. Wenig ertragreich beobachtete ich auch, wenn ich mich auf die *Transparenz der Unterrichtsphasen* konzentrierte. Ich konnte mir nie sicher sein, ob ich richtig lag, da ich vom Lehrer nie einen Unterrichtsentwurf erhielt, mit dem ich die Umsetzung hätte abgleichen können. Ich musste also raten und schrieb beispielsweise: *Schüler kapieren nichts. Ich aber auch nicht. Kann sein, dass das vom Lehrer so beabsichtigt ist.* Wie ich die *Gesprächsführung des Lehrers* festhalten sollte, blieb meiner Intuition überlassen. Notgedrungen notierte ich: *Lehrer redet sehr viel.* Oder: *Lehrer redet sehr wenig.* Oder: *Lehrer führt das Gespräch nicht, dafür führt aber die Klasse das Gespräch des Lehrers.* Was *nonverbale Signale* waren, konnte ich mir vorstellen. Nur: Bedeutete das, festhalten zu müssen, wenn der Lehrer bei einer falschen Schülerantwort mit den Augen rollte oder sich die Haare raufte? Und überhaupt: Welche Erkenntnis sollte ich aus all diesen Stichpunkten für meinen eigenen Unterricht ziehen?

Die von meiner Fachseminarleiterin für Französisch, Frau Lau, empfohlenen Beobachtungsaufträge waren verständlicher als die von Frau Stahl, aber auch nicht ergiebiger: *Notieren Sie, wie viele Schüler in der Stunde zu Wort kommen!* Oder: *Notieren Sie, wie der Lehrer die Schüler lobt!* Nur was lernte ich daraus, wenn zum Beispiel fünfzig Prozent der Schüler drankamen? Dass die anderen fünfzig Prozent das nächste Mal an der Reihe waren? Dass die Lehrerin die anderen fünfzig Prozent nicht mochte? Oder dass die anderen fünfzig Prozent die Lehrerin nicht mochten? Und was brachte es mir, wenn ich fünfundvierzig Minuten Lob protokollieren wollte, mein Hospitationsbogen aber weiß blieb, weil an unserer Schule für viele Kollegen die Devise galt, Schüler bis zum Abi möglichst nur zu kritisieren? Es war ziemlich frustrierend. Ich konnte so viel oder so wenig schreiben wie ich wollte, ohne dabei etwas für meinen eigenen Unterricht zu lernen.

André Groll, der Englischreferendar, quälte sich ähnlich stark mit dem Protokollieren. Als wir von Referendaren, die in der Ausbildung weiter als wir waren, erfuhren, dass nie jemand die Hospitationsprotokolle sehen wollte, überlegten wir, diese lästige Beschäftigung sein zu lassen. Wir wagten diesen Schritt nicht ganz, kamen aber der offenbar rein formalen Verpflichtung bloß noch zum Schein nach. Und wir gingen dabei auch dazu über, uns handhabbarere Beobachtungsaufträge für die Hospitation auszudenken: *Zähle, wie oft der Lehrer einem Schüler ins Wort fällt! Achte besonders auf die sprachlichen Anomalien der Schüler! Zähle die Ähs des Lehrers! Achte darauf, wie oft ein Lehrer bei der Antwort eines Schülers laut aufstöhnt! Achte auf die Brüste der Schülerinnen und bringe diese in eine Rangfolge! Ordne die Schüler nach den Störungen Anorexie, Bulimie und Adipositas!*

Beim Biolehrer Rauter notierte ich mir einmal alle in der Stunde gefallenen Beleidigungen. Am Ende der fünfundvierzig Minuten gab es zwischen ihm und seinen Schülern praktisch ein Patt. Die Schüler hatten zwar quantitativ erheblich mehr geboten, beispielsweise fünfmal *Opfer!* und dreimal *Spast!*, aber Herr Rauter wies mit *Spermarutsche!* und *Du kriegst gleich den Tafellappen in die Schnauze!* deutlich originellere Beschimpfungen vor. Zu einer Schülerin, die sich sehr aufreizend kleidete, meinte er sogar, nachdem sie zum dritten Mal in Folge daran gescheitert war, einen sprachlich keineswegs anspruchsvollen Arbeitsauftrag – *Lest den Text und fasst den Kreislauf des Wassers in Stichpunkten zusammen!* – halbwegs fehlerfrei vorzulesen: *Hör mal zu, du Lutschlolita! Wenn dein Lesevermögen nur halb so groß wäre wie deine Titten, dann müsstest du dir um deine Versetzung keene Sorgen machen.* Das Mädchen hatte nur verlegen gekichert, sich aber nicht beschwert. Alle anderen hatten lauthals gelacht. Noch verwunderlicher als die Reaktion der Schülerin war, dass Herr Rauter trotz seiner Ausfälle – die im Kollegium ihresgleichen suchten – bei der Schülerin sowie der Klasse insgesamt ausgesprochen beliebt schien.

Kurz vorm Ende des ersten Halbjahres ließen André und ich das Protokollieren völlig sein. Ich ging nur noch hospitieren, um auf den Beobachtungsbögen Aktzeichnungen von meinen Kollegen anzufertigen. Allerdings so, wie ich sie mir in fünfzig Jahren vorstellte, als Menschen zwischen 105 und 115. Damit sie sich nicht erkannten, wenn sie durch eine Unaufmerksamkeit meinerseits die Gelegenheit bekamen, einen Blick auf ihr Porträt zu erhaschen.

Ganz am Ende des Halbjahres hatte ich den Beweis: Es wollte niemand die Beobachtungsbögen sehen. Auch nicht unser Hauptseminarleiter. Das Hospitieren sparte ich mir fortan.

6

DER SCHÜLER NEBENAN

Wenn ich die Vorhänge zur Seite schob, konnte ich sie sehen. Da ich in den Sommerferien zwischen erstem und zweitem Ausbildungsjahr in die Bernauer Straße gezogen war, hatte ich meine Schule nun vor der Haustür. Es waren keine hundert Meter. Ganz hinten der lange Gebäuderiegel 2 mit den naturwissenschaftlichen Fachbereichen. Davor Schulgarten, Hof und die zweigeschossige Turnhalle, teilweise verdeckt von Gebäude 1, dessen Fassadenplatten sich meinem Blick in ihrem ganzen Verfall darboten. Milchige Fensterscheiben, vergilbte Gardinen, mit Graffiti zugetaggte, graue, brüchige Wände. Am rostigen Gittermattenzaun ein paar kränkelnde Sträucher. Es war kein schöner Anblick. Dafür konnte ich den Schülern, unserer Sekretärin Frau Blasch, Herrn Stern, dem Direktor, und seiner Stellvertreterin Frau Witt nun beim Arbeiten zusehen. Und ich konnte länger ausschlafen und war nach dem Unterricht schneller wieder zu Hause.

Zunächst erschien mir mein neuer Wohnort darum sehr praktisch. Wie sehr jedoch meine Lebensqualität unter ihm leiden würde, ahnte ich noch nicht. Natürlich war ich mir bewusst, dass zu viel Nähe zu den Schülern nicht wünschenswert war. Und natürlich wollte ich ihnen an den Nachmittagen, den Wochenenden und in den Ferien nicht ständig über den Weg laufen. Auch ich brauchte schließlich ein Privatleben. Aber ich war davon ausgegangen, dies sei möglich, obwohl mein Zuhause nur einen Steinwurf von meinem Arbeitsplatz entfernt lag. Denn die Ferien und die Wochenenden verbrachte ich sowieso oft außerhalb von Berlin, und die Woche über verließ ich praktisch nie meine Wohnung. Klar, es gab immer wieder Einkäufe zu erledigen. Aber die Gefahr, meinen Schülern zu begegnen, war ein überzeugendes Argument dafür, diese meiner Freundin Melanie zu überlassen.

Doch ich hatte die Rechnung ohne Frau Witt gemacht, die als stellvertretende Direktorin für die Stundenplanausarbeitung des Kollegiums zuständig war. «Sie haben es ja nicht weit zur Schule. Deswegen habe ich Ihnen die Randstunden gegeben.» An drei Tagen, an denen ich keine Ausbildungsseminare hatte, sondern am Gymnasium war, unterrichtete ich immer in der nullten, der ersten oder der zweiten sowie in der siebten oder der achten Stunde. Dazwischen hatte ich frei. Damit allein hätte ich noch leben können. Nur verleitete meine vermeintlich permanente Verfügbarkeit Frau Witt auch dazu, mir ständig die Vertretungsstunden aufzudrücken, für die sie keinen anderen Lehrer fand. Mit Vorliebe setzte sie mich ein, wenn sich ein Kollege kurzfristig krankmeldete. War ich gerade nicht in der Schule, klingelte bei mir kurz darauf das Telefon.

Natürlich versuchte ich, mich dieser Vertretungsflut zu entziehen oder sie zumindest einzudämmen. Ich probierte es mit der Taktik, bei Anrufen zu behaupten, ich sei nicht zu Hause – mit wiederholten Misserfolgen:

«Serin!»

«Hallo, Herr Serin. Hier Frau Witt. Können Sie in zehn Minuten in der vierten Stunden in der 9b für Herrn Klaus in Chemie einspringen?»

«Ich würde das wirklich gern tun, aber leider bin ich nach Marzahn gefahren, weil es im EASTGATE bei Aldi billige Computer gibt.»

«Und wieso erreiche ich Sie über Ihre Festnetznummer?»

«Mein Apparat hat eine Rufumleitung.»

«Herr Serin, kommen Sie jetzt, oder ich muss Ihrem Hauptseminarleiter eine Mitteilung machen.»

Beim nächsten Mal ging ich erst gar nicht ans Telefon. Prompt erhielt ich eine SMS: «Herr Serin, ich sehe Sie am Fenster stehen.»

Ich schaute hinüber zur Schule und erblickte Frau Witt, wie sie mir aus ihrem Büro zuwinkte. Fortan zog ich die Vorhänge zu. Aber Frau Witt schickte nun einfach Schüler bei mir vorbei, die mich holen sollten. Und da ich weder Fernsprechanlage noch Türspion besaß, war ich ihnen hilflos ausgeliefert.

Als wenn Frau Witt nicht gereicht hätte – ich hatte es zusätzlich mit Burak zu tun. Er war ziemlich klein für einen Dreizehnjährigen, trug aber bereits Goldkettchen um Hals und Handgelenk. Seine schwarzen kurzen Haare waren, wie es sich für einen durchtrainierten, wenn auch leicht übergewichtigen Womanizer gehörte, immer bestens gegelt. Burak besuchte die 8b und war ein Schüler von mir. An sich war das kein Problem, aber er wohnte in der Wohnung nebenan. Seine Leistungen waren mäßig, und häufig erschien er zu spät oder gar nicht zum Unterricht. In der ersten Zeit empfand ich die Nähe sogar als Vorteil. Schließlich konnte ich ihn so besser kontrollieren. Damit er nicht zu spät kam oder schwänzte, klingelte ich immer um 7.40 Uhr bei ihm, um ihn abzuholen. Das fand ich so lange witzig, bis er anfing, jeden Morgen an meiner Tür zu läuten. Bereits um 7.10 Uhr stand er, ein diebisches Lächeln im Gesicht, in Jogginghose, Trainingsjacke und seinen schwarzen Nike-Turnschuhen vor meiner Tür, um mit mir gemeinsam zur Schule zu gehen. Um mich dieser Schikane zu entziehen, machte ich mich fortan um 6.40 Uhr auf den Weg. Die Schule war zwar um 6.42 Uhr, wenn ich sie erreichte, noch verschlossen, aber damit musste ich leben.

Besonders dreist wurde Burak vor einem meiner benoteten Unterrichtsbesuche. Er hatte davon Wind bekommen, wie viel vom Verlauf dieser Vorführstunde für mich abhing. Und als ich am Tag davor gerade meine Wohnung verließ, um den Müll herunterzubringen, öffnete sich auch seine Tür:

«Herr Serin. Gut, isch Sie treffe. Ischab auch Müll. Nemse mal runter für misch!»

«Wieso sollte ich?»

«Wenn nisch, dann gehisch morgen zu Unterrischt. Und ich mach nur Scheiß.»

Natürlich ließ ich mich nicht nötigen. Wenn ich Burak einmal nachgab, dann war ich für immer sein Opfer. Also sagte ich: «Ich lass mich nicht erpressen, Burak.»

Dass ich seinen Müll dann doch mitnahm, lag allein daran, dass ich sowieso zu den Mülltonnen musste.

Am schlimmsten aber waren die Auswirkungen auf meine Beziehung zu Melanie. Buraks Zimmer lag direkt neben meinem, in dem, weil ich nur eins besaß, auch zugleich mein Bett stand. Die dünnen Wände dämpften die Geräusche bestenfalls wie ein Lamellenrollo. Folglich gab es einen regen akustischen Austausch zwischen unseren Räumen. Zwar konnte ich deswegen nach wenigen Wochen die Dialoge sämtlicher Horror- und Splatterklassiker der Filmgeschichte mitsprechen. Aber im Gegenzug wusste Burak jederzeit, wie es um das Sexualleben zwischen mir und Melanie bestellt war. Wenn sie bei mir war, dann durchweg schlecht, denn wir durften ja im Bett keine kompromittierenden Geräusche machen, die Burak die Möglichkeit lieferten, Mitschnitte für die anderen Schüler anzufertigen. Ins Bad oder in die Küche auszuweichen, ging auch nicht, denn darunter wohnte die Familie von Amaru, einem anderen Schüler von mir. Anfänglich, bevor ich meine Freundin in das Problem einweihte, hatten Melanie und ich trotzdem noch etwas miteinander. Ich wollte mir schließlich mein Sexleben nicht von einem Schüler diktieren lassen. Aber sie empfand es als lusttötend, dass ich ihr dauernd ins Stöhnen fiel: «Psst! Bitte, Melanie! Ist es denn zu viel verlangt, dass du lautlos stöhnst? Musst du denn, wenn du erregt bist, permanent so durchdringend schreien? Was soll denn Burak denken?» Irgendwann fassten wir uns bei mir gar nicht mehr an. Dafür stritten wir umso häufiger.

Der Wandel in unserer Beziehung entging auch Burak nicht, der mich eines Tages darauf ansprach: «Herr Serin. Warum imma streiten mit Ihrer Frau? Machen mal lieba wieda Sex. So wie früher.» Es war für mich in jenem Moment keine leichte Aufgabe, die Sache richtigzustellen, denn der Unterricht hatte bereits begonnen. Ich begnügte mich damit, Burak und die versammelte Klasse darüber aufzuklären, dass es sich bei Melanie nicht um meine Frau handelte, sondern nur um meine Freundin. Dennoch zog ich wenig später in den Friedrichshain.

Zu Hause, Sonnabend, 1.32 Uhr
Melanie: Stephan! Kannst du nicht endlich ins Bett kommen?
Ich: Bin gleich fertig.
Melanie: Das erzählst du schon seit Stunden.
Ich: Mann! Ich kann doch nichts dafür, dass sich so eine scheiß Geschichtsstunde so scheiß schwierig vorbereiten lässt. Und dass dieses Lehrbuch so beknackt ist. Ist dit meine Schuld, dass die, die im Lehrbuch die Arbeitsaufträge formuliert haben, scheinbar nicht mal die dazugehörigen Texte gelesen haben?

LEHRKRAFT UND DISZIPLINATOR
= PERSÖNLICHKEIT

Die Referendare aus meiner Seminargruppe wollten von unserem Hauptseminarleiter vor allem eins wissen: Was können wir gegen die permanenten Störungen und Disziplinprobleme im Unterricht tun? Leider bot Herr Schubert dazu nur eine Veranstaltung an, bei der vielen von uns schnell klar wurde, dass seine unterrichtspraktischen Erfahrungen einige Jahre zurücklagen. Ich gehörte nicht zu diesen Referendaren.

Da ich nach kompetenten Autoritäten suchte, von deren Kenntnissen ich profitieren konnte, glaubte ich damals an Herrn Schubert und war gewillt, seine Handlungsempfehlung in meinen eigenen Klassen umzusetzen. Sie lautete: «Stellen Sie sich vor, Sie halten einen Lehrervortrag und ein Schüler provoziert Sie wiederholt durch provokante Zwischenrufe wie ‹Sie Troll! Sie Troll! Herr Pfeiffer ist ein Troll! ...›» Dieses Beleidigungsbeispiel hätte mir eigentlich augenblicklich verdeutlichen müssen, dass Herr Schubert seinen Erfahrungsschatz aus einer Zeit bezog, als der Film *Die Feuerzangenbowle* noch ein wirklichkeitsgetreues Soziogramm des Kosmos Schule zeichnete.

Herr Schubert fuhr fort: «Wichtig ist hier die Diagnose. Durch den verbalen Einwand will der Schüler die Aufmerksamkeit der Mitschüler und des Lehrers auf sich ziehen. Ferner versucht er, den Lehrer persönlich anzugreifen, um möglicherweise einen Machtkampf zu provozieren. Geben Sie in solch einer Situation Acht. Wenn Sie verbal auf den Störer reagieren und ihm somit Aufmerksamkeit schenken, erheben Sie ihn automatisch zum Anführer der Klasse. Sie geben freiwillig und willenlos die Aufmerksamkeit der Klasse an einen Störer ab. Öffentliches Disziplinieren brüskiert und diffamiert den Schüler, wirkt sich auf die Beziehung zwischen Lehrer und Schüler sehr negativ aus und führt oft zur Verstärkung des Fehlverhaltens. Es besteht die Gefahr, dass Sie die Klasse mit in den Konflikt reinziehen. Teilen Sie darum Ihre Persönlichkeit in Lehrkraft und Disziplinator. Setzen Sie beide zur gleichen Zeit ein. Führen Sie als Lehrer den Unterricht ungeachtet der Provokation fort, reagieren Sie weder verbal noch mit Ihren Augen auf die Störung, sondern bleiben Sie mit Ihren Blicken und der Stimme bei der Klasse. So halten Sie die Aufmerksamkeit bei Ihnen. Als Disziplinator bewegen Sie sich parallel dazu mit Ihrem Körper in Richtung Störung. Dort angekommen, heben Sie Ihre Hand in Richtung Plakat mit den Verhaltensregeln für den Klassenraum, schauen dem Störer kurz, höchstens zwei Sekunden, in die Augen, weisen dann auf das Verhaltensschild und schauen ihm noch mal zwei Sekunden in die Augen. So geben Sie dem Störer ein nonverbales Signal, dass er gegen eine Regel verstößt. Dies hat den Vorteil, dass die Aufmerksamkeit der Klasse weiterhin auf den Unterricht gerichtet ist, weiterhin an Ihre Person gebunden ist, dass dem Störer die gewünschte Reaktion, im Mittelpunkt zu stehen, verwehrt wird und andere Schüler, die sich möglicherweise verbal eingeklinkt hätten, ruhig bleiben.»

Als mich am darauffolgenden Tag in der neunten Klasse Rami während meines Lehrervortrags über die Gründung des Deutschen Kaiserreichs 1871 zum zweiten Mal als *Bastard* bezeichnete, ließ ich mich nicht wie üblich auf eine verbale Auseinandersetzung ein, sondern fuhr in meiner Persönlichkeit als Lehrkraft unbeirrt mit meinen Ausführungen fort: *1864 erhielt der Deutsche Bund größere Bedeutung, denn über die Schleswig-Holsteinische Frage brach der Deutsch-Dänische Krieg aus ...* Gleichzeitig bewegte sich meine Persönlichkeit als Disziplinator langsam, aber unaufhörlich in Richtung Störer. *Die Interessengleichheit der beiden Mächte Preußen und Österreich hielt jedoch nicht lange vor* ... Bei Rami angekommen, hob ich meine Hand in Richtung der Stelle, wo in der Vorwoche noch das Plakat mit den Verhaltensregeln für den Klassenraum gehangen, das man aber in der Zwischenzeit mangels Erfolgs wieder entfernt hatte. Dort befand sich jetzt ein unlesbarer Graffiti-Tag. *Der Streit um das Herzogtum Schleswig-Holstein führte 1866 zum Ausbruch des Krieges zwischen Preußen und Österreich. Hier kämpften die Truppen Preußens und einiger norddeutscher Staaten gemeinsam mit Italien gegen die Armeen der Habsburger* ... Für zwei Sekunden schaute ich Rami tief in die Augen – was mir ein *Der ist wohl schwul, oder was?* sowie lautes Gelächter seiner Mitschüler einbrachte –, wies dann auf die Stelle, wo vor kurzem noch das Verhaltensplakat angebracht war, um ihm das nonverbale Signal zu geben, er hätte gegen eine Regel verstoßen. Danach schaute ich erneut in die Augen des Störers Rami, was mir jetzt ein *Der ist wirklich schwul!* und weiteres Gelächter einbrachte. So verwehrte ich ihm die Möglichkeit, sich meine Aufmerksamkeit zu sichern. Zugleich signalisierte ich den anderen Schülern, dass sie sich nicht am Stören beteiligen sollten. *Nach der österreichischen Niederlage wurde der Norddeutsche Bund unter der Führung Preußens gegründet* ...

Nachdem ich Rami in die Schranken gewiesen hatte, blieb ich äußerlich in meiner Lehrerpersönlichkeit. *Die Streitigkeiten zwischen Preußen und Frankreich um die Spanische Erbfolge mündeten schließlich im Jahr 1870 in den Deutsch-Französischen Krieg* ... Gleichzeitig bewegte sich meine Persönlichkeit als Disziplinator langsam und ruhig zum anderen Ende des Raumes, wo Patrick saß, der mir gerade ein Stück Kreide an den Kopf geworfen hatte. Bei Patrick angelangt, hob ich erneut die Hand in Richtung ehemaliges Plakat und schaute ihm für zwei Sekunden in die Augen. *Die süddeutschen Staaten schlossen sich Preußen an* ... Doch auch bei ihm verweilte ich nicht. Nachdem ich ihm sein unreifes Verhalten vor Augen geführt hatte, bewegte sich meine Persönlichkeit als Disziplinator ruhig, aber entschlossen zur Fensterseite des Raumes. *Die drei Kriege bezeichnet man auch als Deutsche Einigungskriege …* Dort saß Derya, die mir auf meinem Weg zu Patrick ein Bein gestellt hatte. *Somit stand der Reichsgründung …*

Am Ende der Stunde hatte ich allen Störern in die Augen geschaut und jene Stelle gezeigt, wo zuvor das Plakat gehangen hatte. Es war mir so tatsächlich gelungen, die Aufmerksamkeit der Schüler, die nicht aktiv störten, also die von Lena und Tung, an mich zu binden. Dennoch wollten die Wurfgeschosse und die zahlreichen Beleidigungen bei mir nicht recht das Gefühl aufkommen lassen, als hätte ich die Situation im Griff gehabt.

Herrn Schuberts Tipp erschien mir schließlich kaum noch Erfolg versprechend, zumal er seinen Vortrag fast wortwörtlich von der Homepage des Lernpädagogen Nicolai Nicolay[3] übernommen hatte, obwohl er doch immer so sehr auf seine eigenen Erfahrungen verwies. Das erfuhr ich allerdings erst später. Nächstes Mal, nahm ich mir vor, würde ich etwas anderes probieren.

Meine Fachseminarleiterin Französisch hatte uns empfohlen, störenden Schülern die Hand auf die Schulter zu legen und ihnen anschließend sanft durchs Haar zu fahren. Allerdings stellte sich dabei die Frage, vor allem bei den muslimischen Jungen, ob sie mit so viel homokörperlicher Zuwendung umgehen könnten oder mir stattdessen reflexhaft die Hand abhacken würden.

Raum 018, Dienstag, 9.30 Uhr, 2. Stunde, Profilkurs PW
Ich: Nur falls Sie's nicht wissen: Die Stunde endet in zehn Minuten. Aber schön, dass Sie trotzdem noch kommen!

---

[3] www.ipl-nicolay.com/fallbeispiel_d.htm

8

«DAS MUSS ICH MIR NICHT BIETEN LASSEN!»

Herrn Schuberts Empfehlungen bei Disziplinproblemen hatten sich also als nicht brauchbar erwiesen, und die Haarstreichelmethode wollte ich dann doch lieber nicht ausprobieren. Aber vielleicht konnte ich mir bei meinen Kollegen abschauen, wie man angemessen auf Schüler reagierte, die durch unentwegtes Gequatsche oder andere Störformen provozierten und einen normalen Unterricht unmöglich machten. Gab es die optimale Zurechtweisung, einen Anpfiff, der jeden Störer zum Verstummen brachte, oder wenigstens funktionierende Zurechtweisungsmuster? Es gab sie nicht. Auch wenn jeder Typ Lehrer anders reagierte, so einte doch alle, dass sie kein Patentrezept besaßen. Es war egal, ob sie sympathisch oder drohend auftraten.

Drohungen waren übrigens der Klassiker. Vor meinem Referendariat hatte ich in dem Film *Knallhart* einen Neuköllner Lehrer gesehen, der zu einem Jugendlichen, welcher ihn mit Papierkügelchen beschmiss, meinte: «Noch so'n Ding und du wirst abgeschoben!» Als Student hatte ich in einem Unterrichtspraktikum diese Warnung selbst ausprobiert, allerdings funktionierte sie nicht, weil es sich bei dem Angesprochenen um einen deutschen Schüler handelte. Außerdem distanzierte ich mich sogleich von meinen Worten, indem ich während meiner Maßregelung beide Hände gehoben und mit den Fingern Anführungszeichen in die Luft gemalt hatte.

Eine deutlich geläufigere Mahnung ist: *Wenn du jetzt nicht mal die Klappe hältst, dann rufe ich deine Eltern an.* Das funktioniert aber nur, wenn die Eltern zu Hause noch die Hosen anhaben. Wenn nicht, dann weichen Lehrer, wie ich beobachten konnte, gern auch auf: *Wenn du jetzt nicht mal die Klappe hältst, dann sage ich das Herrn Stern* aus. Die Drohung mit dem Schulleiter hinterlässt jedoch bei den Schülern sofort den Eindruck, als verfüge man als Lehrkraft nicht mehr über die nötige Autorität, um den Störungen selbst Einhalt zu gebieten, und sei darum auf Hilfe von oben angewiesen.

Pauker, die sich noch als Respektperson sehen, versuchen es darum lieber mit einem crescendierenden *HeyHeyHeyHeyHey!* Man darf aber nicht den Fehler begehen, bereits mit einem zu lauten *Hey* einzusteigen. Denn wenn man an seinem oberen Dezibellimit angelangt ist und die Schüler einen noch immer überhören, hat man ein Problem. Eine Geschichtskollegin musste in meinem Beisein diese bittere Erfahrung machen. Ihr Ruf verlief wie eine Sinuskurve, die nach hinten buchstäblich absoff: *HeyHeyHeyHeyHeyHeyHey.* Für den Rest der Stunde hat sie die Störer dann in Ruhe gelassen.

Ebenfalls respekteinfordernd ist eine Entrüstung wie: *Das muss ich mir nicht bieten lassen!* Hierbei zielt die Aussage darauf, dass der Schüler noch nicht studiert hat, dem Lehrer vom Bildungsgrad folglich unterlegen ist und ihm darum Achtung schuldet. Nicht allen Schülern ist es zuzutrauen, den komplizierten Gedankengang hinter dieser Zurechtweisung zu verstehen. Darum kann sie auch ergänzt werden: *Das muss ich mir nicht bieten lassen! Ich hab schließlich studiert.* So sagte es einmal die immer leidende und ständig kranke Frau Flach, eine Französischkollegin, zu einem Mädchen der zwölften Klasse, das zum Unterricht permanent zu spät erschien. Um eine schlagfertige Antwort war sie nichtsdestotrotz nicht verlegen: *Und was ham Sie davon, dass Sie studiert haben? Sie sind Lehrerin und stehen kurz vor der Klapse.* Nein, diese Äußerung würde mir nicht unterlaufen.

Nicht weit davon entfernt ist: *Ich glaube, einige von euch haben immer noch nicht begriffen, dass sie sich auf einem **Gymnasium** befinden.* Natürlich ist diese Feststellung sehr beliebt bei Gymnasiallehrern. Funktioniert aber nur selten. Und auch nur noch so lange, wie es Gymnasien gibt. Darum sind viele Gymnasiallehrer dagegen, dass die Partei Die Linke an die Macht kommt, weil sie sonst zu den Störern sagen müssten: *Ich glaube, einige von euch haben immer noch nicht begriffen, dass sie sich auf einer Gemeinschaftsschule befinden.*

Den Aufmerksamkeitsfokus extra auf die Störer zu lenken, hat sich meiner Beobachtung nach auch nicht als probat erwiesen. Herr Unger ist damit auf die Nase gefallen, als er zwei quatschende Mädchen aus seiner achten Klasse aufforderte, doch bitte laut zu reden, mit der Begründung, es interessiere die anderen auch, worüber sie sprächen. Er hat diese Aufforderung sehr bereut, da es um seinen Achselschweiß ging. Und Herr Klaus fuhr zwei Störer aus der Neunten zwar einmal sehr überzeugend mit *Ich mach gleich mit* an. Aber er hatte nicht damit gerechnet, dass die Schüler nichts dagegen hatten, dass er sich mit ihnen prügelte. Und weil die beiden größer waren als er, hat er dann doch lieber den Schwanz eingezogen.

Auf das Gemeinschaftsgefühl setzt die Wir-sind-doch-alle-in-einem-Boot-Attitüde: *Ach, Mensch! Seid doch mal ruhig! Denkt ihr etwa, mir macht das Spaß?* Oder in ähnlichem Tenor: *Mensch, Leute! Für mich ist das doch auch die siebente Stunde.* Zwar signalisiert der Lehrer den Schülern auf diese Weise, dass er ebenso leidet wie sie. Aber gleichzeitig wäre aus der Perspektive der Schüler die einzig logische Konsequenz, den Unterricht umgehend abzubrechen und alle nach Hause zu entlassen. Eine bis zum Ende der Stunde während Diskussion über diese Option lässt sich nach solchen Aussagen nicht vermeiden.

Verwandt mit der schüleraffinen Komponente dieses Auftretens ist der Versuch, den Jugendlichen einen Deal anzubieten: *Wenn ihr jetzt ruhig seid, dann machen wir früher Schluss.* Der Haken dabei: Wer sich einmal aufs Handeln mit der Klasse einlässt, der hat als Lehrer bereits verloren und kämpft irgendwann nur noch um die letzten Fetzen seiner vormaligen Autorität: *Wenn ihr jetzt ruhig seid, dann mache ich euch vor, wie Herr Rauter Ski fährt.* Oder: *Wenn ihr jetzt ruhig seid, dann kriegt ihr nächste Stunde alle Schokolade.* Oder: *Wenn ihr jetzt ruhig seid, dann kriegt ihr am Ende des Schuljahres alle eine Zwei auf dem Zeugnis.*

Die larmoyante Seite der Mir-macht-das-doch-auch-keinen-Spaß-Haltung kann auch schnell in eine Mitleidstour kippen: *Ach, Mensch! Nun passt doch mal auf! Also, wenn ihr euch weiter so verhaltet, dann habe ich echt keine Lust mehr.* In der dramatischen Fassung: *Also, so wie ihr euch heute aufführt, macht mich das echt traurig. Ich dachte, wir wären Freunde. Wenn ihr so weitermacht, dann bringt ihr mich noch ins Grab.* Kein Schüler möchte vom Verfasser eines solchen Lamentos unterrichtet werden. Kein Schüler nimmt eine solche Mimose noch ernst.

Eigentlich habe ich nur eine Lehrerin erlebt, die einen Spruch brachte, der die Störer beeindruckte. Und das war Frau Seifert. Frau Seifert war noch eine recht junge, sympathische Kollegin, die wegen ihrer frischen Art, ihrer gesunden Gesichtsfarbe, ihrer blauen Augen mit den langen Wimpern, ihrer blonden schulterlangen Haare und ihrer dezidiert weiblichen Proportionen in figurbetonter Kleidung eine Ausnahme unter den weiblichen Kollegen darstellte und sich vor allem bei den männlichen Schülern großer Beliebtheit erfreute. Für mich hatte sie immer ein offenes Ohr und sprach mir Mut zu, wenn ich ihn brauchte. Während eines meiner Besuche in ihrem Unterricht meinte Frau Seifert also zu zwei Typen aus ihrer Achten, die auch zwei Minuten nach Stundenklingeln nicht das geringste Interesse zeigten, auf ihre Plätze zu gehen, sondern sich weiter auf der Heizung lümmelten:

Setzt ihr euch jetzt bitte auf euren Stuhl! Oder sind eure Ärsche immer noch nicht getrocknet? Aber dieser Spruch funktioniert natürlich nicht in jeder Situation, da die Störer meistens nicht so freundlich sind, sich zum Stören extra auf einen Heizkörper zu setzen. Und selbst wenn doch, steht man in der Regel als Lehrer trotzdem doof da. Denn egal, wie eloquent man ist, eines kann auch der beste Spruch nicht kaschieren: dass man gern mit seinem Unterricht fortfahren möchte. Und das ist schon mal per se uncool. Selbst Frau Seifert hat ihre Schlagfertigkeit nichts genützt. Kurz danach ließ sie sich berufsunfähig schreiben. Bei ihr hätte ich es am wenigsten erwartet.

Lehrerzimmer, Dienstag, Freistunde

Frau Baum: Herr Serin. Sie sind doch immer vor mir im Raum 103?

Ich: Ja. Wieso?

Frau Baum: Also, er sah heute wieder unmöglich aus. Wie ein Saustall. Meine Schüler mussten den Müll **Ihrer** Schüler wegräumen. Sie müssen dafür sorgen, dass Sie den Raum sauber verlassen.

Ich: Der war aber schon dreckig, als ich reingekommen bin.

Frau Baum: Herr Serin! Dann müssen Sie das dem Kollegen sagen, der vor Ihnen drin war. Soll ich jetzt alle abklappern, die in der Woche vor mir drin waren? Ich denke, Sie wissen selber, dass Sie eine Verantwortung haben. Auch wenn Sie neu sind. Wie soll denn unsere Schule aussehen?

9

GYMNASIUM ODER TÜRKEI

Elternsprechtage können praktisch nichts Gutes verheißen, denn Eltern halten Lehrer in der Regel für schlechte Menschen, die ihren Kindern nur Böses wollen. Davon war ich fest überzeugt. So war ich auch ausgesprochen erleichtert, als ich am Dienstag nach Unterrichtsschluss noch immer keinen Namen auf meinem Aushang am Schwarzen Brett der Schule vorfand. «Frau Witt», sagte ich, als ich bei der stellvertretenden Schulleiterin vorstellig wurde, «bei mir hat sich niemand für den Elternsprechtag eingetragen. Da muss ich doch nicht extra kommen. Oder?» – «Kommen Sie mal trotzdem! Viele Eltern entscheiden sich erst spontan.» Und schon war mein kurzes Stimmungshoch verflogen.

Entsprechend bedient nahm ich um 17 Uhr im mir zugewiesenen Raum 103 Platz. Ganz hinten, vor den breiten, die ganze Rückseite des Klassenzimmers ausfüllenden buchenfurnierten Spanplattenschränken richtete ich mich ein, damit Besucher zunächst an den fünf Sitzreihen vorbeimussten und ich mich mental auf sie einstellen konnte. Ich schob mir zwei Zweiertische zusammen, einen für mich und einen für die Eltern. Auch wenn ich natürlich inständig hoffte, dass Mütter wie auch Väter sich nicht bei mir blicken ließen. Denn wenn sie sich freiwillig zu einem Lehrer bemühten, dann doch wohl, um sich zu beschweren. Das wusste ich von meinen eigenen Eltern. Die hatten sich immer nur zu Elternsprechtagen begeben, wenn sie meinten, ich sei von einem Lehrer ungerecht behandelt worden. Aber genau diesen Eindruck dürften viele Erziehungsberechtigte der Schüler meiner 8 c seit kurzem haben.

Mir war der dämliche Anfängerfehler unterlaufen, den ersten Geschichtstest vor dem Elternsprechtag zurückzugeben. Dieser war mit zwölf Fünfen und zwei Sechsen so schlecht ausgefallen, dass er mich im Handumdrehen in den unbeliebtesten Lehrer der Klasse verwandelte. Zuvor war ich bei meinen Schülern wegen meiner lockeren Art und meines Hip-Hop-Wissens noch der Lieblingslehrer gewesen. Dabei traf mich am Sympathiesturz keine Schuld. Der Klasse war eine ganze Stunde zur Vorbereitung zugestanden worden, welche diese nicht genutzt, sondern verquatscht hatte. Die Schüler wussten: Sie hatten nicht gelernt. Manche wären aber auch durch Lernen nicht zu besseren Ergebnissen gekommen, da sie weder über die hinreichende Lesekompetenz verfügten, um meine Aufgaben zu verstehen, noch über ein Mindestmaß an Schreibkompetenz, um diese zu lösen.

«Ihr Kind hat nicht gelernt», das konnte ich aufgebrachten Müttern und Vätern vielleicht entgegenhalten, aber nicht: «Ihr Kind kann nicht lesen und nicht schreiben.» Unweigerlich hätte eine solche Bemerkung zu einer der folgenden Diagnosen führen müssen: «Ihr Kind kann nicht lesen und schreiben, weil es zu Hause die ganze Zeit vor der Glotze und dem Computer abhängt. Und das tut es, weil Sie als Eltern nicht genügend Zeit mit ihm verbringen und Ihre Erziehungspflichten vernachlässigen.» Oder: «Ihr Kind ist des Lesens und Schreibens nicht mächtig, weil es kein Deutsch kann. Das liegt daran, dass bei Ihnen zu Hause kein Deutsch gesprochen wird. Vermutlich glauben Sie, es reicht, wenn man nach Deutschland einwandert, dann hat man seine Schuldigkeit als Eltern getan. Doch Kinder brauchen mehr.» Oder: «Ihr Kind ist weniger intelligent, als Sie immer geglaubt haben. Sie sollten es vom Gymnasium runternehmen. Ich kann Ihnen eine gute Hauptschule empfehlen.» Mit jeder Erklärung würde ich meine Besucher gegen mich aufbringen, denn eine Mitverantwortung für die Leistung ihrer Söhne und Töchter war für die Eltern undenkbar. Für sie war ich von vornherein der Alleinverantwortliche für den Erfolg beziehungsweise Misserfolg ihrer Kinder in der Schule. Meine einzige Chance lag darin, ihre Wut gegen mich ins Leere laufen zu lassen.

Zu diesem Zweck legte ich mir eine Standardformulierung aus dem Bereich der «tragenden Erwägungen» zur Bewertung von Prüfungsleistungen zurecht, die ich einfach allen Eltern vortragen würde, die wegen der schlechten Noten ihres Nachwuchses zu mir kämen: *Die Leistung Ihres Sohnes/Ihrer Tochter ist zurückzuführen auf grobe Verstöße in Syntax und Lexik, welche zu Sinnentstellungen führen. Die Wortwahl ist der Aufgabenwahl nicht angemessen, bedingt durch dürftiges, undifferenziertes Vokabular, unklare Ausdrucksweise, stereotypen Satzbau, eine unangemessene Stilebene, fehlende Sprachökonomie und Turkizismen/Arabizismen/Russizismen/Jugendsprachlizismen. Die adäquate und korrekte Lösung der Aufgaben ist selbst approximativ und assoziativ nicht gewährleistet. Vielmehr weist die Bewältigung der Aufgaben starke Formen von Dissoziation auf.*

Diese Floskeln würden eher Verwirrung stiften als meinen Gegenübern in irgendeiner Weise Auskunft über die Leistungen ihres Nachwuchses erteilen. Mit diesen Wendungen fuhr ich auch gegenüber Schülern nicht schlecht, sobald ich wegen Noten in Erklärungsnot geriet, denn in der Regel wagten die Jugendlichen nicht, nachzufragen, was die tragenden Erwägungen eigentlich bedeuteten. Und wenn schon die Schüler sich das nicht trauten, dann ihre Eltern erst recht nicht.

Bis 18.30 Uhr tat sich aber erst einmal gar nichts. Weil ich das benötigte Geschichtslehrbuch für eine Stundenvorbereitung vergessen hatte und ich an die Lehrbücher hinter mir in den verschlossenen Schränken, für die nur unser momentan verreiste Fachbereichsleiter einen Schlüssel basaß, nicht herankam, brachte ich das Warten mit Zeitunglesen zu. Und danach damit, meinen

Blick wandern zu lassen. Die Tafel war gewischt, aber nicht feucht, und nicht in strengen Linien von oben nach unten, wie es Herr Schubert von uns verlangte, sondern in staubigen Zickzack- bahnen. Man erkannte sogar noch das Stundenthema: *Napoleon.* Viel zu allgemein und zu wenig problemorientiert, um damit bei einem Unterrichtsbesuch bestehen zu können.

18.35 Uhr: In der zweiten Sitzreihe links neben dem Fenster lag auf dem Tisch ein zusammengeknülltes Snickerspapier. 18.40 Uhr: An der rechten Wand bemerkte ich die Zeichnung einer mittelalterlichen Stadt, Stoff der siebten Klasse. 18.44 Uhr: Die Zeichnung war von Karol Nowak. Der war jetzt bei mir in der Neunten. 18.45: Immer noch nichts. Hatte ich vielleicht Glück? Waren die Leistungen ihrer Sprösslinge den Erwachsenen vielleicht egal? 18.50 Uhr: Die Tür ging auf. Eine Frau betrat den Raum, klein, kurze Haare, schlank.

«Guten Abend! Sind Sie Herr Serin?»

«Ja», erwiderte ich und warf angespannt einen Blick auf meinen Spickzettel mit den tragenden Erwägungen. Zielsicher kam die Besucherin auf mich zu. Ich schob schnell meine Zeitung über die Notizen und beides noch schneller über die Penisillustration, die ich in diesem Moment auf meiner Tischplatte entdeckte. Die Frau lächelte. Komisch! Wieso tat sie das?

«Ich bin Frau Reichel, die Mutter von Fabian.»

Ihren kleinen Fabian hatte sie im Schlepptau. Oder eher im Gepäck. Bei aller äußerlichen Ähnlichkeit kontrastierte die Dynamik ihrer Bewegung frappierend mit der Kraftlosigkeit, in der ich ihren Sohn immer erlebte und mit der er sich hinter seiner Mutter herschleppte. Doch mich beschäftigte vor allem folgende Frage: Wieso erschien die Mutter von Fabian zum Elternsprechtag? Ihr Sohn hatte im Test die beste Note erhalten, eine Eins. Kognitiv war er seinen Mitschülern deutlich voraus. Seine hohe Intelligenz und seine verlangsamte körperliche Entwicklung – er war nicht nur der kleinste Schüler, sondern sah obendrein am jüngsten aus – drängten ihn im Klassenverband jedoch in eine Außenseiterposition, aus der heraus er es schwer hatte, sich zu behaupten oder auch nur im Unterricht Gehör zu verschaffen. Allein schriftlich konnte er sein Potenzial unter Beweis stellen.

Und das hatte er im Test getan. Doch für eine sehr gute Leistung hatte ich mir nun keine tragenden Erwägungen notiert. Jetzt saß ich wohl in der Klemme. Frau Reichel lächelte wieder, als sie mir gegenüber Platz nahm. Wieso tat sie das?

«Wieso lächeln Sie?», entfuhr es mir.

Zum Glück vernuschelte ich meine Frage, sodass sie von Frau Reichel überhört wurde. «Herr Serin, ich bin die Elternsprecherin.» Aus ihren wachen Augen blickte sie mich bestimmt an, während Fabian schlaff auf seinem Stuhl hing und nervös auf seine Turnschuhe starrte. Oh nein, auch das noch! Sie war keine gewöhnliche Mutter, sondern Elternsprecherin. Wahrscheinlich hatte sie schon unzählige Kollegen zur Schnecke gemacht. «Herr Serin, ich wollte Ihnen nur sagen, dass mein Sohn sehr gerne bei Ihnen Unterricht hat. Er mag Sie.» Fabian lächelte verlegen seine Sneakers an. «Allerdings ist er der Einzige aus der Klasse. Alle anderen Schüler hassen Sie. Endlich mal ein Lehrer, bei dem die Kinder merken, dass es ohne Leistung nicht geht. Lassen Sie sich von dieser Saubande nicht unterkriegen! Greifen Sie weiter hart durch!» Mit einem festen Händedruck verabschiedete sie sich von mir.

Sollte ich mich über Frau Reichels Worte nun freuen oder nicht? Schwer zu sagen. Ich grübelte noch über diese Frage, als Fabian und seine Mutter längst den Raum verlassen hatten und sich die Tür erneut öffnete. Ein älterer Herr in schwarzen Slippern, schwarzer Stoffhose, weißem Hemd, grauem Jackett und mit Halbglatze betrat den Raum: «Guten Abend. Ich bin der Vater von Tancan Ates. … Wie ist mein Sohn in Geschichte? … Er sagt, er hat noch keine Zensuren.»

Tancan hatte im Test eine Sechs. Und bei ihm hatte es meinem Eindruck nach nicht primär am fehlenden Fleiß gelegen, sondern an den unzureichenden kognitiven Voraussetzungen.

«Doch! Wir haben einen Test geschrieben. Und da hat Tancan leider ziemlich schlecht abgeschnitten.»

«Warum? Letztes Jahr war er zwei.»

Wieso nur war Frau Wenzel, die vorherige Geschichtslehrerin der Klasse, zu feige gewesen, Tancan entsprechend seiner Leistung zu benoten? Sie hatte sich wohl von seiner höflichen Art blenden lassen. Und nun durfte ich das ausbaden. Jedenfalls musste ich rasch etwas nachschieben, bevor Herr Ates sich zu sehr aufregte oder gar nachhakte: «Die Leistung Ihres Sohnes ist zurückzuführen auf grobe Verstöße in Syntax und Lexik, welche zu Sinnentstellungen führen. Die Wortwahl ist der Aufgabenwahl nicht angemessen, bedingt durch dürftiges, undifferenziertes Vokabular, unklare Ausdrucksweise, stereotypen Satzbau, eine unangemessene Stilebene, fehlende Sprachökonomie und Turkizismen. Die adäquate und korrekte Lösung der Aufgaben ist selbst approximativ und assoziativ nicht gewährleistet. Vielmehr weist die Bewältigung der Aufgaben starke Formen von Dissoziation auf.»

Herr Ates blickte mich an, als habe ich Türkisch gesprochen. Er hatte nichts verstanden. Genau das hatte ich beabsichtigt. Wenn er nicht verstand, was ich meinte, konnte er mir auch nicht böse sein. «Herr Serin, reden Sie Deutsch!», forderte er mich auf.

«Wollen Sie es wirklich wissen?»

«Die Zensuren von Tancan sind wichtig. Sagen Sie!»

«Na gut! Wie Sie wollen. Es tut mir leid … äh … es Ihnen zu sagen, sagen zu müssen, aber … äh …», druckste ich und wich dabei seinem Blick aus: «Aber Tancan scheint mir überfordert zu sein … äh … Das Gymnasium ist wohl eigentlich nichts für ihn … äh … Ich kann Ihnen aber eine gute Hauptschule empfehlen.»

Herr Ates war jedoch an keiner Hauptschulempfehlung interessiert, worüber ich sogar erleichtert war, denn ich hätte ihm keine geben können. Stattdessen erhob er sich verärgert – ob über mich oder Tancan, vermochte ich nicht einzuschätzen – und bewegte sich Richtung Ausgang. Dabei schimpfte er: «Tancan geht nicht auf Hauptschule! Entweder er geht auf Gymnasium oder zurück in Türkei!»

Das hatte ich nun auch wieder nicht beabsichtigt. Geistesgegenwärtig rief ich ihm nach: «Es muss ja keine Hauptschule sein. Ich kann Ihnen auch eine Gesamtschule empfehlen.» Aber da war Herr Ates schon aus der Tür. Elternsprechtage verheißen wirklich nichts Gutes.

Lehrerzimmer, Mittwoch, Freistunde
Frau Baum: Brauchen Sie noch lange?
Ich: Nur drei Folien!
Frau Baum: Lassen Sie mich bitte trotzdem vor! Ich muss wieder zurück in meinen Unterricht. Ist ganz schnell kopiert.

Vor meinem ersten Hospitationspraktikum, da war ich noch an der Uni, hatte ich immer den gleichen Traum: Meine Kommilitonin Nadine und ich öffneten die Tür zur 8 a, unserem ersten Beobachtungsgegenstand. Seit unserer Ankunft in der Schule wusste ich, dass selbst in dieser Jahrgangsstufe die Mädchen größer waren als ich mit meinen ein Meter neunundsechzig. Und wenn nicht, dann überragten sie mich dank ihrer plateausohligen Buffalos. Ich hatte das ungute Gefühl, dass uns die Jugendlichen nicht wohlgesonnen waren. Darum überließ ich Nadine den Vortritt. Meine böse Vorahnung sollte mich nicht trügen. Denn nach Betreten des Raumes blickten wir in dreißig Schüleraugenpaare, die erfüllt waren von nichts als blindem Hass. Damit alleine hätte ich fünfundvierzig Minuten lang leben können, denn aus meiner eigenen Schulzeit war ich Ablehnung durch meine Mitschüler gewohnt. Allerdings waren da auch noch die halbautomatischen Waffen, die Pump-Guns und die Schrotflinten, die auf meine Studienkollegin und mich gerichtet waren. Und erst jetzt fiel mir auf, dass alle Jugendlichen in schwarze Trenchcoats gewandet waren.

Wir wollten umgehend umkehren, aber der Weg zurück wurde uns bereits von Schülern verstellt. Hilfesuchend hielt ich nach der Lehrerin Ausschau. Doch die war an die Tafel gefesselt, in ihrem Mund befanden sich Rohrbomben. Sie würde uns keine Unterstützung gewähren können. Auf dem Lehrertisch erblickte ich den Rohrstock. Als früherer Kendo-Kämpfer konnte so ein Stab in meinen Händen immer noch zu einer tödlichen Waffe werden. Aber leider war er nicht in meiner Reichweite. Was hatten die

Schüler mit uns vor? Uns foltern? Oder uns umbringen? Wenn ja, genügte ihnen dann nicht vielleicht ein Opfer? Zum Beispiel Nadine? Denn sie hatte den Lehrerhabitus allemal stärker verinnerlicht als ich. So legte sie beispielsweise beim Essen in der Mensa immer Schlüssel und Portemonnaie neben ihren Teller aufs Tablett. Lehrertypischer ging es kaum.

Ein Junge, womöglich der Klassensprecher, ergriff das Wort: «Wir haben gehört, dass heute Studenten zu uns kommen, die Lehrer werden wollen. Seid ihr das?»

Sie waren also auf unser Erscheinen vorbereitet. Ich musste ihren Verdacht irgendwie zerstreuen: «Das stimmt! Es kommen tatsächlich welche zum Hospitieren. Die hier, das ist so eine.» Ich zeigte auf Nadine. «Ich hab sie hergebracht. Ich bin Stephan, euer neuer Mitschüler.»

«Aber du siehst so alt aus. Wie über zwanzig», argwöhnte der Wortführer misstrauisch.

Unter anderen Umständen hätte mich solch eine Bemerkung verletzt, denn ich war praktisch gar nicht über zwanzig, sondern gerade mal einundzwanzig. Und in der Regel wurde ich sogar auf neunzehn geschätzt, was mich ziemlich mit Stolz erfüllte. Aber in diesem Moment hatte ich keine Zeit für Selbstmitleid und Eitelkeit. Ich blieb konzentriert: «Ich bin oft sitzen geblieben. Diesmal sogar bereits mitten im Schuljahr. Deswegen komme ich schon nach den Herbstferien zu euch.» Ich spürte, wie unter den meisten Schülern die Feindschaft in Respekt, ja, sogar Bewunderung umschlug. Ich schien kurz davor, zum neuen Boss der Klasse berufen zu werden. Doch ich hatte die Rechnung ohne den Jungen gemacht, der bisher das Wort geführt hatte. Er fürchtete offenbar, dass ich ihm seine herausgehobene Stellung streitig machte:

«Dann nenn uns das Codeword!»

«Was für ein Codeword?» Meine eben noch aufblühende Zuversicht drohte augenblicklich wieder zu verwelken.

«Dafür, dass du ein Schüler bist.»

Mir fiel lediglich ein Begriff ein, der meiner Erinnerung nach schülersprachkommensurabel war. Ein Ausdruck, den wir damals ständig benutzt hatten: «Auf jeden!» Doch es war die falsche Losung, worauf mich mein Widersacher unmissverständlich hinwies:

«Wird seit 1997, seit zwei Jahren, nicht mehr verwendet.» Ich hatte mir mit dieser Äußerung mein eigenes Grab geschaufelt. «Du bist also doch ein Student, du Lügner! Das wirst du bitter bereuen.»

Ich wurde zur Lehrerin an die Tafel gebunden, zusammen mit Nadine. Unsere Münder knebelte man ebenfalls mit Rohrbomben. Danach wurde gezündet. Ich versuchte, den Sprengsatz auszuspucken. Es gelang mir nicht. Ich versuchte zu schreien. Doch niemand, der mir hätte helfen können, hörte mein wehrloses Grunzen. Und der Countdown meines Lebens tickte unaufhörlich: 10–9–8–7–6–5–4–3–2–1 – dann klingelte es zur Pause. Und ich erwachte schweißgebadet.

Dieser Albtraum quälte mich wochenlang jede Nacht. Und alles wegen eines läppischen Hospitationspraktikums. Dabei waren es bis dahin noch Monate. Und bis zum Ende meines Studiums und dem Beginn des Referendariats Jahre. Ich hatte mich gerade erst gegen die Vorbehalte meiner Eltern für das Lehramt entschieden. Doch da wusste ich noch nicht, dass kurz darauf der 20. April 1999 kommen würde – Littleton. Da war mir nicht klar gewesen, wie lebensgefährlich dieser Beruf sein kann. Umso mehr überraschte es mich dann später im Praktikum, wie friedlich die Jugendlichen waren. Nur einer unserer Kommilitonen wurde während dieser Zeit überhaupt körperlich angegriffen. Nachdem ihm, ohne dass er es selbst bemerkte, ein Taschentuch zu Boden gefallen war, erhielt er eine Backpfeife, von einem Lehrer der Schule. Der hatte ihn für einen Schüler gehalten.

Raum 020, Dienstag, 12.34 Uhr, 5. Stunde, Geschichte 9 b

Ich: Seid bitte morgen alle pünktlich! Denn da kommen meine
Ausbilder.

Mirsat: Was machen die?

Ich: Die schaun sich den Unterricht an.

Nico: Kriegen wir eine Note?

Ich: Nee! Es geht um mich. Die wollen mich als Lehrer
beurteilen.

Karol: Dit versau ick Ihnen. Da stör ick die ganze Zeit.

STAUBIGE STRETCHJEANS STRECKEN STAHLBLAUE STRETCH-JEANSSTRÜMPFE

Jugendliche aus bildungsfernen Schichten zu unterrichten, mag hin und wieder wegen der höheren Gewaltproblematik an Schulen in sozial schwierigeren Umfeldern für das eigene Leben bedrohlich sein, hat aber auch unbestreitbare Vorteile. In den Augen meiner Schüler gelte ich zum Beispiel als Universalgelehrter. Niemand von ihnen würde annehmen, mein Wissen sei begrenzt. Das ist in meinem Freundeskreis anders. Dort werden meine Kenntnisse permanent angezweifelt. Meiner 9 b gegenüber habe ich es deutlich leichter. Nie würde die Klasse, in der ich Geschichte unterrichte, auf die Idee kommen, meine Kompetenzen zu hinterfragen.

Als ich Mirsat während einer Hofpause erzählte, dass ich mir die 9 b demnächst wegen einer Lehrprobe auch mal für ein paar Französischstunden ausleihen werde, kam mein albanischer Schüler aus dem Staunen nicht heraus.

«Können Sie alle Schulfächer?» Seine neugierigen, aufgeweckten braunen Augen schauten mich beeindruckt an.

Ich überlegte einen Moment, wie ich auf seine Frage antworten sollte: «Ja, Mirsat. Ich kann alle Fächer.»

«Krass! Wissen Sie alles?»

«Ja, alles, was es auf der Welt gibt.»

«Cool!»

Aufgeregt stürmte er davon, um seinen Klassenkameraden von unserem Gespräch zu berichten. Erwachsene würden Aussagen dieser Art natürlich mit Misstrauen begegnen und sie sofort auf ihre Gültigkeit überprüfen. «Soso! Du weißt also alles. Dann nenne mir bitte Charakteristika von schizoiden Persönlichkeitsstörungen in sozialen Interaktionen und setze sie zu dem Verstärker-Verlust-Konzept von Lewinsohn in Beziehung!» Oder: «Wer war 1939 in der brasilianischen Stadt Feira de Santana Senator für Stadtentwicklung?» Oder: «Übersetze bitte folgenden Satz ins Lateinische: Vitamin B12 tritt im menschlichen Körper als organometallische Verbindung mit einer Kobalt-Kohlenstoff-Bindung auf: ein Kobalt-Atom, das in der Mitte eines Ringsystems (Corrin-Ring) sitzt, ist entweder mit einer Methylgruppe, einem Cyanidion oder mit dem 5'-Kohlenstoff von Desoxyadenosin verknüpft.»

Eine solche Übersetzung gelänge mir auf die Schnelle natürlich nur sehr approximativ. Die 9 b, aber ebenso meine anderen Klassen – die 8 c und die 10 a – machen es mir da leichter. Die haben nie etwas von schizoiden Persönlichkeitsstörungen gehört, weshalb auch niemand an ihnen leidet. Einmal hat sich Mahmoud aus der Zehnten allerdings für Brasilien interessiert. Er bat mich, es ihm auf der Weltkarte zu zeigen, da er in der sich anschließenden Erdkundestunde ein Referat über dieses Land halten sollte. Selbst bei einer anspruchsvolleren Frage wie: «Woraus besteht Wasser?» würden sie von mir keine genaue Formel erwarten. Sie würden sich mit einem lapidaren «Das weiß niemand so genau. Wahrscheinlich aus Flüssigkeit und Schmutz» zufriedengeben.

Meine Französischkenntnisse wies ich meiner neunten Klasse bereits zur vollsten Zufriedenheit nach, bevor ich sie in diesem Fach überhaupt das erste Mal unterrichtete:

«Können Sie perfekt Französisch, Herr Serin?», erkundigten sich die Schüler zu Beginn der nächsten Geschichtsstunde, nachdem sie von Mirsat über meine Lehrprobeabsicht in Kenntnis gesetzt worden waren.

«Worauf ihr einen lassen könnt!»

«Sagen Sie mal was!», bat mich Karol.

«*Adieu!*»

«Was heißt das auf Deutsch?»

«Adieu!»

Sie kannten den Begriff nicht, was mich noch mehr aufwertete, denn ich wusste somit französische Vokabeln, von denen ihnen nicht einmal die deutsche Übersetzung geläufig war.

«Krass! Kennen Sie weitere Wörter? Wissen Sie auch, was Schnee heißt!»

«Natürlich! Der Schnee heißt *la neige.*»

«Krass! Sie wissen ja wirklich alles.»

«Ich hab ja auch studiert.»

«Werden wir auch mal studieren?»

«Wahrscheinlich nicht. Da hättet ihr nicht auf diese Schule gehen dürfen. Außerdem seid ihr Ausländer und eure Eltern haben kein Geld. Das sind alles Parameter, die gegen eine Bildungskarriere sprechen.» Mir war es wichtig, ihnen falsche Illusionen zu nehmen. Sie dankten mir meine Aufrichtigkeit, indem sie auch mir gegenüber immer ehrlich waren. So prophezeiten sie mir etwa sehr früh, dass ich mit meiner lockeren Art bei Schulleiter Stern einen schweren Stand haben würde.

Bildungsbürgern gegenüber hätte ich mein vollkommenes Französisch sicherlich nicht so leicht nachweisen können. Sie hätten sich nicht mit *la neige* und *adieu* zufriedengegeben. Denen hätte ich vermutlich folgende Wendung übersetzen müssen: «Stahlblaue Stretchjeansstrümpfe strecken staubige Stretchjeans, staubige Stretchjeans strecken stahlblaue Stretchjeansstrümpfe in dunklem Stützbeton.»

Im Prinzip reichte selbst Halbwissen, um durch meine Geschichtsstunden, zumindest in der Mittelstufe, zu kommen. Oftmals konzipierte ich aus Zeitgründen die Stunde erst, nachdem ich die Schwelle zum Klassenraum übertreten hatte. Damit war ich allerdings keineswegs auf alle Eventualitäten vorbereitet, so wie kurz vor den Herbstferien: *Mal überlegen, was haben wir heute für ein Thema? Ach ja, die Revolution von 48. Gut!*

«Also, heute geht es um die Revolution von 48. Weiß einer, wann die war?» Leider wusste das kein Schüler, und ich hatte gerade ein Blackout. «Nein? Gut, dann sage ich es euch, wann die Revolution war. Sie war im Jahr 48.»

«1948?», wollte einer wissen.

«Gute Frage, die sich allerdings nicht eindeutig beantworten lässt. Damals gab es noch keine Jahrhunderte. Deswegen reicht auf die Frage: ‹Wann war die Revolution von 48?› auch die Antwort: ‹Sie war 48.› Das Gleiche gilt übrigens für den Dreißigjährigen Krieg. Ihr müsst nicht wissen, wann der war, sondern nur, wie lange der dauerte.»

Ich profitierte davon, dass die Schüler jeden Ehrgeiz vermissen ließen, eigenständig etwas zu recherchieren, um meine zum Teil hanebüchenen Aussagen zu verifizieren.

Dennoch gerate auch ich gelegentlich in heikle Situationen. Beispielsweise hatten wir gerade den Ersten Weltkrieg durchgenommen. Ich behauptete, der Waffenstillstand sei in Berlin geschlossen worden, dabei unterzeichnete man diesen tatsächlich im nordfranzösischen Compiègne in einem Eisenbahnwaggon. Karol, der dies zufällig beim Kolorieren seines Geschichtsbuchs bemerkte, machte mich darauf aufmerksam. Zum Glück reagierte ich jedoch souverän und vermied so einen Gesichtsverlust: «Okay, kein Mensch ist perfekt. Jeder macht Fehler. Auch die Autoren eures Geschichtsbuchs. Reißt bitte die Seite aus eurem Buch raus, damit ihr nicht was Falsches lernt!» Die Schüler kamen dieser Aufforderung anstandslos nach. Was war schon die Autorität eines Lehrbuchs gegen meine.

Ich freue mich schon auf den Zweiten Weltkrieg. Da werde ich endlich mit ein paar Legenden aufräumen.

RUMBLE IN THE JUNGLE

Scheiße! Das hatte mir gerade noch gefehlt. Es war klar, dass ich hier wieder mal einschreiten musste. Vor mir spielten fünf Schüler auf dem unebenen Beton mit einer vollen Ein-Liter-Colaflasche Fußball. Zu ihrem Spiel gehörten auch hohe Pässe und Flanken. Jemand anderes konnte die Pulle an den Kopf bekommen. Oder einer der Spieler im rissigen Asphalt hängen bleiben und stürzen.

Leider war ich der aufsichtführende Lehrer auf dem Hof 2 des Werner-Heisenberg-Gymnasiums, der sich zwischen Turnhalle und Gebäudetrakt 2 befand. Kein Lehrer mochte Aufsichten, am wenigsten auf dem Hof. Darum wurde dieser Ort vorrangig an Referendare vergeben, die sich in einem Abhängigkeitsverhältnis zur Schule befanden, da sie von deren Leitung bewertet wurden. Referendare konnten es sich also nicht leisten, gegen die Zuteilung aufzumucken.

Bei mir auf dem Hof war immer etwas los. Denn alle Lehrer, die in den Pausen im Gebäude eingesetzt waren, hatten untereinander vereinbart, sämtliche Schüler der Schule in meinen Zuständigkeitsbereich zu schicken, um selbst Ruhe zu haben. Die Lehrer drinnen bewachten sich nur gegenseitig und drehten die meiste Zeit Däumchen. Hielt sich doch mal ein Schüler noch nach dem Pausenklingeln dort auf, wurde er nach draußen verwiesen mit dem Hinweis: «Geh raus zu Herrn Serin! Da kannste machen, was du willst.»

Ich bangte jede Pause, dass nichts passierte. *Bitte keine Prügelei! Bitte keine Verletzten! Bitte keinen Schüler, der das Papier von seinem Marsriegel fallen lässt, statt es im Mülleimer zu entsorgen!*

Bitte keinen Schüler, der durch den Schulgarten läuft. Mir fiel es sogar gegenüber Menschen, die schwächer und kleiner waren als ich, schwer, ihnen etwas zu verbieten. Aber auf dem Schulhof tummelten sich nur solche, die mindestens die siebte Klasse besuchten und mir vermutlich fast alle physisch überlegen waren. Eine einfache Aufforderung genügte bei ihnen in der Regel nicht, sondern körperlicher Einsatz war nötig.

Bei meinen bisherigen Eingriffen hatte das eigentlich immer in einer persönlichen Niederlage geendet. Ich scheiterte schon mit der Bitte, die Schüler mögen doch gefälligst ihre Abfälle nicht einfach irgendwo hinschmeißen:

«Entschuldigung! Könntest du bitte dein Tetrapak aufheben! Ich habe gesehen, dass du es fallen gelassen hast.»

«Habisch aba nisch gesehen.»

«Egal! Du schmeißt das trotzdem in den Mülleimer!»

«Nee!»

«Okay. Ich komme dir entgegen. Ich hebe es auf und du bringst es hin.»

«Nee!»

«Na los!»

Ich hielt das Tetrapak bereits über dem Mülleimer. «Du musst es nur noch kurz berühren und einfach loslassen. Die Schwerkraft tut den Rest.»

«Schmeißense rein! Hamse doch fast geschafft.»

Diesem Argument hatte ich in dem Moment nichts entgegenzusetzen. Ich gab mich geschlagen und warf die Packung in den Betonkübel. Ich konnte dann beobachten, wie der Schüler einen Augenblick später diese wieder aus dem Abfallbehälter fischte, um sie die dreißig Meter zurückzutragen und erneut an der Stelle auf den Boden zu schmeißen, wo ich sie aufgelesen hatte.

Als ich in einer anderen Situation eine Schlägerei beenden wollte, kam ich nicht durch die Meute, die sich um die Streithähne gebildet hatte. Ich bat die Umstehenden, mir den Weg frei zu machen. Die Reaktion der Schaulustigen hätte demütiger nicht sein können: «Bleib mal lieber weg, Kleiner! Das ist noch nichts für dich.» Als ich die Prügelnden schließlich doch erreichte, begriff ich sofort, dass mir die körperliche Statur nicht gegeben war, um der Gewalt ein Ende zu setzen:

«Bitte, hört auf zu prügeln!» Die beiden Typen schenkten mir keine Beachtung. «Okay! Dann kommt ihr jetzt bitte mit ins Sekretariat. Dort kriegt ihr einen Tadel.» Derjenige, der zu gewinnen schien, erklärte, er werde erst noch zu Ende kämpfen.

«Eure Namen bitte und eure Klassenlehrer!» Sie wollten mir das nicht sagen, bevor ich ihnen nicht meinen Schülerausweis gezeigt hatte.

Erschwert wurden mir meine Hofaufsichten allein durch die Zahl der Schüler. Ich konnte mir unmöglich alle fünfhundert Gesichter merken. Ich wusste daher oft nicht, ob der Schläger, den ich vor mir hatte und der sich vorstellte mit: «Kaan, 8 a. Klassenlehrer Frau oder Herr Müller», obwohl er wie Mitte zwanzig aussah, überhaupt auf dem Werner-Heisenberg-Gymnasium war. Kritische Nachfragen meinerseits: «Ich hab dich hier auf der Schule aber noch nie gesehen» wurden gekontert mit Bemerkungen wie: «Isch disch auch nisch!»

Härte nahm mir kaum ein Schüler ab, Verhandeln brachte mich auch nie weiter. Ich hatte einmal, als fünf Neuntklässler einen aus der Achten zusammenschlugen, sogar erfolglos angeboten, mich gegen das Opfer einwechseln zu lassen. Alles, was ich damit erreichte, war eine weitere Verschlechterung meiner Position in der Schulhierarchie.

Daraufhin hatte ich entschieden, Vorfälle auf unserem Schulhof, wo es nur möglich war, zu übersehen oder mich für nicht zuständig zu erklären. Zumal ich sowieso bestenfalls einen Zustand verteidigen konnte, der selbst nicht schön anzusehen war.

Der Open-Air-Bereich der Schule war gespickt mit Chipstüten, Tetrapaks, Taschentüchern, Bananenschalen und anderen Ab-

fällen. Und das von mir mit zu beschützende Schulgartenbeet hatte zahlreiche Trampelpfade, die gesäumt waren von welkender Restvegetation.

André, der zur gleichen Zeit wie ich auf dem Abschnitt Hof 1 eingesetzt war, fuhr eine ähnliche Strategie. Auch er definierte Vorkommnisse – wo nur möglich – als außerhalb seines Kompetenzbereichs liegend. Sobald sich bei einem von uns in der Nähe etwas Bedrohliches anbahnte, setzten wir uns beide augenblicklich in Bewegung, um uns schleunigst davon zu entfernen. Wir wollten weiter weg sein als der andere Aufseher. Dann konnte man hinterher darauf verweisen: «Aber der war doch näher dran gewesen. Der hätte einschreiten müssen.» Manchmal rannten wir beide die fünf Stufen zu den überdachten Eingangsportalen hoch, André vom Hof 1, ich vom Gebäude 2, wo uns von Lehrern, die im Inneren der Schule Aufsicht führten, der Zutritt verwehrt wurde.

Da André neben Englisch Sport unterrichtete, zog ich im Wegrennen zumeist den Kürzeren. Ich musste mir mithin noch eine andere Taktik einfallen lassen. Eine Weile versuchte ich, verbotenes Verhalten einfach umzudeuten. Darauf kam ich, als ich eine Gruppe von Jungen dabei beobachtete, wie sie einen Kreis bildeten, immer einen aus diesem in die Mitte nahmen, der sich dann von ihnen hin und her stoßen und Schläge auf den Hinterkopf geben ließ. Das schien eine sportliche Aktivität zu sein, denn jeder kam mal an die Reihe. Es war eben nicht alles schlimm, was danach aussah. Deswegen war es besser, zunächst nachzufragen, bevor man etwas unterbinden wollte und sich damit einen Konflikt aufhalste. Wenn ein Schüler also Abfall einfach auf den Boden fallen ließ, mir aber versprach, diesen bis zum Ende der Woche wieder aufzusammeln, gab ich mich mit der Versicherung zufrieden. Wenn sich zwei Schüler prügelten, erkundigte ich mich beim Stärkeren, ob es nur Spaß wäre. Versicherte mir dieser Schüler, dass es so sei, auch wenn der Loser dies vehement bestritt, schritt ich nicht ein. Allerdings sah die Schulleitung meiner Aufsichtsstrategie nicht lange tatenlos zu. Ich wurde zum Direktor zitiert, und Herr Stern legte mir dringend nahe, in meinem eigenen Interesse meine Pflichten ernster zu nehmen.

Und jetzt die fünf Flaschenfußballer. Ich hätte sie gern auf den kleinen Aschenbodensportplatz verwiesen, der gegenüber der Turnhalle lag und die beiden Höfe trennte. Aber da spielten schon andere. Und außerdem änderte das nichts an der Gefährlichkeit der Pulle. Warum war ich bloß so blöd gewesen, bei der amtsärztlichen Untersuchung darauf hinzuweisen, dass ich mich trotz meiner Klumpfüße ganz gut bewegen könne? Hätte ich mir für die Untersuchung nicht einen Rollstuhl borgen können? Dann wären mir Aufsichten erspart geblieben, so wie Frau Wenzel, die derart viel Übergewicht hatte, dass sie nie den Raum wechseln musste und als einzige Lehrerin sechsundzwanzig Unterrichtsstunden in der Woche nicht einmal vom Lehrerstuhl aufstand.

«Gebt die Flasche bitte her! Das ist gefährlich.»

Der flaschenführende Schüler dachte gar nicht daran. Er fing an, vor mir mit der Pulle zu dribbeln. Es war klar, dass er mich dazu provozieren wollte, zu versuchen, ihm den Glasgegenstand abzuluchsen. Angesichts meiner fußballerischen Fähigkeiten war ich weise genug, mich nicht darauf einzulassen. Das hätte nur dazu geführt, dass ich hilflos fünf Schülern hinterhergejagt wäre, die mit mir als Statisten den restlichen 495 Schülern ihre Fußballtricks hätten vorexerzieren können.

«Hey!», rief ich stattdessen in Anspielung auf sein Herumgetanze. «Ich wusste gar nicht, dass du noch mal zur Schule gehen wolltest, DJ Bobo. Läuft's mit der Musik nicht mehr so?» Leider kannte keiner der Schüler mehr DJ Bobo. Sie fingen an mich zu verhöhnen, als Feigling zu bezeichnen. Für einen Augenblick ließ mich darum der flaschenführende Schüler aus den Augen. Das war meine Chance. Ich machte einen Satz nach vorne, grätschte nach dem PET-Behälter, rutschte an diesem vorbei und mähte dafür mit meinen stahlbesohlten orthopädischen Schuhen den Schüler um. Schreiend fiel er zu Boden. Er stand auch nicht wieder auf, sondern hielt sich krümmend das Schienbein.

«Steh auf, Andy Möller! Du Simulant!», scherzte ich.

Niemand verstand meinen Gag. Die Schüler waren wohl auch dafür einfach zu jung. Jetzt würde ich doch noch zur Schulleitung müssen. Aber denen würde Andy Möller ja hoffentlich etwas sagen.

Lehrerzimmer, Montag, zwischen vierter und fünfter Stunde, typisches Gespräch zwischen Referendaren

Ich: Hast du am Wochenende Zeit?

Christina: Ein bisschen. Wieso? Lehrprobe?

Ich: Ja! Ich würd mich gern mal mit dir treffen, um mit dir über meinen Unterrichtsentwurf zu sprechen. Dauert auch nicht länger als zwei Stunden. Denk ich.

Christina: Okay! Kommste am Sonntag zu mir.

«HOLEN SIE DOCH EINFACH MAL IM UNTERRICHT DIE ZEITUNG RAUS!»

«Überraschen Sie Ihre Schüler doch mal, statt gleich mit Erziehungs- und Ordnungsmaßnahmen zu antworten. Das wirkt oft Wunder. Wenn Ihre Klasse, nachdem es zur Stunde geklingelt hat, nicht zur Ruhe kommt, dann schreien Sie nicht, verteilen Sie keinen Tadel, sondern setzen Sie sich einfach mal hin, holen Sie Ihre Zeitung oder ein Buch raus und fangen Sie an zu lesen. Sie werden sehen, die Schüler werden schneller ruhig, als Sie glauben. Weil Sie etwas tun, mit dem die Schüler nicht rechnen. Und weil Sie ihnen dadurch vor Augen führen, dass es ihre Lernzeit ist, die ihnen verloren geht, nicht die des Lehrers.»

Diese Empfehlung gab mir Herr Schubert, nachdem ich ihm davon berichtet hatte, dass es mir oft schwer falle, am Anfang der Stunde die Aufmerksamkeit der Schüler zu gewinnen, wodurch sich der Beginn des Unterrichts regelmäßig erheblich verzögere. Eigentlich handelte es sich für mich dabei nicht nur um ein Problem beim Einstieg. Vielmehr misslang es mir auch immer wieder während der Stunde, die Schüler bei der Stange zu halten. Aber mit so einem Eingeständnis durfte ich natürlich nicht an meinen Hauptseminarleiter herantreten. Denn dies wäre von ihm als mein Unvermögen gedeutet und mit dem wenig hilfreichen, aber dafür umso demütigenderen Hinweis bedacht worden, Aufmerksamkeit sichere man sich am besten durch guten Unterricht. Für den Anfang der Stunde konnte man wenigstens geltend machen, dass die Schüler noch gar nicht die Gelegenheit gehabt hatten, zu erkennen, wie gut der Unterricht in dieser Stunde sein würde.

Ich hatte Herrn Schubert zuvor über meine gegen die Unruhe unternommenen Schritte in Kenntnis gesetzt, um mein Bemühen zu unterstreichen: Vergabe von Verwarnungen und Tadeln sowie spontane Kurztests. Die Maßnahmen waren nicht gänzlich ohne Wirkung geblieben, aber mich interessierte, ob es nicht auch andere Vorgehensweisen gab, solche, mit denen man die Jugendlichen weniger gegen sich aufbrachte. Zu meinen bisherigen Aktionen war von Herrn Schubert auch nur unwirsch bemerkt worden:

«Verweisen Sie besser auf die Unterrichtsregeln! Das haben wir im Seminar doch schon besprochen.»

«Es geht ja leider nicht um einzelne Schüler, sondern um Unruhe in der ganzen Gruppe. Ich hab natürlich auf die Regeln verwiesen. Aber wenn alle unruhig sind? Ich hab schon den Eindruck, dass da unangekündigte Tests einen gewissen disziplinierenden Effekt haben.»

«Na ja.» Herr Schubert hatte missbilligend das Gesicht verzogen. «Dazu sollten Sie nicht immer gleich greifen. Das tun Lehrer gern. Dabei gibt es bessere Methoden. Versuchen Sie es doch einfach mal anders!»

Und nach diesen belehrenden Worten hatte er ausgeholt und den Überraschungscoup mit der Zeitung und dem Buch ins Spiel gebracht. Und wie immer, wenn er uns einen Rat gab, untermauerte er diesen mit den Erfahrungen aus seiner eigenen Zeit als Lehrer: «Ich hab das früher wiederholt mit Erfolg praktiziert. Die Knilche sind sofort verstummt. Und wissen Sie, einmal habe ich vor meinen Schülern sogar Boccaccios *Dekameron* gelesen. Da haben die geschaut. Die hatten mich vorher für einen steifen, verklemmten und freudlosen Oberstudienrat gehalten. Von da an genoss ich ihren Respekt.»

Herrn Schuberts Unterrichtserfahrungen lagen, wie ich mittlerweile wusste, ein paar Jahrzehnte zurück. Und erst vor zwei

Wochen war ich mit der von ihm empfohlenen Trennung in Lehrkraft und Disziplinator in der 9 b gegen die Wand gefahren. Aber warum sollten seine Rezepte nicht auch hin und wieder funktionieren? Ich beschloss, seinen Ratschlag bei der nächsten Gelegenheit auszuprobieren. Diesmal in meiner Zehnten in Französisch. Die war sehr unruhig, mir aber nicht so böse gesonnen wie momentan meine Neunte.

Die folgende Stunde bei ihnen begann wie üblich, nur dass ich in diese mit dem festen Vorsatz ging, auf einen spontanen Vokabeltest zur Disziplinierung zu verzichten.

«Paul, es hat geklingelt. Gehst du bitte an deinen Platz! ... Ahmet, du auch! ... Paul, was hab ich gesagt? ... Nein, den kannst du nach der Stunde zum Mülleimer bringen! ... Ja, dann hättest du das eben vor dem Klingeln tun sollen! ... Essraa, jetzt wird nicht mehr gesungen! ... Ach, Mahmoud! Schön, dass du auch schon kommst ... Paul! Paul!! Paul!!! ... Ahmet!!!! Nein! ... Doch! ... Dann gib ihr jetzt das Taschentuch, aber mach schnell! ... Nein, wir schreiben keinen Test! ... Es hat geklingelt!! ... Ich würde gerne mit dem Unterricht anfangen ... Ruhe!! ... Paul!! Geh jetzt an deinen Platz!!! ... Ailyn, gibt Sophie den Stift wieder! ... Und setz dich endlich hin!!!»

An dieser Stelle hätte ich die Schüler normalerweise einen Zettel herausholen und mit ihrem Namen versehen lassen. Stattdessen nahm ich die *taz* aus meinem Rucksack, setzte mich und begann, im Politikteil zu lesen. Zunächst brachte das gar nichts. Die Schüler schienen von meiner Aktion nicht mal Notiz zu nehmen. Der Geräuschpegel blieb jedenfalls unverändert. Doch dann, nach etwa zwei Minuten, ich war mittlerweile auf der Schwerpunktseite angelangt, hörte ich endlich ein: «Ey, schaut mal, Herr Serin liest Zeitung!»

Wahrscheinlich kam dieser Ausruf von Max, aber sicher war ich mir da nicht. Ich durfte ja nicht von meiner Lektüre aufblicken, schließlich war hier konsequentes Lesen nötig, bis alle Schüler begriffen hatten, dass es ihre Lernzeit war, die gerade flöten ging, dass sie den Schaden hatten.

Mahmoud rief: «Machen wir heute kein Unterricht?»

Was sollte ich jetzt tun? Ich konnte der Klasse wohl kaum erklären, dass es sich bei meinem Zeitungsstudium um einen Trick handelte, mit dem ich sie dazu bringen wollte, ruhig zu werden und aufmerksam dem Unterricht zu folgen. Ich zog es vor, gar nicht auf die Frage einzugehen – und las stattdessen konzentriert weiter. Zwei Seiten später stellte ich das Experiment schließlich frustriert ein, denn ich wurde von den Schülern nicht einmal mehr beachtet. Und zehn Minuten vom Unterricht waren bereits vorbei. Vielleicht war der Überraschungseffekt der *taz* nicht groß genug. Vielleicht hätte ich mich lieber in den *Hustler* vertiefen sollen. Oder Liegestütze machen. Oder Xbox spielen. Aber in dieser Stunde wäre ein Umschwenken auf alternative Optionen unmöglich. Für diese Stunde würde ich notgedrungen auf Altbewährtes zurückgreifen müssen: «So, jetzt reicht's mir! Packt bitte alle Sachen weg! Holt nur einen Stift raus und ein leeres Blatt! Schreibt auf dieses euren Namen …»

Raum 020, Mittwoch, 8.09 Uhr, 1. Stunde, Geschichte 8 c

Sarah: Können wir heute früher Schluss machen?

Ich: Bevor wir Schluss machen können, müssten wir
zunächst anfangen. Es wäre darum schön, wenn
ihr mal ruhig wäret.

Tancan: Aba wir schreiben Klassenarbeit Englisch.

Ich: Wann denn?

Mehrere Schüler durcheinander: Freitag.

Ich: Das sind noch zwei Tage. Da mach ich bestimmt nicht
früher Schluss.

Mehrere Schüler durcheinander: Alle Lehrer machen früher
Schluss.

Ich: Das kann ich mir nicht vorstellen.

Die ganze Klasse: Doch!

Cemal: Fragen Se! Im Sekretariat! Sofort!

Ich: Nee! Mach ich nicht. Jetzt bestimmt nicht.

Cemal: Ihr Unterricht is voll langweilig! Wenn ick Sie mal auf
der Straße seh, dann … (vernuschelt den Rest).

AUSSPRACHE AUF ARABISCH

«Das muss natürlich Konsequenzen haben! Mahmoud darf nicht ungeschoren davonkommen! Das geht nicht! Wir lassen ihn zu mir rufen.» In der Stunde zuvor hatte mir Mahmoud aus der 10 a, nachdem ich ihm für eine Leistungsverweigerung eine Sechs gegeben hatte, angekündigt, mich nach der Schule zusammenzuschlagen. Ich war sofort im Anschluss an den Unterricht zur Schulleitung geeilt, denn ich wusste, dass Drohungen von manchen Schülern auch bereits in die Tat umgesetzt worden waren. Zudem wollte ich sichergehen, dass eine angemessene Sanktionierung erfolgte.

Noch nie hatte Herr Stern auf mich so entschlossen gewirkt. Ich fieberte der Aussprache mit Mahmoud darum regelrecht entgegen, denn ich wollte meinen Direktor endlich dabei erleben, wie er gegenüber einem Schüler hart durchgriff. Bisher hatte ich ihn nur als jemanden erfahren, der lieber wegschaute, als den Kollegen bei Problemen Unterstützung zu gewähren. Bei einem vergleichbaren Anliegen, einige Wochen zuvor, hatte er die Schülerprovokation noch mit der flapsigen Aufmunterung abgetan, ich werde meinen Weg schon noch gehen. Aber offenbar nahm er die Äußerung diesmal ernster, vielleicht weil es sich nicht wie damals um zwei Acht-, sondern einen Zehntklässler handelte.

Mein Eindruck, dass Herr Stern diesmal nicht vor Sanktionen haltmachen würde, verstärkte sich während des Gesprächs, das er im Beisein von Frau Witt mit Mahmoud führte. Mahmouds anfängliches Grinsen wich schnell aus seinem Gesicht, die Versuche, sich herauszureden und die Drohung gegen mich her-

unterzuspielen, verebbten ebenso schnell. Der sportliche, groß-
gewachsene, vorlaute, aufbrausende, ständig störende Halbstarke
mit der Kurzhaarfrisur schrumpfte zusehends zu einem verunsi-
cherten Jungen zusammen, der immer tiefer in seinem Stuhl versank und bald nicht mal mehr den Mut aufbrachte, uns drei mit
seinem trotzig genervten Blick anzuschauen. Mit dem hatte er
mich in den wenigen Wochen, seitdem ich ihn unterrichtete, oft
bedacht, und ich hatte ihn für den einzigen Gesichtsausdruck gehalten, das ihm sein pubertierend-rebellierendes Ich zu gestatten
schien.

Während sich Frau Witt Notizen machte, predigte Herr Stern
mit lauter Stimme und hervortretender Aorta, dass jetzt Schluss
sei, dass er Mahmoud schon länger auf dem Radar habe, dass er
nicht mehr bereit sei, dessen ständige Vergehen länger zu tole-
rieren, dass dieser kurz davor stünde, von der Schule zu fliegen.
Gelegentlich überschlug sich Herrn Sterns Stimme sogar, so aufgebracht war er.

Mahmoud tat mir nun fast ein bisschen leid. Derart einge-
schüchtert hatte ich ihn noch nie erlebt. Zugleich war ich aber
auch gespannt darauf, welche Strafe ihn erwartete. Ein vorüber-
gehender Ausschluss vom Unterricht oder sogar die Umsetzung
in eine andere Klasse? «Du wirst mit deinen Eltern kommen und
dich in ihrem und unserem Beisein bei Herrn Serin entschuldigen
und erklären, wie du deine Tat wieder gutzumachen gedenkst.
Wenn uns deine Entschuldigung überzeugt, kannst du auf der
Schule bleiben, wenn nicht, musst du abgehen.»

Drei Tage später saß ich Mahmoud und seiner Mutter allein
gegenüber, denn mein Direktor und seine Stellvertreterin mussten an einer wichtigen Sitzung der erweiterten Schulleitung teilnehmen. «Sie schaffen das schon, Herr Serin! Entscheiden Sie
einfach, ob Sie Mahmoud die Entschuldigung abnehmen oder
nicht.» Herr Stern hatte seinem Ruf wieder alle Ehre gemacht und

mich erneut hängen gelassen. Ich allein sollte darüber richten, ob ein Schüler auf diesem Gymnasium verbleiben durfte oder abgehen musste. Ein Referendar! Auch wenn mich Mahmoud bedroht hatte, so fühlte ich mich nicht wohl dabei, dass seine schulische Zukunft in meinen Händen liegen sollte. Zumal ich ihn irgendwie mochte. Er litt vermutlich an einer Impulskontrollstörung und war äußerst aufbrausend, aber wenigstens war er ehrlich, nicht so verlogen wie die Schüler des PW-Profilkurses, den ich mir gerade für eine Lehrprobe «geliehen» hatte.

Mahmoud schien geahnt zu haben, dass er nicht mit Herrn Stern und Frau Witt rechnen musste, denn er war gekleidet wie immer: Camouflage-Hose, Sneakers, Fila-Sweater; sogar von seiner Basecap hatte er sich nicht trennen können. Und seine Mutter schien in den Grund ihres Erscheinens bislang nicht eingeweiht zu sein: dass mir ihr Sohn, nachdem ich ihm für eine Leistungsverweigerung eine Sechs gegeben hatte, zu verstehen gegeben hatte, mich alle zu machen. Ziemlich absurd wurde das Treffen auch dadurch, dass sie nur Arabisch sprach und kein neutraler Dolmetscher anwesend war. Wir waren auf Mahmoud als Übersetzer angewiesen.

«Mahmoud, weiß deine Mutter, warum sie hier ist?»

«Nein.»

«Dann sag es ihr bitte!»

«Istes Serin bado yehke maak ashen fi ahtimel usut. Bas heda mich chatae, heda chataa el tuleb el beyin min safe aashen bi dalun yiaasbuni. Bi sibune aashen ana mich tirke, aashen ana aarabe. Kilun byuthako aaleye bas ul shi.»[4]

---

[4] «Herr Serin möchte dich sprechen, weil ich auf Fünf stehe. Das ist aber nicht meine Schuld, sondern die der anderen. Weil die anderen Schüler aus meiner Klasse, die machen mich immer fertig. Beleidigen mich, weil ich kein Türke bin, sondern Araber. Alle lachen mich aus, wenn ich was sage.»

Ich versuchte, aus Frau Karamis' Reaktion zu lesen, ob er die Wahrheit gesagt hatte. Sie schien geschockt. Also war er offenbar ehrlich gewesen. Das überraschte mich. Ich an seiner Stelle hätte vermutlich gelogen. Mahmoud fuhr fort: «*Bas istes Serin waadne ino lah yehke maa el saf la maad yitmascharo aaleye. Al kamen ino lahiy asisun wu isa ma byethasano lahiy dauere aala awdal madrase.*»[5]

Frau Karamis lächelte mich schüchtern und dankbar an. Warum auf einmal das? Nun ergriff sie das Wort: «*Shukran ino aamet seaed ibne. Inta ktir lativ. Bas ma mnudar nutrud el tuleb min el madrase li aamey sancho aala ibne?*»[6]

Mahmoud übersetzte für mich: «Sie sagt, dass ich Fehler gemacht habe. Dass das schlimm ist. Und dass ich eine Strafe bekomme. Ich soll mich vor der Klasse entschuldigen. Und Tafeldienst machen, das ganze Schuljahr. Und nicht mehr stören. Sie sagt, wenn ich von Schule fliege, gehe ich zurück in Libanon. Bitte, Herr Serin, es tut mir auch wirklich leid», nuschelte er sehr leise.

In dem Moment hatte ich nicht mehr das Gefühl, noch wirklich frei entscheiden zu können. Frau Karamis' Blick ruhte erwartungsvoll auf mir. Mahmoud flehte mich mit seinen Augen geradezu an. «Okay», murmelte ich. «Ich bin mit dieser Lösung einverstanden.»

Mahmoud erwiderte erfreut: «Danke! Sie sind echt cool.» Danach übersetzte er alles Gesagte wieder ins Arabische: «*Ma fina*

---

5 «Herr Serin hat mir aber versprochen, dass er mit meiner Klasse reden wird, damit die mich nicht mehr fertig machen. Und auch bestrafen wird er die. Und wenn das nicht besser wird, wird er eine Schule für mich suchen, eine bessere.»

6 «Danke, dass Sie das für meinen Sohn tun. Das ist wirklich sehr nett. Aber kann man denn nicht die Schüler von der Schule schicken, die Mahmoud ärgern?»

nisaab el tuleb min el madrase bidun sabab. Bas istes Serin befaker ino lah tithasan el hale isa mnaatihun asas.»[7]

Augenscheinlich erleichtert, verließ Frau Karami mit ihrem Sohn kurz darauf den Raum. Ich hatte wohl eine Abschiebung verhindert. Das war doch eigentlich auch was Gutes, etwas, auf das ich stolz sein konnte. Wenngleich es eigentlich die Aufgaben überstieg, die ich mir als Referendar zuschrieb. Aber immerhin zeigte sich Mahmoud nachhaltig dankbar. Seit diesem Tag grüßte er mich in den Pausen immer per Handschlag. Und am Ende unserer letzten gemeinsamen Stunde hat er mich sogar umarmt.

Lehrerzimmer, Mittwoch, zweite Hofpause, typisches Gespräch zwischen Referendaren
Christina: Hast du jetzt Schluss?
Ich: Ja!
Christina: Ich würde gerne mit dir über meinen Unterrichtsbesuch sprechen. Geht das?
Ich: Jetzt nicht. Aber schick ihn mir doch und ruf mich einfach heute Abend an. So ab 22 Uhr hätte ich Zeit.
Christina: Okay.

---

[7] «Man kann die aus meiner Klasse nicht so einfach von der Schule schmeißen. Aber Herr Serin glaubt, dass das schon besser werden wird, wenn die erst mal einen Tadel kriegen.»

DEN MACH ICH FERTIG

Als Referendar spürte ich eine besondere Zuneigung zu schlechten, schwierigen Schülern. Mit den Strebern, erst recht, wenn sie schleimten, tat ich mich oft schwer. Ich fand die mit den Verhaltens- und Lernstörungen angenehmer und interessanter, obgleich sie mir das Leben nicht leicht machten. Gegenüber Leistungsträgern hingegen hegte ich in der Regel eine biografisch begründete Abneigung. Das bliebe für sie ohne tatsächliche Konsequenzen, würde es mir gelingen, mich im Unterricht von Sympathie und Antipathie frei zu machen. Ich vermochte es aber nicht. Ich hatte schon oft einen Schüler einfach deswegen nicht rangenommen, weil er mir zu gut war. Da konnte der den Arm fünfundvierzig Minuten oben lassen! Es war mir egal, ob er als Einziger die Antwort wusste, ob der Arm mangels Blutzufuhr abstarb. Das waren allerdings eher die subtilen Formen meiner Missachtung.

Häufiger rutschten mir unbedachte Bemerkungen heraus, die sich für einen Lehrer eigentlich nicht ziemen:

«Mensch, David! Was meldest du dich denn immer?»

«Na, weil Sie Fragen stellen.»

«Trotzdem, nicht schon wieder du!»

Es ist natürlich unmöglich, die guten Schüler das gesamte Schuljahr hindurch zu ignorieren, denn die schlechten beteiligen sich ja nur sehr selten bis gar nicht. Angesichts dieses Dilemmas war ich gezwungen, den wenigen hervorragenden Schülern doch hin und wieder das Wort zu erteilen:

«Nennt mir bitte die Gründe für das Scheitern der Weimarer Republik! … Ja, Nico!»

«Zu den Gründen zählen auf jeden Fall das antidemokratische Denken vor allem in der Führungsschicht, die Spaltung der Arbeiterbewegung, die Strukturschwäche der politischen Ordnung – zum Beispiel mit der hervorgehobenen Stellung des Reichspräsidenten –, die als ungerecht empfundenen Bestimmungen des Versailler Vertrags, die ökonomische Krise sowie die Toleranz gegenüber der NSDAP in weiten Teilen der Führungsschicht.»

«Du bist wohl so ein Intellektueller, oder wat?!», entfuhr es mir.

Leider besaß ich nur wenig Spielraum bei der Vergabe der Zensuren, für die ich mich an den in den Curricula ausformulierten Standards orientieren musste. Wie gern hätte ich manchem Einserkandidaten eine Vier oder Fünf gegeben, nur damit der Ehrgeizling mal ein für jede Persönlichkeitsreifung so förderliches Misserfolgserlebnis erfuhr. Doch ich konnte bestenfalls aus einem Sehr gut ein Gut machen. Am weitesten reichten meine Möglichkeiten noch bei der Bewertung des Sozialverhaltens, das allerdings nicht auf dem Zeugnis ausgewiesen wurde. Die anderen Lehrer wunderten sich nur, warum diese guten Schüler, die bei ihnen ein vorbildliches Benehmen an den Tag legten, bei mir plötzlich verrückt spielten.

«Na, er ist unfähig, sich anzupassen und in die Klassengemeinschaft zu integrieren», erklärte ich.

«Wieso? Das ist doch ein ganz Lieber. Der tut doch keiner Fliege was zuleide.»

«Eben! Die anderen in der Klasse sind nun mal nicht lieb, und die tun nicht nur Fliegen was zuleide. Da habe ich kein Verständnis dafür, wenn ein gewisser Tung immer aus der Reihe tanzt und meint, auf Mister Artig machen zu müssen. Er versucht, sich bei mir durch übertriebene Disziplin und Zuvorkommenheit auf Kosten der anderen Schüler einzuschleimen. Das ist unsolidarisch.»

Ich erntete damit bei meinen Kollegen kein Verständnis. Aber das war mir gleichgültig. Um die meisten machte ich sowieso lieber einen weiten Bogen. Ich war schon immer gegen den Strom geschwommen, was auch erklärte, warum ich die Haltung des Pädagogen gegenüber Schülerleistungen nun so progressiv neu definierte.

Bereits in meiner Kindheit und Jugend unterschied ich mich von meiner Peergroup. Während meiner Schulzeit gehörte es zum guten Ton – so wie auch heute –, Lehrer scheiße zu finden und sich nie freiwillig um gute Leistungen zu bemühen. Nur ich war anders als meine Altersgenossen. Als Nachkomme Luthers hatte ich das protestantische Arbeitsethos in mir. Meine Eltern hatten mir früh eingetrichtert, dass ich es nur dann im Leben zu etwas brächte, wenn ich fortwährend fleißig bliebe und meine Schulaufgaben immer gewissenhaft erledigen würde. Ich sah keinen Grund, an dieser These zu zweifeln. Schließlich kam sie von meinen Eltern. Die mussten es wissen.

Aber ich war nicht nur strebsam, sondern sah mich zugleich in vielen Situationen in der Pflicht, meine pubertierenden Mitschüler zu maßregeln. Etwa, wenn sie sich im Unterricht danebenbenahmen: «Ey, Engin! Beim Melden nicht schnipsen! Grade sitzen und Ellenbogen bitte auf dem Tisch lassen!» Oder wenn sie über die blöde Schule herzogen: «Ihr lernt für das Leben, nicht für die Schule. Das solltet ihr nicht vergessen!» Wenn sie in der Pause ihre Hausaufgaben schnell noch erledigten, belehrte ich sie: «Hausaufgabe heißt Hausaufgabe, weil man sie zu Hause machen muss. Ich glaube, ihr habt das Prinzip nicht verstanden.» Oder wenn sie bei Klassenarbeiten abschrieben: «Ey, Matthias! Nicht von Bilguun abgucken! Du betrügst dich nur selber. So weißt du nicht, was du tatsächlich zu leisten imstande bist. Frau Schall, ich möchte, dass Sie die Arbeit von den beiden einsammeln!»

Noch heute versinke ich vor Scham im Boden, wenn ich an

mein damaliges peinliches Verhalten denke. Doch damals wähnte ich mich absolut im Recht und konnte es nicht fassen, wie wenig erkenntlich sich meine Mitschüler dafür zeigten, dass ich ihr schlechtes Gewissen war. Ich war ein Außenseiter und wurde regelrecht gemobbt. Doch das war nicht weiter dramatisch, schließlich bekam ich Anerkennung von den Menschen, die mir wirklich wichtig waren: den Lehrern. Seit der neunten Klasse durfte ich mehrmals in der Woche die Pausenaufsicht auf dem Schulhof übernehmen, was eigentlich nur Lehrkräften vorbehalten war. Und ich durfte zur Wahl für den Vertrauenslehrer antreten, erhielt aber leider keine Stimme, weil die Wahlberechtigten aus mir unerklärlichen Gründen die Schüler waren.

Auf Klassenfahrten nahm ich als Einziger meine Schulsachen mit, um in den freien Stunden lernen zu können und nicht den ganzen Stoff wieder zu vergessen. Und auch sonst entzog ich mich ihrem schlechten Einfluss. In der Achten fuhren wir ins Riesengebirge, und auf dieser Reise gab es mehrere Modeerscheinungen: Begeisterung für das Sportdeo von adidas, Begeisterung fürs Joggen und Begeisterung fürs Meditieren. Ausgelöst wurden sie alle von dem attraktivsten Mädchen der Klasse: Maria. Die Jungen machten mit, weil sie etwas von Maria wollten, die Mädchen, weil sie hofften, dass sich die Jungen, die nicht bei Maria landen konnten, schließlich doch noch ihnen zuwenden würden. Ich musste über so viel adoleszente Unreife den Kopf schütteln. Klar, auch ich wollte irgendwann mal eine Freundin haben. Aber was nützte die beste Freundin, wenn man nicht für sie sorgen konnte? Darum wollte ich damit warten, bis ich mich beruflich etabliert hatte. Zumal Maria meine Liebe nicht erwiderte.

Natürlich war ich in der Disko während dieser Klassenreise nicht der umjubelte Star. Ich fing mir sogar Buhrufe ein, als ich diesen Lärm von Nirvana, Pearl Jam und Body Count unterbrach und von Elton John «Your Song» auflegte. Ich ließ mich vom infantilen Gebrüll meiner Klassenkameraden aber nicht beeindrucken, und als Sir Elton anstimmte zu *It's a little bit funny this feeling / inside I'm not one of those who can easily hide*[8], da wandte ich mich an unsere neunundfünfzigjährige Klassenlehrerin: «Frau Petzold, wollen Sie tanzen?» Sie wollte. Und Arm in Arm sangen wir:

> *If I was a sculptor, but then again, no*
> *Or a man who makes potions in a travelling show*
> *I know it's not much but it's the best I can do*
> *My gift is my song and this one's for you*[9]

In jenen Minuten säuselte sie mir ins Ohr, dass aus mir eines Tages ein ganz Großer werde. Tja, und heute bin ich Referendar und werde wahrscheinlich, sofern ich überhaupt mein Zweites Staatsexamen bestehen sollte, wegen meiner Fächer nie eine Stelle erwischen. Trotz meines jahrzehntelangen Verzichts auf jegliche Freuden: keine Freunde, keine Freundinnen, keine Partys, keine Konzerte, keine Gesetzesübertretung, kein Exzess, keine Drogen, dafür ein Keine-Macht-den-Drogen-Rucksack. Wenn ich mir mal einen Cocktail gegönnt habe, dann einen Kirsch-Bananen-Saft. Eine langweilige Biografie und wahrscheinlich noch dazu eine uninteressante Persönlichkeit sind das Ergebnis. Ich habe nichts Aufregendes erlebt. Und nicht mal einen Job, in dem ich Anerkennung erhalte. Ich komme mir ein bisschen verarscht vor. Und kann darum Schülern, die keinen Bock auf Lehrer und Schule

---

[8]   **Eigene Übersetzung:** Dieses Gefühl in mir ist ein bisschen seltsam / Es ist keins von denen, die sich leicht verstecken lassen.

[9]   **Eigene Übersetzung:** Wäre ich ein Bildhauer, aber dann wieder, nein / Oder ein Mann, der im Zirkus Zaubertränke braut / Ich weiß, es ist nicht viel, aber es ist das Beste, zu dem ich imstande bin / Mein Geschenk ist mein Song, und dieser ist für dich.

haben, ihre Einstellung nicht verübeln. Im Gegenteil, ich achte darauf, dass sie sich nicht verbiegen.

Mehrmals bestellte ich schon Eltern ein:

«Ihr Sohn macht mir in Geschichte Sorgen.»

«Wieso? Da hat er sich doch verbessert.»

«Eben! Er hängt zu viel mit den Strebern ab. Dieser Umgang ist nicht gut für ihn. Wirken Sie bitte auf ihn ein, damit er wieder mehr mit den Schwänzern verkehrt! Er ist so ernst in letzter Zeit. So wenig ausgelassen.»

Die Musterschüler möchte ich nicht noch in ihrem Lerneifer bestärken beziehungsweise ihr Strebertum übermäßig honorieren. Denn entweder sind sie bereits karrierefixierte, aalglatte Langweiler, also eigentlich unsympathisch und verdienen keine zusätzliche Anerkennung. Oder sie folgen nur Leistungserwartungen, die von außen an sie herangetragen werden, fügen sich also familiären und gesellschaftlichen Begehrlichkeiten. Sie erhalten in diesem Fall gar nicht die Möglichkeit, sich zu fragen, was sie eigentlich wollen. Da wäre es doch falsch, wenn ich als Lehrer den Druck zusätzlich erhöhen und nicht gegensteuern würde.

In meiner neunten Klasse hatte ich ab dem zweiten Halbjahr einen Schüler, Yannick, der von der Hertz-Oberschule in Berlin kam und schon mehrere Jahre in Frankreich gelebt hatte. Bei der Vorstellung erzählte er, dass er gern Käse und Wein in den Galeries Lafayette kaufe, auf Französisch, obwohl wir im Geschichtsunterricht waren. In jenem Moment hatte ich mir geschworen, ihn fertigzumachen. Auch wenn Yannick das anders beurteilte – irgendwann würde er kapieren, davon war ich überzeugt, dass ich es eigentlich gut mit ihm meinte und nur verhindern wollte, dass er genauso endete wie ich.

Sosehr ich schwierige Jugendliche auch mag, ein geregelter Unterricht wird durch sie nicht leichter. Um permanentes Chaos im Klassenraum zu vermeiden, muss den Schülern darum von der ersten Minute an klar sein, wer im Unterricht der Boss ist. In meiner 7c, die ich Mitte des zweiten Halbjahrs noch zusätzlich bekam, weil der Geschichtskollege Herr Schwanitz ausfiel, war das Murat, der dank mehrmaligem Wiederholen von Klassenstufen in der Grundschule körperlich deutlich entwickelter war als seine Mitschüler. Er war einen Meter fünfundsiebzig groß, also ein paar Zentimeter größer als ich, hatte aber einen vergleichbar starken Bartwuchs, nur dass er sich keinen Kinnbart stehen ließ, sondern seine schwarzen Stoppeln gerecht über beide Wangen verteilt hatte. Seinem breiten, schweren Gang, seinen immer leicht vom Rumpf zur Seite abstehenden Armen sah man an, dass er Krafttraining betrieb. Außerdem war er, wie man mir zugetragen hatte, in verschiedenen Kampfsportarten äußerst versiert.

In der Klassenhierarchie folgte nach Murat gleich ich, denn ich hatte mich früh um ein gutes Verhältnis zu ihm bemüht, aus meiner schon bekannten Sympathie für sogenannte Problemschüler, aber auch aus strategischen Gründen. So malte ich mir aus, dass es besser war, Murat ins Boot zu holen, als ihn zum Feind zu haben. Außerdem hatte ich bis zum Ende des Schuljahres noch einige Lehrproben in meinen anderen Klassen zu überstehen und konnte gerade kein neues Schlachtfeld gebrauchen. Natürlich hört sich das nicht nach uneingeschränkter Lehrerautorität an. Aber wenn ich meinen Status in der 7 c mit dem zu meiner eigenen Schulzeit verglich, dann hatte dieser seitdem eine deutliche Aufwertung erfahren.

Als ich selbst die siebte Klasse besucht hatte, wäre ich froh gewesen, vom stärksten Schüler nicht verprügelt zu werden. Ich wurde nur von denen akzeptiert, die in der Klasse nichts zu melden hatten, und das wohl vor allem, weil ich noch weniger zu melden hatte und sie sich in meiner Gesellschaft endlich einmal mächtig fühlen durften. Verglichen damit nahm ich nun im Klassengefüge der 7c einen hervorragenden Platz ein. Um keine Disziplinprobleme zu bekommen, musste ich nur darauf achten, mich mit Murat nicht zu überwerfen. In anderen Worten: Ich musste mit ihm immer auf einer Linie sein. Wusste ich ihn auf meiner Seite, würde es niemand von seinen Mitschülern wagen, gegen mich zu rebellieren. Darum förderte ich ihn besonders. Er hatte das auch bitter nötig, denn seine Schulleistungen ließen eine Versetzung in die achte Klasse nicht erwarten. Und da er die Siebte bereits zum zweiten Mal besuchte, würde ein erneutes Sitzenbleiben für ihn den Abgang vom Gymnasium bedeuten.

Bei der Übernahme der 7c von Herrn Schwanitz stand Murat in Geschichte auf einer schlechten Fünf. Ich erkundigte mich in der Klasse, ob jemand bereit sei, ihm Nachhilfe zu geben. Aber die meisten Schüler, vor allem die besseren, hatten mit seiner dominanten und aggressiven Art bereits unangenehme Erfahrungen gemacht. Niemand bot sich an. So tat ich es. Er lehnte jedoch meine Hilfe ab, da es ihm zeitlich nicht passte. Es blieb mir dadurch nur noch der Notenspielraum, um seine Leistungen positiv zu steuern.

Eigentlich gab es für Noten klare Vorgaben. Noten wurden in feststehende sprachliche Wendungen übersetzt, die darüber Auskunft geben sollten, ob ein Schüler den Anforderungen gerecht wurde. Natürlich ließen sich diese Wendungen interpretieren. Zum Beispiel zugunsten der Schüler.

Als ich Murat das erste Mal mündlich prüfte, hätte ich ihm eigentlich eine Sechs erteilen müssen, da er praktisch keine sinnvollen Antworten auf meine Fragen zustande brachte. Ich entschied mich aber, ihn nicht gleich durch ein so gravierendes Misserfolgserlebnis zu demotivieren: «Okay, Murat! Eigentlich müsste ich dir jetzt eine Sechs geben. Wegen der seltsamen Antworten. Aber ich will noch mal ein Auge zudrücken. Du bekommst eine Drei, weil du, obwohl du nichts wusstest, trotzdem mitgemacht hast – und weil es das erste Mal war. Um dich anzuspornen, dich beim nächsten Mal besser vorzubereiten.» Bei einer schriftlichen Leistung hätte ich nie so weit gehen können.

Mein Ziel war es, dass sich Murat auf dem Zeugnis um zwei Noten verbesserte, ein Befriedigend erhielt. Mir war natürlich die Ambitioniertheit dieses Vorhabens klar. Damit es nicht von Anfang an zum Scheitern verurteilt war, führte ich die Regel ein, dass jeder Schüler pro Halbjahr die acht schlechtesten Noten streichen durfte.

Nach drei Wochen hatte Murat diese Option ausgeschöpft. Ich musste mir etwas anderes einfallen lassen, um ihn bei Laune zu halten. Zum Beispiel seine fast durchweg falschen Beiträge im Unterricht regelmäßig in richtige Antworten umdeuten, so etwa seine Entgegnung auf die Frage nach dem Todesjahr Martin Luthers: «1789.» – «Nicht ganz, Murat. Es war 1546. Du bist aber nah dran gewesen. Und immerhin hast du gewusst, dass er überhaupt schon tot ist. Und wer weiß, wie alt Luther bei einer besseren medizinischen Versorgung hätte werden können. 1789 hätte durchaus drin sein können. Und wie ich dich kenne, hast du das von dir gewählte Jahr nicht zufällig gewählt. Du hast sicherlich die Französische Revolution im Sinn. Das ist toll, Murat, dass du über den gerade behandelten Stoff hinausdenkst, dass du Wissen vernetzt. Du bekommst in Mitarbeit auf jeden Fall eine gute Note.»

Die anderen Schüler hatten es dafür weitaus schwerer, meinen

Anforderungen gerecht zu werden. Denn ich musste ihnen gegenüber ja besondere Strenge walten lassen, um die Nachsicht gegenüber Murat zu kompensieren und nicht als Lehrer zu gelten, der nicht durchgriff:

«Wer kann mir denn sagen, wann Luther seine fünfundneunzig Thesen an das Portal der Kirche zu Wittenberg nagelte? … Ja, Yasmin?»

«1517!»

«Yasmin, diese Antwort kann ich nicht akzeptieren. Ich habe euch doch hinlänglich erklärt, dass ihr im ganzen Satz antworten sollt. Die vollständige Antwort hätte gelautet: ‹Luther hat seine fünfundneunzig Thesen im Jahr 1517 an das Portal der Kirche zu Wittenberg genagelt.› Das sind sechzehn Wörter. Somit hast du im Prinzip nur ein Sechzehntel der Aufgabe gelöst. Ich drücke aber noch mal ein Auge zu. Du bekommst eine Fünf.»

Die meisten Schüler verschlechterten sich unter mir. Verbessern taten sich nur die wenigen, die noch enger mit Murat befreundet waren als ich. Ich fürchtete mich stets davor, dass die Jugendlichen irgendwann diesen Zusammenhang verstehen und sich darauf alle mit Murat anfreunden würden. Dann hätte ich mir etwas ausdenken müssen, um nicht allen eine Eins geben zu müssen, wenn ich nicht meinen strengen Ruf einbüßen wollte.

Ali beschwerte sich einmal in der Pause bei mir, weil er sich im Vergleich mit Murat ungerecht benotet fühlte. Ich ging mit seinem Protest offensiv um, indem ich ihn in der folgenden Stunde vor der ganzen Klasse thematisierte: «Also, gestern hat mich Ali aufgesucht und meinte, er sei mit seinen Noten, vor allem, wenn er sich die von Murat anschaue, unzufrieden. Anders ausgedrückt: Ali findet, Murat soll schlechtere Noten erhalten und er selber bessere. Murat, bist du mit diesem Vorschlag einverstanden?» Murat war das nicht, und damit hatte sich die Diskussion erledigt.

Neben dem Leistungsvermögen war das Sozialverhalten von

Murat ein weiterer Bereich, in dem ich ihm entgegenkommen musste. Eigentlich war es verboten, die Tische der Schule zu beschmieren. Als ich ihn das erste Mal dabei erwischte, wie er seinen mit einem Edding taggte, versuchte ich sein Interesse umzulenken: «Zeig mal, Murat! Mensch, du bist ja ein richtiger Künstler!» Anschließend reichte ich ihm drei leere Blätter mit der Bitte, diese für mich zu gestalten. Meine Rechnung ging nicht auf. Er zog die Tische vor. Ich fand mich damit ab, dass ich ihn in seiner Kreativität nicht bremsen durfte. Wahrscheinlich hätte er sonst noch schlimmere Dinge getan. Nach dem Unterricht musste immer eine besonders gehorsame Schülerin seine Schmierereien wieder entfernen. Dazu schloss ich sie im Klassenraum ein.

Um seine überbordende Energie konstruktiv einzubinden, ernannte ich Murat zum Disziplinbeauftragten. Ich hoffte, ihn dadurch, dass ich ihm während des Unterrichts diese verantwortungsvolle Aufgabe anvertraute, davon abhalten zu können, noch mehr Unfug anzustellen. Er nahm sich allerdings die Freiheit, selbst darüber zu verfügen, ob jemand, weil er zu sehr störte, den Raum verlassen musste. Dabei ging er nicht besonders feinfühlig vor. So schleifte er Schüler, die seiner Aufforderung nicht nachkamen, an den Haaren zur Tür. Und der hübschen Anja zog er einmal den Stuhl unterm Hintern weg, mit dem Erfolg, dass sie weinte. Es hätte aber auch jeden anderen treffen können. Sie hatte nur das Pech, vor ihm zu sitzen. Mir blieb nichts anderes übrig, als zu intervenieren: «Da muss man nicht weinen, Anja! Das war doch nur ein kleiner Scherz von Murat.» Aber sie wollte sich einfach nicht beruhigen: «Anja, geh bitte raus! Du kannst wieder am Unterricht teilnehmen, wenn du dich beruhigt hast.» So schwer es mir fiel, aber ich durfte Murat nicht in den Rücken fallen.

Einen Tag später hatte ich Anjas aufgebrachte Mutter am Telefon. Frau Meier überhäufte mich mit Vorwürfen und ließ mich kaum zu Wort kommen. Zum Glück musste sie irgendwann

Luft holen. Hier bot sich mir die Gelegenheit, ihre Attacke abzuwehren:

«Frau Meier, sind Sie Nazi?»

«Wieso?»

«Na, Ihre Empörung fiele doch wohl deutlich schwächer aus, wenn der von Ihnen inkriminierte Schüler nicht Türke wäre!»

«Das stimmt überhaupt nicht! Es geht um sein Verhalten.»

«Das nehme ich Ihnen nicht ab. Heute ist es angeblich nur sein Verhalten. Und morgen? Sein Aussehen? Seine Herkunft? Seine Religion? Welche Partei wählen Sie eigentlich?»

Dass sie sich auf das Wahlgeheimnis berief, machte sie nur noch mehr verdächtig. Am Ende ließ sie sich jedoch einschüchtern.

Zu meinem Schrecken erfuhr ich auf der Zensurenkonferenz am Ende des Schuljahres, dass Murat die Schule verlassen musste, da er in fast allen Fächern eine Fünf hatte oder sogar noch schlechter dastand. Nur in Geschichte, wo er eine Drei bekam, und in Sport, wo er mit einer Eins rechnen konnte, sah es für ihn besser aus. Die Nachricht erwischte mich ziemlich hart. Ich musste dafür kämpfen, die 7 c loszuwerden. Denn es war fraglich, ob ich mich mit Alexej, dem bisher zweitstärksten Schüler der Gruppe, genauso gut verstehen würde. Bis zu diesem Zeitpunkt war es zwischen uns beiden eher schlecht gelaufen. Vielleicht würde er sich nach Murats Weggang bei mir rächen wollen.

Raum 020, Dienstag, 11.51 Uhr, 5. Stunde, Geschichte 8b
Burak: Könn wir heute Film gucken?
Ich: Wieso sollten wir?
Burak: Wegen Weihnachten.
Ich: Bis dahin sind es noch zwei Wochen.

LIEBER NICHT IMMER
EHRLICH SEIN

Tage und Nächte schlägt man sich als Referendar mit dem Verfassen von Unterrichtsentwürfen um die Ohren, die zu jedem Besuch der Haupt- oder der Fachseminarleiter anzufertigen sind, im Schnitt vier- bis sechsmal pro Halbjahr.

Unter einem Unterrichtsentwurf versteht man eine ausführliche schriftliche Ausarbeitung der Stundenplanung, die zehn bis zwanzig Seiten umfasst und in etwa folgende Punkte beinhalten muss: Worum geht es? Was kann die Klasse und was noch nicht? Welche Verhaltensauffälligkeiten wurden bisher bei den Jugendlichen diagnostiziert? Wie lieb haben sich Lehrer und Schüler und die Schüler untereinander? Was sollen die Schüler lernen? Wie wird dieser Lernzuwachs erreicht?

Entscheidend ist natürlich nicht, ob die Schüler nach den fünfundvierzig Unterrichtsminuten tatsächlich klüger und kompetenter sind, sondern dass die Ausbilder dies annehmen, sei es auch nur deswegen, weil die Jungen und Mädchen zu Beginn der Stunde vom Referendar dümmer präsentiert werden, als es ihrem eigentlichen Lernstand entspricht. Und darum müsste man zu jedem Unterrichtsbesuch eigentlich zwei Entwürfe schreiben: einen für die Seminarleiter und einen ehrlichen für sich selbst. Beide Fassungen haben nur bedingt etwas gemein, wie folgendes Beispiel einer Vorführstunde im Fach Geschichte zu illustrieren vermag:

Die «Serbische Frage» – unvermeidbare Kraftprobe der Bündnisse?

Sachanalyse und didaktische Reduktion

Die «Serbische Frage» bezeichnet die infolge des Attentats am habsburgischen Thronfolger durch den Serben Gavrilo Princip (am 28. Juni 1914 in Sarajevo) sich zuspitzenden Spannungen zwischen Dreibund (Österreich-Ungarn, Deutschland, Italien) und Tripelentente (Russland, England, Frankreich), die einen Monat später zum Ausbruch des Ersten Weltkriegs führten. Als Gegenstand für diese Stunde soll der Konflikt exemplarisch an drei Quellen aus den Jahren 1913/1914 herausgearbeitet werden.

Unterrichtsvoraussetzungen

Allgemeine Voraussetzungen
Tatsächlicher Entwurf

Die 9 b besteht aus fünfundzwanzig Schülern (dreizehn Jungen und zwölf Mädchen). Ich unterrichte die Lerngruppe seit Schuljahresbeginn mit drei Stunden Geschichte in der Woche. Als ich die Schüler übernahm, begegneten sie mir mit offener Ablehnung, da sie mit Lehrern im Allgemeinen und dem letzten Geschichtskollegen im Besonderen sehr schlechte Erfahrungen gemacht hatten. Hinzu kam das nahezu feindselige Klima zwischen Jungen auf der einen und Mädchen auf der anderen Seite, das sich selbst in der Stunde in offener Gewalt manifestierte. Doch die Schüler haben schnell gemerkt, dass ich sie als Individuen mit eigener Persönlichkeit ernst nehme und ihnen zuhöre. Gemeinsam haben wir zunächst die Ursachen der Unterrichtsstörungen und intersozialen Spannungen ermittelt. Anschließend habe ich, wie von Ihnen, Herrn Schubert und Frau Stahl, in den Ausbildungsseminaren empfohlen, die Schüler Regeln für den Umgang im Klassenraum erarbeiten und nach einer Abstimmung schriftlich auf einem Plakat fixieren lassen. Während an geregelten Unterricht in der Anfangszeit nicht zu denken war, ist das Lernklima nun, zwei Wochen später, sehr produktiv.

Ehrlicher Entwurf

Ich unterrichte die 9 b seit Schuljahresbeginn mit drei Stunden Geschichte in der Woche. Die Größe der Lerngruppe ist aus mehreren Gründen nicht definitiv zu bestimmen. Laut Klassenbuch handelt es sich um fünfundzwanzig Schüler. Allerdings habe ich auch nach einem Dreivierteljahr immer noch nicht alle kennengelernt. Zudem variiert die Zahl der Schüler im Verlauf einer Unterrichtsstunde erheblich. Ihren Zenit erreicht sie nach etwa zehn Minuten, wenn die letzten Zuspätkommer eingetroffen sind. Danach fällt sie wieder ab, aufgrund der Schüler, die von mir des Raumes verwiesen werden, beziehungsweise derjenigen, die gegen meinen Willen den Raum verlassen. Gelegentlich nehmen auch Jugendliche am Unterricht teil, die gar nicht im Klassenbuch stehen, in der Regel Freunde meiner Schüler, die bereits von der Schule abgegangen sind und nicht wissen, wo sie, bis das Gesundbrunnen-Center öffnet, die Zeit totschlagen sollen. Ich versuche aber, sie in den Unterricht mit einzubeziehen.

Das Vereinbaren von Unterrichtsregeln, wie Sie als Ausbilder es empfehlen, hat sich als bekloppte Schnapsidee erwiesen, denn von den Schülern kamen nur Vorschläge in folgendem Tenor: «Es ist verboten, dem Lehrer auf den Arsch zu schauen, außer er bittet drum!» Oder: «Beleidigungen des Lehrers dürfen nur an der Tafelseite stehen, die nicht fürs Tafelbild gebraucht werden!» Die anschließende Abstimmung über von mir formulierte und auf ein Plakat gebrachte Regeln fand keine Mehrheit. Ich habe das Poster trotzdem hingehängt, und die Schüler haben meine Regeln darauf umgeschrieben («Der Lehrer darf die Schüler beim Reden nicht unterbrechen! Der Lehrer darf nur reden, wenn er drangenommen wird!» usw.).

Spezielle Voraussetzungen
Tatsächlicher Entwurf

Als ich die Schüler übernahm, merkte ich schnell, dass der vorher unterrichtende Lehrer ihnen dieses Fach durch einen bedenklich autoritären Unterrichtsstil ziemlich verleidet hatte. Ich nahm meine Klasse aber ernst und habe sie, wie mir in meinem Geschichtsseminar geraten wurde, in die Jahresplanung einbezogen, indem ich sie zunächst fragte, womit sie sich denn gern beschäftigen würden. Dabei machte ich ihnen keine Vorgaben. Erstaunlich viele Schüler äußerten spontan den Wunsch, sich mit der «Serbischen Frage» als Auslöser für den Ersten Weltkrieg zu befassen. Zufällig deckte sich dieser Wunsch mit dem Lehrplan. Folglich dürfte die Motivation der Jugendlichen ziemlich hoch sein. Inhaltlich sind die Schüler vorbereitet. Sie wissen Bescheid über die Bündnisverpflichtungen, das Weltmachtstreben Wilhelms II. und über das Wettrüsten der europäischen Großmächte. In den vorangegangenen Stunden wurde die Vorgeschichte auf dem Balkan behandelt. In dieser Stunde befassen sie sich damit, inwiefern das Geschehen auf dem Balkan mit den Interessen der europäischen Großmächte kollidierte. Dies sollen die Schüler in Gruppen erarbeiten.

Die meisten Schüler beherrschten, als ich die Klasse übernahm, nicht einmal bruchstückhaft Deutsch. Die Unterrichtssprache war oftmals Türkisch. Gruppenarbeiten scheiterten wiederholt an ethnischen und religiösen Konflikten. Dank meines systematischen Sprach- und Methodentrainings konnte ich in den zwei Wochen, seitdem ich die Schüler unterrichte, in allen Bereichen deutliche Fortschritte erzielen. Mittlerweile machen sie ordentliche Powerpoint-Präsentationen und haben keine Mühe, Kants *Kategorischen Imperativ* zu lesen. Auch die Gruppenarbeit funktioniert nun erfreulich reibungslos.

Ehrlicher Entwurf

Anfangs hatten die Schüler wegen des vorher unterrichtenden Lehrers überhaupt keine Lust auf Geschichte. Darum habe ich sie gebeten, aufzuschreiben, was sie denn gern in diesem Schuljahr machen beziehungsweise nicht machen wollen. Auf zahlreichen Zetteln stand «Türkei!», auf ebenso vielen «Nichts über Juden». Darum habe ich mich entschieden, mich in diesem Jahr völlig auf die Materialien eines älteren Referendars über die «Serbische Frage» zu stützen und unterrichtsbezogene Anregungen der Schüler möglichst zu ignorieren, um bis zur Lehrprobe kein Risiko einzugehen. Den historischen Kontext kennen die Schüler aus meinem einstündigen Lehrervortrag, den ich mit den Worten einleitete: «Schreibt alles mit und lernt es auswendig! Darüber ist der nächste Test. Und der macht neunzig Prozent der Gesamtnote aus.» Den behandelten Gegenstand sowie die eingesetzten Methoden kennen die Schüler aus dem Effeff, da wir diese Stunde schon wiederholt geprobt haben.

Europa auf dem Weg in den Ersten Weltkrieg – eine Zwangsläufigkeit?

Stundenthemen der Einheit

Tatsächlicher Entwurf

1. Stunde: Von Bismarcks Koalitionen zum Bündnissystem vor dem Ersten Weltkrieg – Verschiebung des Machtzentrums?

2. Stunde: Deutschlands Flottenpolitik – Braucht Deutschland eine größere Flotte?

3. Stunde: Deutschlands Flottenpolitik – Stärkung oder Schwächung des Landes im internationalen Gefüge?

4. Stunde: Nationalstaatsbildungen auf dem Balkan – Chance oder Risiko?

5. Stunde: Die «Serbische Frage» – unvermeidbare Kraftprobe der Bündnisse? (Unterrichtsbesuch)

6. Stunde: Die «Julikrise» 1914 – Welche Spielräume hatten die Mächte?

7. Stunde: Der Ausbruch des Ersten Weltkriegs – Bewertung

Ehrlicher Entwurf

1. Stunde: Ausfall (Schüler haben sich im Raum geirrt)

2. Stunde: Ausfall (Lehrer fühlte sich ausgebrannt)

3. Stunde: Lehrervortrag über die Zeit von 1871 bis 1914 in Europa

4. Stunde: «Die «Serbische Frage» – unvermeidbare Kraftprobe der Bündnisse? (1. Versuch)

5. Stunde: «Die «Serbische Frage» – unvermeidbare Kraftprobe der Bündnisse? (Generalprobe)

6. Stunde: «Die «Serbische Frage» – unvermeidbare Kraftprobe der Bündnisse? (Unterrichtsbesuch)
7. Stunde: Wird ausfallen (Lehrer muss sich von Lehrprobe
erholen)

Groblernziel und Mindeststandard

Tatsächlicher Entwurf
Groblernziel (Ziel für Leistungsspitze):

Die Schüler erkennen um die «Serbische Frage» kreisende
Interessengegensätze zwischen der Habsburgermonarchie und
Russland und können sich daraus ergebende mögliche «Kraft-
proben» zwischen den direkt involvierten Ländern und ihren
Bündnissen (Dreibund und Tripelentente) reflektierend und
selbständig antizipieren.

Mindeststandard (Ziel, das auch die leistungs-
schwächeren Schüler erreichen sollen):

Die Schüler erkennen um die «Serbische Frage» kreisende
Interessengegensätze zwischen der Habsburgermonarchie und
Russland und können diese selbständig und zielgerichtet in ei-
genen Worten erklären.

Ehrlicher Entwurf
Groblernziel:

Die Schüler kennen den von mir geplanten Ablauf der Stunde
und meine Erwartungen an sie und verhalten sich danach.

Mindeststandard:

Die Schüler stören nicht.

Einstieg
Tatsächlicher Entwurf

In dieser Phase sollen die Schüler anhand eines an die Wand projizierten Zitats von Fürst von Lichnowsky erkennen, dass es auf dem Balkan eine Konfliktsituation gab, die sich zu einer Kraftprobe zwischen Dreibund und Tripelentente zuspitzte. Die Analyse der drei Elemente – «Serbische Frage», Dreibund versus Tripelentente und Kraftprobe – erfolgt im Unterrichtsgespräch. Dabei orientiere ich mich an der von Ihnen als Ausbilder eingeforderten hohen Schülerselbstverantwortung. Ein leistungsstarker Schüler hält die Ergebnisse der Analyse sowie die Stundenfrage in völliger Eigenverantwortung an der Tafel fest, und zwar in Form eines vorstrukturierenden Tafelbildmusters. Ich werde nur eingreifen, sofern diese Ergebnisse die Aussage des Zitats völlig entstellen.

Ehrlicher Entwurf

Ich werde nicht eingreifen müssen, da ich Stundenfrage und Tafelbildmuster, um böse Überraschungen zu vermeiden, bereits gestern in für Sie kaum lesbarer Schrift an der Tafel vorgeschrieben habe. Der Schüler muss nur noch die Linien nachziehen.

Erarbeitungsphase
Tatsächlicher Entwurf

Wegen der Schweinegrippe ist es gut möglich, dass nur neun von fünfundzwanzig Schülern anwesend sind. Die Schüler sitzen in Dreiergruppen und lesen zunächst arbeitsteilig drei Quellen zur «Serbischen Frage». Im Sinne der von Ihnen geforderten und von mir geförderten Binnendifferenzierung

erhalten die stärksten Schüler die schwierigste Quelle (öster-
reichische Position), die schwächsten Schüler die leichteste
Quelle (serbische Position) und die mittelstarken Schüler die
mittelschwere Quelle (russische Position). Im Anschluss daran
tauschen sich die Gruppenmitglieder aus und erstellen gemeinsam ein Schema für die Tafel. Jeder Schüler kann sich dabei im
Sinne der Binnendifferenzierung gemäß seinen individuellen
Fähigkeiten einbringen. Der schwächste Schüler zeichnet das
Schema, der mittelstarke macht Vorschläge und der stärkste
Schüler achtet darauf, ob das Schema schlüssig, übersichtlich
und vollständig ist.

Ehrlicher Entwurf

Es werden nur neun von fünfundzwanzig Schülern anwesend
sein, da ich die leistungsschwächsten und verhaltensauffäl-
ligsten Schüler für diese Stunde beurlaubt habe. Die verschiedenen Quellen sind alle genau gleich lang und gleich schwer.
Denn die von Ihnen propagierte Binnendifferenzierung ist
blanker Unsinn. Als ich mal mit unterschiedlich anspruchsvollen Texten gearbeitet habe, haben sich die besseren Schüler
absichtlich verschlechtert, weil sie nicht immer die schwersten
Quellen bekommen wollten.

Sicherung
Tatsächlicher Entwurf

Eine Gruppe präsentiert ihre Ergebnisse, indem sie diese in
das eingangs der Stunde entworfene Tafelbildmuster einträgt.
Da ich die Schüler zu Selbständigkeit und Autonomie erziehe,
dürfen sie das vorgegebene Muster auch komplett verwerfen.
Bei der Präsentation werde ich mich vor allem auf die schwächeren Schüler stützen, also Tung, Lena und Nico. Zwar ist
das Ergebnis dann wahrscheinlich weniger gut, aber mir ist es

wichtig, dass gerade auch diese Lerner gefördert werden und Erfolgserlebnisse haben.

Ehrlicher Entwurf

Eine Gruppe präsentiert ihre Ergebnisse, indem sie diese in das eingangs der Stunde entworfene Tafelbildmuster einträgt. Bei der Präsentation werde ich mich, um kein Risiko einzugehen, vor allem auf die Leistungsspitze stützen, also Tung, Lena und Nico.

Vertiefung
Tatsächlicher Entwurf

Die Schüler antizipieren begründet die möglichen Folgen des aus der «Serbischen Frage» herrührenden Konflikts und formulieren dabei im Unterrichtsgespräch hypothesenartig denkbare «Kraftproben».

Ehrlicher Entwurf

Die Schüler lesen die Hypothesen aus ihrem Hefter vor, ohne dass Sie als Besucher es merken.

Didaktische Reserve
Tatsächlicher Entwurf

Mittels der verschiedenen Hypothesen erkennen die Schüler das Vorhandensein verschiedener Handlungsoptionen in der damaligen historischen Situation. Dies weckt das Interesse, damals mögliche Handlungsoptionen in den kommenden Stunden vertiefend auszuloten, zum Beispiel in einem Planspiel.

Ehrlicher Entwurf

Auf mein Räuspern hin wird Mirsat folgende Erkenntnis formulieren: «Dass hier verschiedene Möglichkeiten an der

Tafel stehen, zeigt doch, dass Geschichte nicht vorgezeichnet, sondern immer auch vom Verhalten der Akteure abhängig ist.» Nach einem weiteren Räuspern wird sich Lena melden und die Stunde mit folgender Äußerung beschließen: «Also, bei mir weckt die Erkenntnis, dass Geschichte nicht vorgezeichnet ist, das Interesse, die damals möglichen Handlungsoptionen noch vertiefend auszuloten. Ein Planspiel wäre toll! Können wir das vielleicht machen?»

Raum 103, Mittwoch, 11.23 Uhr, 4. Stunde, Französisch 10 a
Mahmoud: Scharmuta!!
Ich: Mahmoud!!
Serpil: Pic!!
Ich: Serpil!
Mahmoud: Kis Imak!
Serpil: Labunya!!
Ich: Serpil! Mahmoud! Wenn ihr jetzt nicht ruhig seid, dann ...
Mahmoud: Benik Imak!
Ich: ... bekommt ihr einen Tadel.
Serpil: Dönme!
Ich: Okay, Serpil! Du bekommst einen Tadel!
Serpil: Tschüüüsch! Wieso ick!? Ick hab doch ja nischt jemacht.
Ich: Und du auch.
Mahmoud: Wieso? Wassolldass? Herr Serin! Ham Sie'n Problem?! Ham Sie was gegen Araba? Wolln Sie schlagen?
Ich: Ich hab euch mehrmals ermahnt.
Mahmoud: Hayuen!!!

18

NOCH VIERZIG MINUTEN
BIS ZUM PAUSENKLINGELN

Frau Stahls ernster Blick war keine Hilfe. Seit etwa einer Minute lief mein Unterricht. Mir waren diese sechzig Sekunden vorgekommen wie eine halbe Ewigkeit. Anders als meine Geschichtsseminarleiterin schauten mich die Schüler meiner 9 b zwar freundlich an, waren aber offensichtlich nicht in der Lage, das von mir intendierte Verhalten abzurufen. *Der stumme Impuls ist ein bei allen Ausbildern gern gesehener Einstieg, auch bei mir.* Diese Empfehlung von Herrn Schubert klang mir noch in den Ohren. *Die Schüler nonverbal durch provokative Bilder, Karikaturen, Zitate oder Schlagworte zu freien, assoziativen Äußerungen bringen.* Doch meine Schüler sagten einfach nichts.

Dabei hatte ich den Einsatz von Zitaten als «stumme Impulse» zwei Wochen lang in sechs aufeinanderfolgenden Stunden geübt. Was war mit meiner Klasse los? Fürchteten die Schüler, etwas Falsches zu sagen? Wegen der Stahl da hinten in ihrem grauen Hosenanzug? Bei ihr am Zehlendorfer Berta-von-Suttner-Kolleg klappte der stumme Impuls immer. Jetzt zog diese strenge Frau mit der Marathonfigur ihre schmalen Lippen missmutig lang. Was sollte ich nur tun? Das Zitat an der Wand weiter wirken, weiter kostbare Zeit verstreichen lassen, in der Hoffnung, dass Tung oder Vincent noch einen Geistesblitz hatten? Oder Nico oder Lena? Oder sollte ich von meiner Planung abkommen, um zeitlich nicht völlig den Anschluss zu verlieren?

Frau Stahl vertiefte sich nun in meinen Unterrichtsentwurf und strich irgendwas an. Vermutlich einen Tippfehler. Sie würde mir

wohl nachher wieder einen Vortrag darüber halten, wie schlampig meine Entwürfe geschrieben seien. Nachdem sie meinen Einstieg zerpflückt hätte. Ich hielt das Schweigen meiner Klasse nicht länger aus: «Sagt mir bitte, was euch einfällt, wenn ihr dieses Zitat lest!»

An die Wand war eine Äußerung des Schriftstellers Gustav Freytag aus dem Jahr 1871 projiziert, mit der dieser die deutsche Reichsgründung im selben Jahr kritisierte. Mit seiner Stellungnahme hatte ich eine Unterrichtseinheit einleiten wollen, in der die Schüler erkennen sollten, dass die Merkmale dieser Reichsgründung – Vorherrschaft Preußens, Konstituierung des Reiches infolge von Kriegen, Reichsgründung von oben, ohne das Volk sowie die Dominanz Bismarcks – problematische Auswirkungen auf die weitere Entwicklung des Staates im Inneren und auf die Beziehungen zu den Nachbarländern hatten. Das Zitat lautete: «Die Größe haben wir erreicht, jetzt werfen die Mittel, wodurch sie uns geworden, ihre Schatten über unsere Zukunft. Wir werden's alle noch bezahlen …»

Natürlich überforderte dieser Satzbau meine 9 b deutlich. Nicht nur, dass etwa 80 Prozent meiner Schüler einen Migrationshintergrund hatten, sie stammten oft auch aus Elternhäusern, die ihnen ein lernförderliches Umfeld nicht ermöglichten. Ich hatte den Text darum syntaktisch vereinfacht. Das Zitat in der neuen Version: «Unser Land ist nun sehr groß. Doch die Art und Weise, wie wir so groß geworden sind, verdunkelt unsere Zukunft. Wir werden dafür noch bezahlen.» Die Schüler wussten, dass es um die Gründung des Deutschen Reichs ging. Sie sollten anhand des Zitats erkennen, dass diese in ihrer Form von manchen Zeitgenossen als Belastung für die zukünftige Entwicklung Deutschlands gesehen wurde. Dimitri meldete sich. Endlich! «Welches Land meint der?»

Dimitri hatte die letzten Stunden eigentlich nicht gefehlt. Frau

Stahls Blick schien mir noch strenger. Ich spürte, wie mir kalter Schweiß den Rücken herunterlief. «Überlegt bitte, von welchem Land Gustav Freytag spricht! … Mohammed!»

«Deutschland.»

«Bitte genauer angeben, von welchem Deutschland hier die Rede ist!»

«Deutschland 1871.»

«Gut, also das Deutsche Reich 1871.»

Verdammt! Ich hatte zwei Fehler begangen: Erstens hatte ich Mohammed nicht gezwungen, im ganzen Satz zu sprechen, und zweitens hatte ich die genaue Bezeichnung für Deutschland selbst vorgenommen, statt sie einen Schüler sagen zu lassen. In den Augen meiner Seminarleiterin waren das praktisch Todsünden.

Der Elan meiner Klasse war längst wieder verebbt. Mein verbaler Impuls hatte nicht weit getragen. Ich musste neu ansetzen: «Was müssen wir denn wissen, um zur Aussage von Gustav Freytag Stellung beziehen zu können?» Schon wieder ein Fauxpas. Wir durften bei Frau Stahl keine Fragen stellen, sondern nur Aufforderungen formulieren. Ich korrigierte mich: «Überlegt bitte, was wir wissen müssen, um zur Aussage von Gustav Freytag Stellung beziehen zu können!» Frau Stahl schüttelte leicht den Kopf und biss auf ihren Pfefferminzbonbon, auf dem sie aus welchen Gründen auch immer permanent lutschte – wobei sie beim Lutschen immer ihre Wangen nach innen zog, so, als herrsche zwischen Lippen und Rachen großer Unterdruck.

Nie hätte ich es früher für möglich gehalten, dass mir die Gegenwart einer Frau, die sowohl dünner als auch kleiner als ich war, Unbehagen bereiten konnte. Aber Frau Stahl vermochte es durch ihre maßlose Strenge. Fünfzig Prozent aller Referendare schlossen bei ihr mit einer Fünf oder sogar noch schlechter ab. Seitdem sie einmal wegen einer zu guten Note in einer Prüfung von einem Hauptseminarleiter zurechtgewiesen worden war, kämpfte sie verbissen und erfolgreich um den Titel als Seminarleiterin mit den meisten Durchfallern Berlins. Ihr Anspruch an uns stand in einem frappierenden Missverhältnis dazu, dass wir Referendare in ihrem Seminar nichts lernten. Noch größer war die Diskrepanz zu ihrem eigenen Nullachtfünfzehn-Unterricht, den wir bei Besuchen in ihren Klassen zu sehen bekamen. Es war immer der gleiche leidenschaftslose Stundenverlauf, der überall außerhalb ihres Zehlendorfer Soziotops auf Dauer die gelangweilten Schüler zum Verlassen des Klassenraums oder zur Sabotage jeglicher Lehreraktion bewogen hätte.

Lena meldete sich: «Was mit Deutschland passiert ist.»

«Bitte antworte im ganzen Satz!»

«Wir müssen wissen, was mit Deutschland passiert ist.»

Der Vorschlag von Lena war ein bisschen sehr vage, aber vielleicht sollte ich ihn dennoch an der Tafel festhalten, um wenigstens irgendeinen Schülerbeitrag gesichert zu haben. Frau Stahl rollte mit den Augen und rümpfte die Nase. Störte sie sich an Lenas Ausdrucksweise? Ich korrigierte vorsichtshalber: «*Passieren* sagt man nicht, Lena! Das ist Straßenjargon. Wir sind hier im Unterricht und verwenden das Wort *geschehen*. Also, ich notiere das mal.»

Aber wahrscheinlich war ohnehin meine Adaption des Freytag-Zitats für meine Seminarleiterin bereits die reinste Blasphemie. Ich würde nachher im Auswertungsgespräch sehr viel Kraft darauf verwenden müssen, diese sprachliche Vereinfachung zu begründen.

Ich fuhr mit dem Unterricht fort: «Lena hat angedeutet, wohin eure Überlegungen gehen sollen. Aber richtet euren Blick noch einmal auf das Zitat! Hier wird nicht allgemein von Deutschland gesprochen, sondern von einer neuen Größe. Denkt bitte an die letzte Stunde zurück und überlegt, was der Autor im Zusammenhang mit einer neuen Größe im Sinn haben könnte.»

Wieder Stille. Ratlose Schüler. Und ich hatte erneut nur Augen für Frau Stahl. Diese kleine, spirrelige, freudlose Person mit Igelschnitt absorbierte mehr von meiner Aufmerksamkeit als die ganze Klasse zusammen. Ich hatte Mühe, mich überhaupt auf die Jugendlichen zu konzentrieren. Weil ich unentwegt im Gesicht meiner Ausbilderin zu lesen versuchte, ob auf diesem nicht wenigstens ein Hauch von Wohlwollen lag. Ein Hauch von Verständnis, weil sie trotz Zehlendorf sicherlich irgendwann die Erfahrung gemacht haben musste, dass die Schüler nicht die Antworten erbrachten, die sie in ihren Planungen einkalkuliert hatte. Wenigstens eine Spur von Aufmunterung. Doch ihr Mienenspiel versagte mir jeglichen Trost.

Ich beschloss, in die Offensive zu gehen und sie einfach anzulächeln. Damit war ich vermutlich der Erste aus unserer Seminargruppe. Aber vielleicht könnte ich sie so dazu zwingen, zurückzulächeln und mich etwas milder, etwas fairer zu beurteilen. Also lächelte ich, was das Zeug hielt, bestimmt fünf Sekunden lang. Dann gab ich auf. Ihr kühl-ernster Blick war wie in Stein gemeißelt. Fast hätte ich bei meinem Werben um Frau Stahls Gunst Fatima übersehen, die ein Handzeichen machte.

«Ja?»

«Letzte Stunde, mein Sie? Österreich, oda?»

Frau Stahl legte entgeistert ihr anämisches, schmales Gesicht in ihre langen, knochigen und fleckigen Hände. Ich hätte wohl besser die Schüler fünfundvierzig Minuten Stillarbeit machen lassen und ihnen jegliche mündliche Äußerung versagen sollen. Was würde meine Seminarleiterin bei der nächsten Schüleräußerung tun? Die Arme zum Himmel werfen und laut Gottes Hilfe erflehen? Aus dem Raum rennen? Warum konnte sie nicht einfach einschlafen? Dann könnte ich den Schülern die Antwort auf meinen Impuls verraten und endlich zur nächsten Phase übergehen. Und warum hatte ich am Ende des ersten Semesters nicht einfach in ein anderes Geschichtsseminar gewechselt? Als es noch ging. Dann würde ich jetzt nicht bis zum Pausenklingeln vierzig weitere Minuten ihre Visage vor mir haben. Dann wäre ich ihr nicht bis zur Prüfung ausgeliefert.

Lehrerzimmer, Mittwoch, zweite Hofpause

Ich: Die is so was von streng. Nur schlechte Noten gibt's bei der blöden Kuh. Dabei macht die selber so einen Schrottunterricht. Die hat nur Glück, dass se in Zehlendorf anna Schule ist. Da kannste ja vor die Klasse einen Besen stellen und die Schüler würden ihre Aufgaben trotzdem machen.

Herr Rauter: Die war mir gleich unsympathisch, als ick se jesehen hab mit Ihnen. Die ist wahrscheinlich total frustriert, weil se keenen Sex hat.

Ich: Mir wäre lieber, sie hätte welchen und würde bessere Noten geben. Jedenfalls ...

Frau Baum: Herr Serin! Sie haben den Raum heute wieder als Saustall hinterlassen.

Ich: Wieso? Meine Schüler haben extra aufgeräumt.

Frau Baum: Der ganze Lehrertisch war voller Kreide. Hier, schauen Sie! Meine Ärmel! Total eingesaut! Schauen Sie sich die an!

Herr Rauter: Dann darfste halt nicht die ganze Stunde sitzen. Dann bleiben die Ärmel sauber. Ich hab ja immer jesagt, unterrichte doch mal zur Abwechslung im Stehen.

Frau Baum: Also, das ist doch eine Frechheit! (Zieht sich beleidigt und schimpfend zurück.)

Herr Rauter: Die nervt! Dit ham Se sicherlich auch schon jemerkt. Nicht ernst nehmen!

DER STRING LIESS SICH
GAR NICHT ERST BLICKEN

Ich hatte eine Frage gestellt. Und Chantal-Michelle meldete sich. Das erste Mal seit August 2007. Und wir waren nun bereits im Januar. Wahrscheinlich wollte sie kurz vor den Halbjahreszeugnissen noch ihre mündliche Geschichtsnote aufpimpen. Jetzt musste ich aufpassen. Nur keinen falschen beziehungsweise falsch platzierten Blick werfen. Das war eine schwierige Aufgabe, denn Chantal-Michelle war sehr aufreizend gekleidet. Ich konnte ihr in die Augen schauen, doch wenn ich Schülerinnen in die Augen schaute, wurde ich immer gleich nervös. Und das wäre für den weiteren Stundenverlauf fatal. Ich konnte ihr auf den Mund schauen, aber aus dem würde ihre falsche Antwort kommen. Außerdem hatte sie wieder einen dermaßen grellen Lippenstift aufgelegt, dass ich befürchten musste zu erblinden. Blieb noch ihr Körper, aber der bestand aus sehr viel Haut. Wie üblich.

Vor der Aufnahme des Referendariats hatte ich mir oft die Frage gestellt, wie es mir möglich sein sollte, mich inmitten all der weiblichen Reize halbwegs auf den Unterricht zu konzentrieren. Denn auch mir waren all die Artikel aus *BILD*, *Süddeutscher Zeitung* und *Spiegel* nicht entgangen, in denen sehr reißerisch über den neuesten Look von Deutschlands Schülern diskutiert wurde. Fazit: Die T-Shirts wurden immer knapper, die Hosen rutschten immer tiefer, der Saum des Minirocks wanderte immer höher und Unterwäsche war, weil Stoff gespart werden musste, immer weniger dazu geeignet, überhaupt noch irgendwas zu bedecken. Und wenn sich die Jugendlichen nicht diesem Trend zur größtmöglichen Transparenz anschlossen, trugen sie Klamotten von Thor Steinar. Oder lange schwarze Gewänder, die die Schnittwunden kaschieren sollten, die sich verzweifelte Borderline-Teenager mit Rasierklingen zufügten.

Als ich vor Jahren mein erstes Schulpraktikum absolvierte, hatte ich mich mit meinem betreuenden Lehrer sehr gut verstanden und ihn gefragt, wie er mit der Kleidung der Schüler klarkomme. Er hatte eingeräumt, dass es für ihn nicht immer leicht sei, klaren Kopf zu bewahren, mir zugleich aber davon abgeraten, auf die Jugendlichen einwirken zu wollen. Er sei damit mehrmals böse auf die Nase gefallen. Einmal habe er eine Schülerin gebeten, ihr T-Shirt wenigstens über den Bauchnabel zu ziehen. Die Antwort der Neuntklässlerin: Das müsse so sein. Bauchfrei sei heute bei Jugendlichen gerade in. Ein anderes Mädchen, das er auf dessen unangemessen tiefen Ausschnitt ansprach, habe ihn vor der Klasse mit der Bemerkung bloßgestellt: «Sie finden meine Brüste wohl geil? Wollen Sie mal anfassen?» Seine Feststellung einem männlichen Schüler gegenüber, nicht die ganze Klasse sei scharf darauf, dessen Boxershorts zu sehen, habe ihm die peinigende Äußerung eingebracht, die ganze Klasse sei auch nicht scharf darauf, von einem Lehrer in Klamotten von Woolworth unterrichtet zu werden.

Nicht nur die Outfits der Schüler können zu einem Problem werden, auch modische Extravaganzen der Lehrkräfte. Besonders wenn Letztere versuchen, mit den Jugendlichen in ihrer Jugendlichkeit mitzuhalten oder irgendwie attraktiv zu wirken. Manche Lehrerinnen bemühen sich beispielsweise, sich nicht wie eine Lehrerin zu kleiden, sondern wie eine Frau. Aber meist geht dieses Präsentieren der Weiblichkeit nach hinten los. So wie bei meiner ehemaligen Französischlehrerin Frau Stettin, die einmal mit einem, wenn auch nicht tiefen, so doch vorhandenen Dekolleté vor unsere Klasse trat. Als sie sich, vor Engin stehend, zu diesem herunterbeugte, um ihm einen Fehler in seiner Hausarbeit zu erläutern, konnte die halbe 9a erkennen, wie überflüssig ihr BH war, was einige fortdauernde abwertende Krakeleien über ihre Körbchengröße auf den Jungenklos nach sich zog wie: *Frau Stettin ist ein BMW!*[10] *Frau Stettins BH sind zwei Eierbecher!*

Die meisten Lehrer kleiden sich darum, vielleicht aus vorbeugendem Selbstschutz, in einer Weise, die den Schülern unmissverständlich klarmacht, dass vor ihnen kein sexuelles Wesen steht, sondern eines, das auf das eigene Erscheinungsbild keinen großen Wert legt, weil diese Eitelkeit einem guten Unterricht nur im Weg stünde. Abgetragene, ausgewaschene Jeans, dunkelfarbige Blusen und hässlicher Schmuck (zum Beispiel riesige Ohrringe und klobige Holzperlenketten von der letzten Keniasafarireise) sind keine Seltenheit. Hin und wieder werden Schüler auch mit Sandalen konfrontiert, aus denen dicke, warme Wollsocken hervorquellen. Besonders der praktische Schlabberpulli aus Schafswolle ist die optimale Bedeckung für den Oberkörper eines jeden Unterrichtenden, da er sich über den Schweißausstoß diskret ausschweigt. Denn Schweiß gibt Anlass zu Spott und ist der größte Feind des Lehrers, neben Pickeln, unter denen natürlich auch Schüler leiden. Aber da fällt es nicht so auf, es stechen eher die Schüler ohne Pickel hervor.

Am Werner-Heisenberg-Gymnasium war es genauso. Viele Kollegen entsprachen den lehrertypischen Modeklischees, von denen ich mich mit meinen Schlaghosen und Carhartt-T-Shirts abhob. Anders als das Gros der Lehrer entsprachen die Schüler jedoch nicht meinen Erwartungen. Es gab zwar ein paar Emos und ein paar Hip-Hop-bedingte Baggy Pants, aber wegen des hohen Ausländeranteils traten die meisten Jugendlichen ziemlich züchtig auf. Die vielen türkischen Jungen warteten zwar oft mit

---

[10] Brett mit Warze

ihrem obligatorischen Goldgehänge und ihrer gegelten Kurzhaarfrisur auf, aber bei ihren Jeans schloss der Bund in der Regel nicht
so tief ab, dass der Weg bis zum T-Shirt von der Unterhose über-
brückt werden musste. Viele waren auch in Weiß gewandet, von
den Basecapes bis zu den Turnschuhen, oder im Camouflagestil.

Die Mädchen kleideten sich selten auffällig, die meisten erfreulich wenig figurbetont. Als ich das erste Mal vor die Klasse
trat und die Schülerinnen musterte, konnte ich mir einen Seufzer
der Erleichterung über das Vorhandensein von Kopftüchern im
Kurs nicht verkneifen. Für religiösen Fundamentalismus habe
ich nichts übrig, aber in diesem Fall wurde es für mich einfacher,
mich im Unterricht nicht von meinen Lehrerpflichten ablenken
zu lassen.

Eine sichtbare Ausnahme bildeten die russischen Schülerinnen, die nicht selten bauchfrei und in Hot Pants in der Schule erschienen. Außerdem schminkten sie sich so stark, als befürchteten
sie, die Mauer könne jederzeit wieder aufgebaut werden und sie
müssten deshalb mit einer Make-up-Maske vorsorgen, die bis ans
Lebensende hielt. Aber bislang war ich mit den Russinnen gut zu-
rechtgekommen. Ich nahm sie im Unterricht einfach nicht dran.
Mir kam dabei entgegen, dass sich Schülerinnen, die sich viel mit
ihrem Äußeren beschäftigen, sowieso fast nie beteiligten.

So war das eigentlich bisher auch bei Chantal-Michelle gewesen. Sie trug ein Trägershirt, bei dem die Träger fehlten. Und ihr
Ausschnitt schien erst kurz über dem Bauchnabel zu enden. Ich
konnte mich, um mir diese Zurschaustellung von Haut zu ersparen, auch nicht hinter sie stellen, denn dann blickte ich auf ihr
Arschgeweih, das tief in ihrem Gesäß verschwand. Der String ließ
sich gar nicht erst blicken.

Ich erteilte ihr das Wort, was sie nicht sofort begriff, denn wie
immer, wenn ich eine sexy gekleidete Schülerin aufrief, blickte ich
dabei den hässlichsten Jungen der Gruppe an, in dieser Klasse war

es Daniel. Erst als ich ihren Namen hinzufügte, dämmerte es bei ihr. Dann sagte sie:

«Herr Serin, Ihr Hosenstall!»

Die Situation war äußerst peinlich. Als Lehrer konnte ich natürlich nicht frei antworten. Darum musste ich mir die lustige Entgegnung: «Du findest meinen Hosenstall wohl geil? Willste mal anfassen?» leider verkneifen. Stattdessen erwiderte ich: «Das muss so sein! Ein offener Hosenstall ist bei Lehrern gerade in.» Um glaubhaft zu bleiben, unterrichtete ich bis zum Ende der Stunde mit offenem Reißverschluss. Von der kommenden Stunde an trug ich aber immer einen langen, wollenen Schlabberpulli. Der hatte zudem den Vorteil, dass man bei ihm nicht so stark wie bei meinen Carhartt-T-Shirts erkennen konnte, wie sehr ich schwitzte.

«Und, was macht deine *Spiegel*-Karriere? Hab jarnichts von dir gelesen.»

«Das muss wohl daran liegen, dass ich nicht beim *Spiegel* bin.»

Ich wusste natürlich, dass Nikon nicht ernsthaft an meiner beruflichen Entwicklung Anteil nahm, sondern nur darauf aus war, vermeintlich Schwächere im Beisein anderer durch abwertende Kommentare und Witze unterhalb der Gürtellinie lächerlich zu machen. So wie zu unserer gemeinsam Schulzeit. Zwar war er schon damals verbal nicht wirklich schlagfertig gewesen, aber unter Jugendlichen waren andere Eigenschaften deutlich wichtiger für die Stellung in der Klassenhierarchie. Und niemand unter uns hätte es sich getraut, Nikons großer, massiger Gestalt sowie seinen Taekwondo-Tritten und -Schlägen die Stirn zu bieten – schon gar nicht durch Eloquenz.

Auch ich hatte seine Beleidigungen und Schmähungen stumm geschluckt, trotz meines Wissens um seine beschränkten rhetorischen und geistigen Fähigkeiten. Ich hatte mich, ohne mich zu wehren, wegen meiner Klumpfüße verspotten lassen, obwohl auch mir bekannt war, dass Nikon beim Umkleiden zum Sport nur deswegen konsequent sein T-Shirt anbehielt, weil er an einer ausgeprägten Gynäkomastie litt, also eine feminisierte Brust aufwies. Wir munkelten Körbchengröße B. Seinen Abgang vom Gymnasium nach der elften Klasse hatte ich mit Erleichterung aufgenommen. Umso mehr wunderte es mich nun, ihm auf unserem Abi-Treffen im *nbi* zu begegnen.

Natürlich war seit Nikons Abschied von unserer Schule viel Zeit vergangen. Natürlich konnten Menschen sich in zwölf Jahren ändern. Trotzdem hatte ich Nikon den Abend über meiden wollen. Aber leider hielt er sich ununterbrochen bei Maria auf, der früheren Schulschönheit, in die ich von der siebten bis zur zehnten Klasse vergeblich verliebt war. Und die hatte ich mir einfach aus der Nähe anschauen müssen, um zu wissen, ob sie noch so blendend aussah wie damals oder, was ich hoffte, merklich an Attraktivität eingebüßt hatte. Obwohl sie mir natürlich längst nichts mehr bedeutete. Also war ich zu den beiden hinübergegangen, dabei sogar vorgebend, mich eigentlich mit Nikon unterhalten zu wollen. Denn so beabsichtigte ich, den Eindruck zu vermeiden, ich sei noch immer an Maria interessiert.

Nikon hatte sich äußerlich kaum verändert. Seine Haare waren wie früher kurz und braun, seine Gesichtszüge bubihaft weich, wenn auch mit weniger Babyspeck. Und sein Bartwuchs war kaum dichter als damals. Statt der einst üblichen Trainingsjacke trug er diesmal jedoch ein weißes Hemd.

Auf mein Erscheinen hatte er im ersten Moment mit gespielter Ahnungslosigkeit reagiert, so, als erinnerte er sich nicht mehr an mich, nur um nach einigen Sekunden unvermittelt zu bemerken: «Ach! Jetzt weiß ich. Du bist doch immer Maria hinterhergerannt. Soll ich dich vielleicht mit ihr allein lassen?» Er hatte sich also auch charakterlich nicht verändert. Von rechts hatte ich Marias amüsiertes Lachen vernommen. Bereits aus den Augenwinkeln hatte ich sie gemustert und mich zu meiner Zufriedenheit davon überzeugen können, dass sie – trotz der großen Brüste unter ihrem bordeauxroten Hemd, ihres dichten, kastanienbraunen Haares, das über ihre Schultern fiel, ihrer großen Augen und der langen Wimpern – ihren körperlichen Zenit bereits überschritten hatte. Sie sah bereits wie eine welkende Sekretärin aussah, anstatt wie die Sexbombe, die uns allen damals den Kopf verdreht hatte –

und dennoch hatte mich Nikons Provokation nicht ungerührt gelassen.

Da ich die beiden nicht wie ein eingeschnapptes Kind einfach stehen lassen konnte, entgegnete ich, um mein Gesicht zu wahren: «Ja, lass uns bitte allein!» Aber wie zu erwarten, tat Nikon mir nicht den Gefallen. Er war geblieben. Und ich auch. Um nicht den Anschein zu vermitteln, man könne mich mit ein paar spöttischen Bemerkungen vertreiben. Interesse an Nikons Leben wollte ich nun zwar keineswegs mehr heucheln. Aber wenn mein Herumstehen es ihm zumindest erschwerte, weiter ungestört mit Maria zu flirten, dann hatte ich wenigstens etwas erreicht.

«Wat macht eigentlich deine Freundin, Stephan? Meinste nicht, dass die dit scheiße findet, wenn du dich hier an Maria ranmachst?»

«Ich hab keine. Als das damals mit Maria nicht geklappt hat, hab ich mir geschworen, ein Leben lang Single zu bleiben.»

Maria hatte irritiert geschwiegen. Ich hatte Melanie absichtlich nicht mitgebracht, aus Angst, zu viel über mein Privatleben preiszugeben und mich damit für andere angreifbar zu machen. Und weil ich befürchtet hatte, meine früheren Schulkameraden könnten meine Freundin unattraktiv finden oder sogar hübschere Frauen dabeihaben. Aber meine Sorgen diesbezüglich waren unbegründet. Vor den anwesenden Partnerinnen meiner ehemaligen Mitschüler hätte ich Melanie nicht zu verstecken brauchen. Und eigentlich war sie Maria gar nicht mal so unähnlich. Vergleichbare Figur, wenn auch etwas runder, weicher. Lange, braune Haare. Die gleichen hohen osteuropäischen Wangenknochen, die gleichen großen grünen Augen. Der Blick jedoch weniger mädchenhaft, sondern kühler und distanzierter. Fast schon arrogant. Das lag sicherlich an Melanies höherer Intelligenz. Und alles in allem wirkte sie noch deutlich jünger und unverbrauchter als mein ehemaliger Schwarm.

«Wohnst also allein!»

«Nee, bei meinen Eltern.» Wieder hatte ich gelogen. «Damit ich mich nicht so einsam fühle und meine Mutter mich besser trösten kann, wenn ich traurig bin, weil das mit Maria damals nicht geklappt hat.»

Nikon warf der peinlich berührten Maria – sie hatte tatsächlich schon Falten um die Augen – ein hämisches Grinsen zu. Zugleich schien er sich aber über die Ernsthaftigkeit meiner Äußerung nicht mehr sicher zu sein. Darum war er wohl schließlich zum Thema Beruf gewechselt.

«Und, was macht deine *Spiegel*-Karriere? Hab jarnichts von dir gelesen.» Daran konnte er sich noch erinnern, dass ich damals Journalist werden wollte, obwohl er anfangs so getan hatte, als wisse er nicht einmal, wer ich sei.

«Das muss wohl daran liegen, dass ich nicht beim *Spiegel* bin.»

«Und warum nicht? Hast doch immer davon erzählt. Journalist. *Spiegel* und so.»

Es verstand sich von selbst, dass ich jetzt nicht gestehen durfte, mir es nicht zugetraut zu haben, beim *Spiegel* oder sonst einem angesehenen Presseorgan zu landen, und dass ich darum von meinem Berufswunsch lieber Abstand genommen hatte. Meine Selbstzweifel wären nur eine weitere Steilvorlage für seinen Hohn gewesen.

«Ich wusste damals nicht, dass man als *Spiegel*-Redakteur nicht verbeamtet wird. Als ich das herausbekam, hatte ich keine Lust mehr auf Printmedien.» Er und die Dauerschweigerin Maria tauschten konsternierte Blicke aus. Nikon fing sich aber umgehend wieder:

«Wat machste denn dann?»

«Gar nichts. Ich warte auf die Einführung des bedingungslosen Grundeinkommens.»

Mit meiner Bemerkung konnten beide nichts anfangen. Doch er ließ nicht locker.

«Nee, sag mal! Wat machst'n?»

Eigentlich hatte ich keine Lust, Nikon meinen Beruf preiszugeben. Denn schon in meiner Familie musste ich mich ständig klischierter Vorstellungen erwehren: Lehrer hätten jeden Tag bereits um 13 Uhr Feierabend und die restlichen 350 Tage im Jahr Ferien, wenn sie nicht ohnehin aus Faulheit krankfeierten. Selbst meine besten Freunde konnten nicht nachvollziehen, dass ich trotz lediglich acht Stunden eigener Unterrichtsverpflichtung in der Woche auf einmal keine Zeit mehr haben sollte, um mich bei ihnen zu melden. Dass ein Referendariat jede zwischenmenschliche Beziehung auf eine harte Probe stellte, davon konnte vor allem Melanie ein Lied singen.

Aber ich fand es auch feige, Maria und Nikon meinen Beruf zu verheimlichen.

«Bin im Referendariat. Um Lehrer zu werden.»

«Echt! Wegen Verbeamtung, oder was? Ich dachte, du wolltest beruflich etwas erreichen.»

Es war schwer einzuschätzen, ob das eine seiner Spötteleien war oder ob Nikon ernsthaft annahm, dass sich beruflicher Erfolg und Lehrersein ausschlossen. Auf jeden Fall musste ich darauf Acht geben, welches der Motive für meine Berufswahl ich nannte. Die meisten kamen nicht infrage: dass ich an Schülern schätzte, dass sie – anders als die meisten Erwachsenen – noch formbar und in ihren Lebensentwürfen offen waren; dass mir der Kontakt mit den Teenagern die Möglichkeit bot zu erfahren, was Heranwachsende bewegte; dass ich mir von der Arbeit als Lehrer erhoffte, geistig jung zu bleiben. Objektiv betrachtet waren das keine schlechten Beweggründe, aber in Nikons Augen sicherlich vollkommen uncoole und leicht zu verlachen. Dass ich außerdem sehr nostalgisch war und mir von der Rückkehr an die Schule erhoffte, ein vages, längst verlorenes Gefühl wiederzufinden, das ich mit einer unbeschwerten, weil überschaubaren und geordneten Welt assoziierte, die ich in meiner Jugend gehabt zu haben glaubte, hatte ich noch nicht einmal meinen Eltern gestanden.

«Ich weiß nicht, was du mit erreichen meinst, aber mit einer sicheren Stelle hätte ich für mich schon einiges erreicht. Ich möchte mich, wenn ich einmal einen Job habe, bis zur Pensionierung nicht mehr anstrengen müssen. Und ich denke, da bin ich im Lehrerberuf richtig. Da bringt Anstrengen nämlich sowieso nichts, weil man deswegen auch nicht mehr Geld bekommt. Aber man wird auch nicht entlassen, wenn man eine ruhige Kugel schiebt.»

Nikon war sich offenbar nicht sicher, wie ich das meinte, denn statt darauf einzugehen, brachte er einen anderen Einwand.

«Und dein Ansehen? Lehrer ham doch 'nen total schlechten Ruf.»

War er nun vielleicht doch an einem echten Gespräch interessiert?

«Das macht mir nichts aus. Was es heißt, einen schlechten Ruf zu haben, weiß ich schließlich aus meiner eigenen Zeit als Schüler. Daran habe ich mich gewöhnt.»

Maria musste das erste Mal über mich lachen. Vielleicht war das der Grund, warum ich mich nun, obwohl es vermutlich der perfekte Moment gewesen wäre, nicht verabschiedete, sondern eine leichtsinnig ehrliche Begründung für meine Berufswahl hinterherschob.

«Und außerdem kann man als Lehrer Arbeit und Familie vereinbaren.»

Aber Nikon hatte sich nicht geändert, was ich eigentlich auch hätte wissen müssen.

«Na, da hoff ick mal, dass das mit Maria noch was wird. Frag sie doch gleich, wo sie schon mal hier ist! Vielleicht klappt's ja endlich.»

Ihr schien die Bemerkung noch unangenehmer zu sein als mir, denn sie schaute beschämt zu Boden. Offenbar wurde Nikon jetzt sogar Maria peinlich. Das war schön.

«Ich würd sie ja fragen», meinte ich. «Aber leider muss ich jetzt los. Nach Hause. Meine Mutter feiert heute nämlich mit ein paar Freundinnen eine Pyjamaparty. Da will ich nicht fehlen. Aber du kannst Maria für mich fragen und mir dann zum zwanzigsten Abi-Jubiläum Bescheid geben. Bis in zehn Jahren! Tschüss!»

Gern hätte ich mich noch dazu geäußert, dass Nikon gar kein Abi hatte. Oder ihn gefragt, ob er mittlerweile einen BH trug beziehungsweise die Brüste hatte verkleinern lassen. Aber vielleicht hatte er nicht nur seine Gehässigkeit konserviert, sondern auch seine fehlende Impulskontrolle und würde mir dann eine reinhauen. Ich verließ das *nbi*, ohne mich nach den beiden umzublicken, auch wenn ich gern kontrolliert hätte, ob Maria mir nachschaute. Aber sie und Nikon sollten nicht glauben, dass sie mich noch immer interessierte. Und eigentlich hätte ich auch gern erfahren, was die beiden beruflich machten. Aber diese Aufmerksamkeit hatte vor allem Nikon nicht verdient.

Am nächsten Tag rief ich aber meinen Kumpel Thomas an, der länger auf dem Abi-Jahrgangstreffen geblieben war. Vielleicht wusste er etwas:

«Hast du eigentlich mit Maria und Nikon gesprochen?»

«Nee! Wollte ich erst. Aber dann haben die angefangen zu knutschen. Zum Schluss sind se zusammen abgehauen.»

Diese Neuigkeit hat mich tief getroffen. Wieso knutschte Maria mit so jemandem wie Nikon? Warum nicht lieber mit mir?

EINE VIER FÜR DIE POLIZEI

Herr Voigt: Kommen wir jetzt also zu Mahmoud Karami. Mahmoud steht in vier Fächern auf Fünf: in Englisch, in Musik, Erdkunde und in Französisch. Er würde also somit die zehnte Klasse nicht bestehen. Selbst wenn er eine Fünf durch Mathe und Physik ausgleichen kann, bleiben immer noch drei übrig. Frau Reiz, Herr Richnow, Herr Müller und Herr Serin: Wie eindeutig sind denn die Fünfen? Und kann man daraus vielleicht noch eine Vier machen?

Ich hatte nur wenig Durchblick, wenn es um die Regelungen für das Bestehen einer Klassenstufe ging. Das war mir ausgesprochen unangenehm, denn offenbar hing Mahmouds Versetzung in die Elfte – ich unterrichtete ihn in Französisch – auch von meiner Zensur ab. Sollte ich darum bitten, dass man mir die Bestimmungen erläuterte? Ich traute mich nicht, denn ich wollte vor Herrn Stern nicht als uninformiert dastehen. Aber vielleicht würden ja Frau Reiz, Herr Richnow oder Herr Müller einspringen und ihre Note heraufsetzen.

Frau Reiz: Also, von mir kriegt der keine Vier mehr. Wie der sich mir gegenüber aufgeführt hat. Keinen Respekt! Ein wirklich schlimmer Schüler!
Frau Flach: Das stimmt. Richtig frauenverachtend … Der grüßt nicht mal … Mich hat der sogar mal als Hure bezeichnet.
Herr Specht: Also, zu mir war er immer sehr zuvorkommend.
Frau Flach: Du bist ja auch ein Mann.

Herr Specht: Aber man muss ihn auch verstehen, dass er so schwierig ist. Er hat es schließlich in seiner Klasse nicht gerade einfach.

Frau Flach: Ich hab es in meinen Klassen ebenfalls oft nicht einfach. Bin ich deswegen männerfeindlich?

Herr Specht: Hin und wieder schon.

Frau Flach: Was soll denn das heißen? Das ist ja wohl eine Frechheit! Also, ich weiß nicht, ob ich mir das länger antun muss. Wie mich die Schüler behandeln! Hh … Hh … Und jetzt auch noch Kollegen.

Herr Stern: Norbert, jetzt lass mal gut sein! Lass mal, Ritachen!

Herr Voigt: Ich denke, wir wissen alle, dass Mahmoud nicht immer einfach ist. Aber es sollte jetzt um seine Noten gehen. Also, Jutta, du bleibst bei deiner Fünf?

Frau Reiz: Ja. Der hat in allen Klassenarbeiten bei mir einen Ausfall. Und mündlich ist er nicht besser. Also, in die Oberstufe gehört der nicht.

Herr Voigt: Nur damit eine Sache klar ist: Bei Mahmoud geht es nicht um die Versetzung in die elfte Klasse, sondern darum, dass er mit einem Abschluss die zehnte Klasse besteht.

Für mich wurde die Diskussion nun langsam wirklich rätselhaft. Ich hatte angenommen, Bestehen einer Klasse und Versetzung in die nächsthöhere seien das Gleiche. Aber war das jetzt peinlich, wenn ich meine Wissenslücke offenlegte? Durfte ich die nach einem Jahr Referendariat noch haben? Mit Sicherheit hätten alle anderen Lehrer überhaupt kein Verständnis für meine Frage.

Herr Richnow: Wie jetzt? Ich dachte, das Bestehen der zehnten Klasse und das Versetzen in die elfte seien das Gleiche?!

Herr Rauter: Ist doch so, oder?

Frau Reiz: Nein, Micha! Bei drei Ausfällen und teilweisem Ausgleich wird die Zehnte noch bestanden, aber der Schüler darf nicht in die Oberstufe.

Herr Rauter: Dit is doch totaler Quatsch! Davon hab ick ja noch gar nichts gehört.

Offenkundig war ich doch nicht der Einzige mit Klärungsbedarf.

Herr Stern: Jutta hat recht. Ein Schüler wird versetzt, wenn er höchstens eine Fünf hat oder zwei Fünfen beziehungsweise eine Fünf und eine Sechs, wobei in diesem Fall eine der Fünfen ausgeglichen sein muss. Ab drei Ausfällen, also drei Fünfen, wird auf keinen Fall mehr versetzt. Aber mit drei Fünfen kann noch bestanden werden, wenn zwei davon ausgeglichen werden können.

Die Erklärung von Herrn Stern verwirrte mich eher, anstatt mich aufzuklären.

Herr Rauter: Und was macht der Schüler, wenn er nicht in die Oberstufe darf?

Herr Stern: Er muss, will er in die Elfte, entweder die Zehnte wiederholen oder von der Schule abgehen.

Herr Rauter: Und was nützt ihm dann die bestandene zehnte Klasse?

Herr Stern: Er hat den Mittleren Schulabschluss.

Herr Rauter: Dit ist doch total bekloppt! Wer hat sich denn so was wieder ausgedacht? Die Idioten in der Senatsverwaltung? Entweder man besteht oder nicht. Also, ich bin echt froh, dass dieser Müll für mich in zwei Jahren vorbei ist.

Frau Flach: Also, wenn der eine Fünf weniger hat, dann besteht die Möglichkeit, dass wir ihn im nächsten Jahr los sind?

Frau Reiz: Das kann ich mir nicht vorstellen. Dazu müsste er ja eine Alternative haben. Lehrstelle oder so was. Wer soll den nehmen? Der wird mit Sicherheit wiederholen.

Herr Voigt: Mahmoud sagte mir, dass er sich bei der Polizei beworben habe, und die würden ihn nehmen, wenn er den MSA[11] schaffe.

Frau Flach: Bei der Polizei?

Frau Reiz: Der ist doch viel zu verhaltensgestört.

Frau Flach: Die müssen verrückt sein! Ist das jetzt ein Resozialisierungsprogramm für Jugendliche mit krimineller Vorgeschichte? Na ja, mir soll es egal sein, solange ich ihn nicht mehr unterrichten muss.

Herr Voigt: Also, wie sieht es aus? Bleibt es bei den vier Fünfen?

Mahmoud zur Polizei? Genau! Davon hatte er mir erzählt. Vor einer Weile. Mir fiel es jetzt wieder ein. Da hatte ich seine Pläne aber noch nicht für voll genommen. Sie schienen sich nun also zu konkretisieren. Und wenn ich die Fünf in Französisch in eine Vier umwandelte, dann würden sich seine Chancen auf einen Ausbildungsplatz erhöhen. Aber eigentlich wollte ich gar nicht, dass er die Schule verließ. Schließlich war er neben Karol aus der Neunten mein Lieblingsschüler. Und nicht selten suchte er in den Hofpausen das Gespräch mit mir, trotz der schlechten Noten, die er regelmäßig von mir erhielt. Er half mir auch in unangenehmen Situationen mit anderen Schülern, indem er diese in die Schranken wies, wenn ich dazu nicht imstande war. Ich hatte schon fast vergessen, dass er mich zu Beginn des Schuljahres in einem seiner regelmäßigen Wutanfälle bedroht hatte. Bloß: War ich deswegen dazu berechtigt, ihm eine mögliche Ausbildung bei der Polizei zu verwehren? Sollte ich nicht das Beste für ihn wollen, statt nur daran zu denken, ob ich in der Pause jemanden zum

---

11 Mittlerer Schulabschluss

Reden hatte? Aber war es richtig, seine Note heraufzusetzen, um ihm eine eventuelle Ausbildung bei der Polizei zu ermöglichen, wenn seine Leistungen eine Vier nicht rechtfertigten? Im Gegenteil: Er stand bei mir auf einer schlechten Fünf. Und seine ganze Klasse wusste das.

Herr Müller: Ich mach noch eine Vier minus draus. Geht in Ordnung.

Mahmoud hatte jetzt seinen MSA. Herr Müller hatte sich erbarmt und mir die Entscheidung abgenommen. Wahrscheinlich hätte ich mich am Ende, wenn es nötig gewesen wäre, auch so entschieden. Ich hätte es wohl nicht fertiggebracht, meinem Schüler die Vier zu versagen und damit die Ausbildung bei der Polizei zu verwehren. Sicher nicht. Trotzdem schade, dass er abging und ich ihn im kommenden Jahr nicht mehr sehen würde.

Raum 103, Montag, 8.33 Uhr, 1. Stunde, Französisch 10 a
Mahmoud: Herr Serin, warum haben Sie eigentlich so'n guten Körper?
Ich: Äh?? ... Ich?
Mahmoud: Gehn Sie Fitnessstudio?
Ich: Wie kommste denn darauf?
Mahmoud: Ihre Muskeln.
Ich: Schade, dass du kein Mädchen bist.

«ICH HABE SCHÜLER NOCH NIE AN MEINEM JOINT ZIEHEN LASSEN.»

Unser Hauptseminarleiter hält uns gern an der kurzen Leine. Er will immer darüber im Bilde sein, was wir tun. Darum verlangt er von uns zum Ende jedes Halbjahres einen Tätigkeitsbericht. Mit diesem Bogen dokumentieren wir Referendare ihm, was wir in den zurückliegenden sechs Monaten im Schuldienst getan haben. Und die Zeit war wieder mal gekommen.

Schon vor einem Monat hatte mir der Gedanke, dass Herr Schubert meinen Tätigkeitsbericht lesen würde, schlaflose Nächte bereitet. Es hatte sich nämlich bereits zu diesem Zeitpunkt angedeutet, dass ich nicht viele Tätigkeiten würde vorweisen können, eigentlich gar keine. Ich hatte an keinen Fortbildungsveranstaltungen teilgenommen, an keinen Klassenfahrten, keinen Exkursionen, keinen Wandertagen, keine Projekte organisiert, keine Arbeitsgemeinschaften angeboten, keinen Nachhilfeunterricht erteilt und mich auch sonst in keiner Weise hervorgetan. Hätte es nicht noch eine Rubrik für den erteilten Unterricht gegeben, ich hätte diesmal sechs leere Seiten abgeben müssen. So würden es aber immerhin noch fünf sein.

Im Grunde genommen hatte ich mich nur rollenkohärent verhalten. Ich mutete mir schließlich nicht deswegen das Referendariat zu, um mich fortzubilden, um auf Exkursionen zu fahren, Projekte zu verwirklichen, um Arbeitsgemeinschaften anzubieten und um mich schulisch und gesellschaftlich zu engagieren, sondern weil ich hoffte, im Anschluss eine Stelle als Lehrer zu bekommen. Engagieren konnten sich die jungen Leute, redete ich mir in den vielen Momenten ein, in denen ich unter den Belastungen der Ausbildung litt. War ich nicht mittlerweile Ende zwanzig und hatte damit langsam ein Recht darauf, etwas kürzer treten zu dürfen? Zumal sich all die vermeintlichen Vorzüge des Lehrerberufs als Trugschluss erwiesen hatten. Von den angeblich endlosen Ferien hatte ich bisher noch nicht profitiert, sondern diese mit der Konzeption von Unterricht und der Korrektur von Klausuren zugebracht. Auf die mir von meinen Mitmenschen geneidete Verbeamtung konnte ich in Berlin ewig warten. Und falls ich nach meinem Referendariat jemals eine Stelle bekommen sollte, dann würden meine Schüler, wollten sie, dass ich sie auf Klassenfahrt begleitete, den Spendenhut herumwandern lassen müssen, da mein Gehalt geringer wäre als ihr Taschengeld. Diese Erfahrungen und Erkenntnisse hatten mich, neben den Demütigungen durch meine Ausbilder, in meiner Überzeugung bestärkt, mir kein Bein auszureißen und als Referendar nur das zu tun, was absolut nötig war.

Wenn es zur Pause klingelte, war ich der Erste, der den Klassenraum verließ. An warmen Tagen bangte ich zusammen mit den Schülern, ob uns die Schule hitzefrei gewähren würde. Wurde unser Wunsch erfüllt, stürmte ich jubelnd mit ihnen aus dem Gebäude. Wurde er uns verwehrt, schmiedete ich mit den Jugendlichen Rachepläne gegen die Schulleitung. So war ich im Referendariat eigentlich meinen beruflichen Ansprüchen nur treu geblieben, dass man fürs Leben arbeitete und nicht umgekehrt.

Leider legte Herr Schubert jedoch auf Hingabe jenseits der eigentlichen Unterrichtsverpflichtungen großen Wert, wohl weniger, weil er mündige, engagierte und kritische Auszubildende schätzte, sondern weil es die gesellschaftspolitische Rolle des Lehrers verlangte. André war daraufhin mit auf Klassenfahrt gefahren und kümmerte sich um die Gestaltung der Internetpräsentation des Englisch-Fachbereichs. Hannah, eine Kunstreferendarin, war seit kurzem Drogenbeauftragte unserer Schule und seit einem Monat in der GEW. Christina, auch eine Referendarin mit dem Fach Geschichte, hatte sich in ein Antinaziprojekt des Fach- bereichs PW eingeklinkt und nahm an einer Weiterbildung DaZ[12] teil. Anfangs hatte ich noch gehofft, dass meine Kollegen sich von meiner Lustlosigkeit anstecken lassen würden, zumal sie mir gegenüber immer versichert hatten, wie distanziert sie dem Beruf gegenüberstanden. Aber schließlich war es allen doch wichtiger, vor unserem Hauptseminarleiter gut dazustehen.

Hatte ich überhaupt noch Aussichten auf eine gute Vornote, wenn in meinem Tätigkeitsbericht die Rubriken, die das eigene Engagement hervorhoben, leer blieben? Vielleicht, wenn ich den Platz dazu nutzte, um zu erläutern, warum ich nur das getan hatte, wozu ich verpflichtet war. Bloß mit welcher Erklärung? *Bei uns an der Schule gibt es zwar ein Projekt gegen Nazis, aber da ich als PW-Lehrer zu politischer Neutralität verpflichtet bin und somit Nazis nicht ablehnen darf, habe ich mich dort nicht eingebracht.* Wenn ich keine Lust hatte, mich mit Freunden zu treffen, dann entschuldigte ich mich mit dem Verweis auf meine Freundin, die mir Zeit mit anderen Menschen verbiete, weil sie fände, dass wir selbst zu wenig miteinander verbrächten. Und das Wenige an Zweisamkeit war ja immer wieder Anlass für Streit zwischen Melanie und mir. Übertragen auf meinen Tätigkeitsbericht, hätte ich mithin formulieren können: *Eigentlich wollte ich die 8 b mit auf Klassenfahrt begleiten. Meine Freundin hat mir das aber verboten, weil auch Mädchen an ihr teilgenommen haben und weil sie es doof findet, wenn ich Dinge ohne sie mache. André Groll zum Beispiel ist nur deswegen mitgefahren, weil er das Privileg hat, mit seiner Freundin in einer offenen Beziehung zu leben. Meine Freundin ist nicht so tolerant und modern. Somit relativiert sich Andrés*

---

12 Deutsch als Zweitsprache

Teilnahme auch. Noch eine weitere Verteidigungsstrategie fiel mir ein, den außerunterrichtlichen Einsatz der anderen Referendare abzuwerten: *Hannah Krüger ist nur deswegen in die GEW eingetreten, weil sie sich davon bei Ihnen eine bessere Vornote erhofft. Ich habe es nicht nötig, andere Leute durch solchen Einsatz zu blenden, weshalb ich gar keinen Einsatz zeige. Das ist immerhin ehrlich. Und Drogenbeauftragter hätte ich auch werden können. Ich habe genauso oft Drogen genommen wie Hannah. Nur haben mich die Schüler nicht gewählt, weil ich sie, anders als Hanna, nie an meinem Joint habe ziehen lassen.*

Allerdings hätten selbst mich diese Ausreden nicht wohlwollender gestimmt. Da konnte ich Herrn Schubert gleich mitteilen, dass ich eigentlich nur wegen der Besoldung und der Ferien habe Lehrer werden wollen und in dieser Berufskonzeption für Engagement kein Platz sei.

Wollte ich also keinen miserablen Eindruck hinterlassen und mir damit eine schlechte Benotung einfangen, musste ich mir etwas einfallen lassen, mir noch irgendein Pseudoengagement aus den Fingern saugen. Darum bot ich schließlich eine Arbeitsgemeinschaft zur Französischen Lyrik des 17. Jahrhunderts an. Das wäre kaum mit Arbeit verbunden, dachte ich, überzeugt davon, dass dieses Thema keinen Schüler hinter dem Ofen hervorlocken würde. Um ganz sicherzugehen, legte ich meine AG auf Freitag neunte Stunde und Montag nullte Stunde. Ob tatsächlich jemand erschien, um sich beispielsweise mit dem gefälligen Werk eines Hof- und Auftragdichters wie François Malherbe zu beschäftigen oder mit den endlosen Versen eines Nicolas Boileau zur barocken Pariser Salonkultur, habe ich nicht erfahren, da ich selbst nie hingegangen bin. Ich habe es aber dennoch in meinen Tätigkeitsbericht eingetragen. Die Bestätigung von der Schulleitung hatte ich schließlich.

Zu Hause, Mittwoch, 0.21 Uhr, typische Situation

Melanie: Wen rufste denn jetzt noch an?

Ich: Robert aus meinem Geschichtsseminar.

Melanie: Jetzt?!

Ich: Ich hab noch eine Frage zu meinem Stundenentwurf.

Melanie: Es is nach Mitternacht.

Ich: Weiß ich! Aber der macht nie vor zwei Schluss.

«DER POLE WAR'S!»

«Ich hab euch doch gesagt, dass ihr keine technischen Geräte mit ins Gerichtsgebäude nehmen dürft. Könnt ihr nicht ein Mal zuhören?»

Ich wollte mit meiner 9b ins Amtsgericht Tiergarten, und trotz meiner mehrmaligen Ermahnung erschienen elf von fünfundzwanzig Schülern mit ihren iPods und Fotohandys. Da man uns so nie ins Gericht lassen würde, musste ich eine Lösung finden. Schließlich kam mir eine Idee: Ich erkundigte mich beim Bäcker am S-Bahnhof Bellevue, ob wir unser Zeug dort deponieren könnten. An der Theke war man einverstanden. Meine Schüler weniger. Zwei kamen mit dem Einwand zu mir, das Geschäft werde von Türken betrieben und Türken sei nicht zu trauen. Dieses Vorurteil konnte ich als Lehrer natürlich nicht unwidersprochen lassen. Ich war bereits an der Uni für jegliche Formen von Stereotypisierungen und Fremdenfeindlichkeit in der Schule sensibilisiert worden.

«Ich hoffe, ihr wisst, dass das Rassismus ist. Versetzt euch mal in die Lage der Leute! Die bieten uns an, dass sie eure Sachen nehmen. Und dann sage ich ihnen: ‹Tut mir leid, aber meine Schüler wollen ihre iPods und Mobiltelefone nicht bei Ihnen lassen, weil Sie Türken sind. Würdet ihr das gut finden? … Ali, Ogan, antwortet bitte!»

Die beiden drucksten ein bisschen verlegen herum, fügten sich aber schließlich meinem Willen und gaben ihre Geräte ab.

Ich sah mich nicht das erste Mal mit ausländerfeindlichen Vorurteilen konfrontiert. Meine Schüler gingen mit ressentimentgeladenen Klischees gegenüber anderen Nationen, Kulturen und Religionen ziemlich unverkrampft um. Überraschend vor allem, weil es in meiner Klasse ganze vier Schüler deutscher Herkunft gab. Ich hatte eher damit gerechnet, in Schulen der östlichen Berliner Randbezirke oder der Brandenburger Provinz auf solche Einstellungen zu stoßen, nicht jedoch in Berlin-Mitte. So geriet ich immer wieder in die absurde Situation, als Deutscher Türken gegen Serben, Araber gegen Russen oder Bosnier gegen Nigerianer verteidigen zu müssen.

Als einmal zu Unterrichtsbeginn Fatimas Federtasche fehlte und ich darum bat, der Täter möge sich zu erkennen geben, rief Ogan: «Der Pole war's.» Lautes Gelächter in der Klasse. Natürlich ergriff ich sofort das Wort für Karol, sagte, dass man ihn nicht verdächtigen dürfe, bloß weil er Pole sei. Nicht alle Polen würden klauen. Ich kam mir ausgesprochen lächerlich dabei vor, denn Karol hatte über Ogans Bemerkung ebenfalls lachen müssen. Gänzlich grotesk wurde mein Plädoyer für Toleranz, als sich herausstellte, dass Karol die Federtasche tatsächlich geklaut hatte.

Es verging eigentlich kaum eine Woche, in der ich nicht auf unzählige Äußerungen hätte reagieren müssen. Allein schon, dass Amin jedes Mal, wenn er etwas an die Tafel schreiben sollte, mit «Tu's für Palästina!» angefeuert wurde. Stand dahinter eigentlich schon xenophobes Gedankengut? Ich war mir unsicher und löste dieses Problem, indem ich Amin nicht mehr nach vorne bat.

Es war mir unmöglich, ständig zu intervenieren. Darum konzentrierte ich mich darauf, zumindest solche Äußerungen zu unterbinden, in denen «Hitler hat deine Mutter gefickt!» oder irgendetwas mit Juden vorkam. Aber das war natürlich nur ein Tropfen auf den heißen Stein. Einen grundlegenden Sinneswandel hatte selbst meine Sozialkundereihe zum Thema «Leben in Gemeinschaften» nicht bewirkt. Rami, dessen Eltern aus dem Irak waren, und der in Sofia geborene Dimitri gaben zu Beginn der Unterrichtseinheit den Türken eine Hauptschuld am Problem steigender Arbeitslosigkeit in Deutschland. Nach den acht Stunden taten sie das noch immer.

Dass ich so wenig Erfolg hatte, war für mich sehr ernüchternd. Als Ossi hatte ich sehr früh verinnerlicht, dass man nicht Türke oder Araber zu sagen habe, sondern «türkischer Mitbürger» oder «arabischer Mitbürger». Heute wird in meinem soziokulturellen Milieu eine Begrifflichkeit wie «Mensch mit türkischem Migrationshintergrund» oder «Mensch mit arabischem Migrationshintergrund» verwendet. Sobald ich also das Wort «Ausländer» nur in den Mund nahm, hatte ich sofort ein schlechtes Gewissen. Ich traute mich nicht einmal, meine Schüler nach ihrer Herkunft zu fragen oder danach, wie lange ihre Familie schon in Deutschland sei, aus Angst, man könne mich für einen Nazi halten. Verständlich, dass ich mit dieser mentalen Verfassung in verbalen Zurechtweisungen immer als ziemlich steifes, moralinsaures Möchtegernvorbild daherkam. Mirsat beschimpfte Hasan, ohne zu zögern: «Scheiß Araber!» Hasan antwortete Mirsat darauf ebenso unbefangen: «Scheiß Albaner!» Ich jedoch musste politisch korrekt beleidigen: «Scheiß Jugendlicher mit arabischem Migrationshintergrund in der zweiten Generation?»

Ein wenig beneidete ich meine Schüler sogar. Obwohl sie sich permanent ausländerfeindliche Beleidigungen an den Kopf warfen, verband sie ein tiefes Zusammengehörigkeitsgefühl, von dem ich als ihr Lehrer immer ausgeschlossen sein würde. Obgleich ich ihnen mit multikultureller Toleranz begegnete und mich permanent kritisch auf fremdenfeindliche Vorurteile hinterfragte, würde ich nie einer von ihnen sein. Ich konnte nicht einmal in meinem Freundeskreis jemanden mit Migrationshintergrund vorweisen. Dabei hätte es mir sehr viel bedeutet.

Mich verwunderte es nicht, dass viele aus der Klasse nach der Verhandlung im Amtsgericht Tiergarten zu mir meinten, der

Angeklagte müsse schuldig sein, schließlich sei er Türke. Daraus sprach noch keine Abneigung. Dennoch machte ich sie auf ihr Vorurteil aufmerksam: «Die Herkunft ist kein Indikator für die Schuldigkeit. Soziale Faktoren sind viel wichtiger.» Und es wunderte mich auch nicht, zu spüren, wie erleichtert meine Schüler waren, als ihnen in der türkischen Bäckerei sämtliche hinterlegten iPods und Handys wieder ausgehändigt wurden.

«Seht ihr! Damit habt ihr nicht gerechnet. Ihr habt hoffentlich daraus gelernt, dass man Menschen nicht nach ihrer Nationalität beurteilen soll.» Dabei atmete sogar ich innerlich auf. Man konnte ja nie wissen.

Lehrerzimmer, Mittwoch, zwischen erster und zweiter Stunde

Frau Reiz: Herr Serin, legen Sie mir bitte noch Ihren Jahresplan ins Fach! Alle anderen haben das schon gemacht.

Ich: Jahresplan?

Frau Reiz: Da schreiben Sie rein, was Sie dieses Jahr inhaltlich in Ihren Klassen vorhaben. Und mit welchen Medien Sie arbeiten.

Ich: Und wieso müssen wir das machen? Das war doch letztes Jahr auch nicht so.

Frau Reiz: Es geht nicht darum, dass ich Sie kontrollieren will. Machen Sie sich deshalb keine Sorgen. Nein. Aber ich habe gemerkt, dass es gut ist, wenn wir alle einen Überblick haben, was die Kollegen tun. Dann können wir uns alle miteinander abstimmen, besser zusammenarbeiten.

DABEI GING ICH NICHT MAL MEHR
AUF DIE SCHÜLERTOILETTE

«Herr Serin, kommen Sie herein!» Die Tür zu Herrn Schuberts Büro stand zwar meistens offen, aber eigentlich hatte ich noch niemanden aus unserer Seminargruppe dabei beobachtet, wie er unaufgefordert eingetreten war. Es ging allen Referendaren wie mir. An der Schwelle zu seinem Raum verwandelten sich sonst durchaus selbstbewusste Akademiker in unsichere und angespannte Studienreferendare. Wenn es nicht unbedingt nötig war, verzichteten wir auf ein Vier-Augen-Gespräch mit unserem Hauptseminarleiter. Aber es gab einige unvermeidbare Pflichttermine. Dazu zählten die Auswertungen unserer von ihm besuchten Vorführstunden. Und das Jahresgespräch. In diesem sollten wir darlegen, wo wir unsere Stärken und unsere Schwächen sahen, sowie unsere Zielsetzungen für das zweite Ausbildungsjahr formulieren. Die Besprechung sollte in eine Vereinbarung zwischen Herrn Schubert und uns münden, wobei allen Referendaren klar war, dass unser Hauptseminarleiter unsere darin formulierten Ziele festlegte, entweder indirekt, indem er uns dazu brachte, in vorauseilendem Gehorsam seine Vorstellungen für uns freiwillig als die richtigen anzunehmen, oder indem er darauf verwies, wer in dieser Unterredung der Vorgesetzte und wer der Auszubildende war.

Zur Vorbereitung für diese Unterredungen hatten wir von Herrn Schubert ein Bewertungsraster erhalten, das sich in die Bereiche Selbst- und Rollenkompetenz, Planungs- und Durchführungskompetenz, Diagnostische und Urteilskompetenz, Fachliche Kompetenzen, Erziehungskompetenzen sowie Kooperations- und Kommunikationskompetenz gliederte. Meine Fachseminarleiterin für Französisch, Frau Lau, hatte mir vorher geraten, in Gesprächen mit meinen Ausbildern selbstbewusster aufzutreten:

«Herr Serin, Sie sind zu selbstkritisch. Sie machen einen Vorschlag, und dann stellen Sie ihn gleich wieder infrage. Stehen Sie zu dem, was Sie sagen und was Sie im Unterricht tun! Das heißt nicht, dass Sie nicht auch Fehler analysieren sollen. Aber wenn Sie Angebote machen, wie Sie etwas das nächste Mal besser machen können, dann tun Sie das mit Überzeugung. Wenn Sie immer wieder auf die Schwächen Ihrer Ideen verweisen, vermitteln Sie den Eindruck, Sie wüssten nicht, was Sie wollen. Als wären Sie nicht überzeugt von Ihren eigenen Überlegungen.»

Da hatte Frau Lau sogar recht. Ich war in der Tat selten hundertprozentig von meinen Überlegungen, meinen Entscheidungen und der Umsetzung meiner Planungen überzeugt. Wenn es um meine Fähigkeiten als Lehrer ging, plagten mich Selbstzweifel in einer Weise, die ich in anderen Lebensbereichen nicht kannte. Und die Rückmeldungen durch meinen Hauptseminarleiter, meinen Direktor und meine Seminarleiterin für Geschichte waren auch nicht dazu angetan, mein Selbstbewusstsein zu stärken. Trotzdem war ich guten Willens, den Rat von Frau Lau zu beherzigen und im Gespräch mit Herrn Schubert auch Stärken zu benennen.

Herr Schubert wies mir einen Platz an seinem Besprechungstisch zu, anschließend setzte er sich mit seinem Bewertungsraster zu mir. Er trug wieder seinen dunkelbraunen Anzug und seine gestreifte Krawatte. Aus seiner Jackettinnentasche zog er seinen schweren, schwarz-goldenen Kugelschreiber.

«Herr Serin, dann legen Sie mal los! Was haben Sie sich für Gedanken gemacht?»

Ich atmete innerlich tief durch. Jetzt musste ich mich gut verkaufen, ohne unglaubwürdig zu werden, denn einer von den richtig guten Referendaren war ich in Herrn Schuberts Augen nicht.

«Also, ich fang mal an. Ich geh einfach die verschiedenen Kompetenzen durch. Im Bereich Selbst- und Rollenkompetenz, da hab ich mich schon verbessert, würde ich sagen. Da war ich sehr unsicher am Anfang, ob ich richtig als Lehrer auftrete. Das ist zwar immer noch so, aber nicht mehr so stark. Das ist besser geworden, ohne Frage. Auch wenn ich manchmal ein bisschen konsequenter sein müsste.» Herr Schubert schaute mich an, ohne mir durch seinen Blick oder verbal Zustimmung oder Widerspruch zu signalisieren. «Soll ich jetzt weitermachen oder wollen Sie erst etwas sagen?»

«Nein! Nein! Erzählen Sie ruhig weiter.»

«Also gut. Ich komme zur Planungs- und Durchführungskompetenz: In der Planung von Einzelstunden, da bin ich auch besser geworden, vor allen Dingen, wenn es um die einzelnen Phasen geht und um die Lernziele. Da hatten Sie mich ja am Anfang darauf hingewiesen, dass ich daran noch arbeiten muss. Ich denke, das mache ich jetzt besser. Ich brauche jetzt auch nicht mehr so lange für die Planung der Stunden.» Herr Schubert murmelte ein mehrdeutiges und verunsicherndes «Mhm», während er auf seinem Rasterbogen etwas in einer Weise unterstrich, die mir nicht behagte. «Das heißt natürlich nicht, dass ich da nichts mehr verbessern könnte. Ich denke, die Phasierung kann noch besser werden. Und natürlich, wenn es um längere Reihen geht, da muss ich noch besser planen.»

«Was denn nun, Herr Serin? Gehört jetzt das Planen zu Ihren Stärken oder zu Ihren Schwächen?»

«Na ja. Verglichen mit den ersten Unterrichtsbesuchen plane ich jetzt besser, finde ich. Da bin ich stärker geworden … Aber ich muss natürlich noch besser werden. Ich bin noch nicht am Ziel … äh … genauso wie mit der Binnendifferenzierung. Ich hab das schon gemacht. Aber nur hin und wieder ... Noch nicht oft genug.»

Herr Schubert legte seine Stirn in Falten. Und brummte ein hinterfragendes «Soso». Um dieses «Soso» nicht interpretieren zu müssen, redete ich lieber weiter: «Ich komme mal zur Diagnostischen Kompetenz. Ich denke ... also, ich bin mittlerweile eher in der Lage, die Stärken und Schwächen der Schüler zu analysieren.» Es machte mich nicht sicherer, dass mich Herr Schubert auch im Sitzen deutlich überragte und ich darum zu ihm aufblicken musste. «Äh, ja ... Und auch wenn ich noch nicht genau weiß, wie ich den Lernprozess am besten beurteilen kann. Bisher sind das noch sehr stark die Ergebnisse, die ich bewerte ... Gerade bei Gruppenarbeit, das fällt mir nicht so leicht ... Das ist mir aufgefallen. Genau! ... So ist es! Da hab ich schon verschiedene Sachen ausprobiert. Aber da scheint's ja keine Patentrezepte zu geben. Vielleicht ist das auch nicht so schlimm ... Wahrscheinlich nicht, oder?»

«Herr Serin, Herr Serin! Ich kann Ihnen nur eine Sache raten: Üben Sie sich darin, Ihre Überlegungen in klare Sätze zu fassen! Was kann ich gut: erstens, zweitens, drittens ... Was kann ich noch nicht so gut: erstens, zweitens, drittens ... Woran möchte ich im nächsten Jahr arbeiten: erstens, zweitens, drittens. Sie haben eine Tendenz, die Sätze nicht zu Ende zu sprechen. Es ist sehr schwer, Ihnen zuzuhören, weil Sie in Ihre Sätze mehrere, teils sich widersprechende Gedanken bringen. Vielleicht stehen Sie sich selbst im Weg. Ich habe den Eindruck, Sie wissen nicht, was Sie eigentlich wollen. Deswegen können Sie auch keine fundierte Analyse Ihrer Stärken und Schwächen vornehmen. Vielleicht sollten Sie sich zunächst klar werden, ob Sie wirklich Lehrer werden wollen. Das ist mir schon bei den Unterrichtsbesuchen aufgefallen. Ich habe den Eindruck, Sie distanzieren sich von Ihrer eigenen Rolle als Lehrer. Durch Ihr ganzes Auftreten machen Sie deutlich, dass Sie nicht hinter dem stehen, was Sie tun. Sie sind in Ihrer Rolle nicht glaubwürdig.»

Leider konnte ich Herrn Schubert nicht völlig widersprechen. Dabei wusste er nicht einmal, dass ich anfangs immer auf die Schülertoilette gegangen war, um nicht für einen Lehrer gehalten zu werden. Oder wie ich regelmäßig mit meinem Musikgeschmack hausieren gegangen war, damit meine Klassen merkten, dass ich mich mit Hip-Hop besser auskannte als meine älteren Kollegen, weswegen ich Bushido auch als Kinderrapper gedisst und den Jugendlichen CDs von Oli Banjo gebrannt hatte. Er ahnte obendrein nicht, wie oft ich die Schüler gebeten hatte, mein Alter zu schätzen, weil es mir schmeichelte, wenn sie mich für Anfang zwanzig hielten. Oder wie gut meine Lerngruppen über meine kriselnde Beziehung zu Melanie im Bild waren. Ich hatte den Jugendlichen für außerschulische Begegnungen sogar das Du angeboten, vor ihnen wiederholt Witze über Kollegen gerissen und die Jungen und Mädchen dazu ermuntert, für die anderen Fächer nichts zu tun, damit sie begriffen, dass ich einer von ihnen war. Und einmal hatte ich Schüler aus der Dreizehnten zu einer Party von mir eingeladen. Zu der war allerdings niemand erschienen.

Von all diesen Dingen konnte Herr Schubert einfach nichts erfahren haben. Außerdem, und das war die Hauptsache, hatte ich einige dieser Marotten längst abgelegt, nachdem ich zu spüren bekommen hatte, wie mein Buhlen um zu viel Nähe von den Jugendlichen langfristig damit bestraft wurde, dass sie meine Lehrerautorität verstärkt infrage stellten. Mittlerweile bemühte ich mich, mir meine Schülerphilie nur noch abgemildert anmerken zu lassen.

«Aber ich trete doch schon viel glaubwürdiger als Lehrer auf als zu Beginn.»

«An dem, wie ich Sie im Unterricht erlebt habe und auch hier im Seminar, ist mir das leider noch nicht aufgefallen.» In seiner

Stimme lag kein Vorwurf. Vielmehr klang es wie ein unumstößliches Urteil. Nüchtern, kühl, emotionslos. Wie das fahle Gesicht, in das ich mich immer wieder zwang zu blicken, um mir von meiner Anspannung möglichst wenig anmerken zu lassen.

Was sollte ich auf diese Bemerkung erwidern? Ich konnte Herrn Schubert wohl kaum erläutern, dass ich nicht mehr auf die Schülertoilette ging und vor den zu Erziehenden keine Kollegen mehr verspottete.

Um das Gespräch schnell hinter mich zu bringen, willigte ich schließlich ohne zu protestieren ein, was mir Herr Schubert nahelegte: So sollte mein Hauptziel für das zweite Ausbildungsjahr darin bestehen, an meiner Lehrerpersönlichkeit im Unterricht und meiner Arbeitshaltung im Seminar zu arbeiten. Meine vielen anderen Defizite wurden zunächst zurückgestellt. Herr Schubert hatte die Zielvereinbarung schon ausformuliert vor sich auf dem Tisch liegen. Dennoch sollte ich sie – offiziell wohl, um mir die Ziele besser zu merken – ebenfalls aufschreiben. Aber nur einmal. Nicht wie ein böser Schüler hundertmal.

Lehrerzimmer, Montag, Freistunde

Ich: Schubert hat mir gesagt, ich hab 'ne zu große Distanz zu meiner Lehrerrolle. Ich frag mich, wie der das einschätzen kann.

André: Wahrscheinlich hat er jemerkt, dass du deine Schüler magst und sie dich. Ich hab mir auch so was in der Art anhören müssen. Bei mir hat er jemeint, ich solle mir die Tattoos entfernen lassen, weil man mich sonst als Lehrer nicht ernst nimmt. Wenn mich eena nich ernst nimmt, dann nur er.

«*Tell me, what did you do in your holidays?*» Diese Aufforderung richtete sich nicht an mich, sondern an Alpay Dagdemir, der sich von Frau Baum in Englisch nachprüfen lassen musste. Eine ziemlich leichte Aufgabe, deren Bewältigung ich mir auch zugetraut hätte, obwohl ich seit dem Abitur kein Englisch mehr gehabt hatte. Aber ich sollte bei dieser Nachprüfung nur Protokoll führen: ihren Beginn eintragen, ihren Schluss, die besprochenen Inhalte stichpunktartig festhalten und ein paar Beobachtungen zur Qualität der erbrachten Schülerleistung notieren. Am Ende musste ich mich mit Frau Baum auf die tragenden Erwägungen einigen, die die Note in Worte fassten. Wobei mir Frau Baum, so wie ich sie kannte, die tragenden Erwägungen wohl eher diktieren würde, als sie im Einvernehmen mit mir zu formulieren. Trotz meines dadurch noch bescheideneren Beitrags zur Prüfungsabnahme wäre fürs Protokollieren eigentlich ein Fachlehrer erforderlich gewesen. Aber offenbar traute man Englisch jedem Lehrer zu. Oder es waren wirklich alle Englischkollegen krank.

Mindestens eine Vier brauchte Alpay in dieser Prüfung, um das Jahr nicht wiederholen zu müssen und in die zehnte Klasse zu dürfen. Zunächst sollte er spontan zu Themen Stellung nehmen, um zu beweisen, dass er zu Smalltalk in der Lage war. Die Inhalte waren allerdings abgesprochen worden. Frau Baum begann mit den Sommerferien, die nur wenige Tage zurücklagen:

«*Tell me, what did you do in your holidays?*»

Alpays Antwort war überraschend: «*Hello, my name ist Alpay. I'm sixteen years old. I have a brother, a sister. My brother is called*

Abdullah, my sister Ayse. I have also a mother and a father. My
mother is forty and my father forty five. I like football, music, com-
puter and …»

«*Holiday!!! What did you do in the holiday?* Was hast du in
den Ferien getan, habe ich dich gefragt!», unterbrach ihn Frau
Baum in ihrer gewohnt zurechtweisenden Art. Ich vermerkte im
Protokoll: «Schüler ist nicht in der Lage, spontan auf eine eng-
lische Frage zu reagieren.» Seinen Text hatte Alpay mit Sicherheit
auswendig gelernt. Es sah somit bereits zu Beginn der Prüfung
schlecht für ihn aus.

«Oh, holiday! In my holidays was my family in Istanbul.»

Ich ergänzte: «Kann auf Nachfragen themenbezogen auf Englisch antworten.»

«In Istanbul I visited my grandparents. I was on the beach with
my friends and I was shopping.»

«Oh!», freute sich Frau Baum. Doch ihre Anschlussfrage war
unerwartet: «*And what did you see in the cinema?*»

An das weitere Gespräch erinnere ich mich leider nur noch
vage und in Auszügen: «*I was shopping. Jeans. T-Shirts. And an*
iPod.»

«Oh, what was the story of the film?»

«Yes, it was not so much. In Turkey, it's not so much. It's black
market. It's not allowed. But in Istanbul it's okay.»

«Did you like the story?»

«Yes.»

«Explain it!»

«Yes. The Jeans was two Million Lire. The T-Shirts one Million
Lire and the iPod ten Million Lire.»

Vielleicht waren die Bezüge zwischen Alpay und Frau Baum
auch etwas stärker und meine Erinnerung trügt etwas. Aber ich
weiß, dass ich mir durchgehend die Frage stellte, ob ich das Protokoll um Bemerkungen zu Frau Baum ergänzen sollte: «Die

Lehrerin ist auch nicht in der Lage, auf Äußerungen spontan angemessen zu reagieren.» Aber dazu sollte ich mich eigentlich nicht äußern.

Im zweiten Teil der Prüfung musste Alpay Bilder beschreiben, womit er sich sehr schwertat. Nur unter größter Mühe konnte ich seinen radebrechenden Ausführungen inhaltlich folgen. Ich machte ein paar Stichpunkte und konzentrierte mich anschließend darauf, die Fehler von Frau Baum zu zählen. Es waren nicht wenige. Dreiundzwanzig Striche setzte ich versehentlich auf den Protokollbogen. Man merkte Frau Baum an, dass sie ihre Englischausbildung in der DDR genossen hatte. Die damaligen Möglichkeiten waren natürlich nicht mit denen heutiger Studenten vergleichbar. Bei einem anderen Lehrer hätte ich mir die Gehässigkeit, die Fehlermenge zu dokumentieren, sicherlich verkniffen. Aber Frau Baum hatte mich oft genug spüren lassen, dass ich für sie kein gleichwertiger Kollege, sondern nur ein Referendar war. So wie sie Schüler, die etwas nicht konnten oder wussten, immer spüren ließ, dass sie in ihnen nur dumme und faule Jugendliche sah. Das geschah, indem sie betont fassungslos die von einem schwarzen Haarband bedeckte Stirn in die Hand des aufgestellten rechten Arms sinken ließ, vorwurfsvoll mit rollenden Augen durch ihre rot gerahmte Brille schaute, den Mund spöttisch verzog und laut vernehmlich seufzte.

Auch Alpay durfte nicht mit ihrer Nachsicht rechnen. Als er den Raum verlassen hatte, damit wir uns beraten konnten, wies mich meine Kollegin an: «Schreiben Sie: ‹Der Schüler weist gravierende Lücken auf, die das Verständnis unmöglich machen und im jetzigen Klassenverband nicht behoben werden können.›» Das bedeutete eine Fünf. Er wurde nicht in Klasse zehn versetzt. Sie mochte die Leistung richtig eingeschätzt haben. Dennoch war es ungerecht, denn es klammerte den Beitrag der Lehrerin zum Ausgang der Prüfung völlig aus. Treffender wäre es gewesen, wenn sie mir diktiert hätte: «Der Schüler weist gravierende Lücken auf, die von der jetzigen Lehrerin aufgrund eigener Kompetenzdefizite

nicht behoben werden können.»

Ziemlich kühl war auch die Bekanntgabe des Ergebnisses, nachdem ich ihn wieder hereingeholt hatte: «Alpay, du hast nicht bestanden, du musst die neunte Klasse wiederholen. Ich habe kein Mitleid mit dir. Ich denke, dir ist klar, warum: Du hast dich das Jahr über nicht angestrengt und folgerichtig schlechte Leistungen erbracht. Die Prüfung hat deine Defizite noch einmal deutlich gemacht. Du kannst nicht richtig schreiben, und sprechen auch nur, wenn du es vorher auswendig gelernt hast. Wenn du spontan reden sollst, machst du so viele Fehler, dass man dich einfach nicht versteht. Du hast in Englisch eine Ehrenrunde bitter nötig.»

«Was allerdings an Frau Baum liegt, die offensichtlich nicht in der Lage war, dir richtiges Englisch beizubringen», ergänzte ich. Frau Baums harte Worte gingen mir entschieden gegen den Strich. Irgendwie hatte ich das Bedürfnis, mich mit dem sichtlich niedergeschlagenen Alpay zu solidarisieren. Allerdings machte ich meine Bemerkung auf Englisch, damit mich Frau Baum nicht hörte. Außerdem sprach ich nur ganz leise in seine Richtung. Doch ich glaube, Alpay hat mich tatsächlich verstanden. Zumindest hatte ich den Eindruck, dass er trotz des Prüfungsausgangs lächelte.

Zu Hause, Sonnabend, 19.55 Uhr

Melanie: Wer war das denn?

Ich: Frau Reiz. Die Fachbereichsleiterin für Französisch an unserer Schule. Blöde Kuh!

Melanie: Schreit die immer so am Telefon?

Ich: Hatte zum Glück vorher noch nicht das Vergnügen.

Melanie: Warum hat se denn angerufen?

Ich: Weil ich, als sie gestern zu mir meinte, ich müsse die Klausurnote eines Schülers von Fünf plus auf Fünf minus herabsetzen, sie daran erinnerte, dass ich als unterrichtender Lehrer über die Notenhoheit verfüge.

Melanie: Und?

Ich: Sie meinte, sie sei sehr aufgewühlt wegen meiner Bemerkung. Musste den ganzen Tag und die ganze letzte Nacht daran denken. Sie sagte, ich könne natürlich darauf bestehen, dass ich die Notenhoheit habe, aber dann möchte sie sich noch mal mit mir zusammensetzen und mit Herrn Stern. Die hat 'nen totalen Kontrollzwang! Echt 'nen Schaden!

Melanie: Und? Wat machste?

Ich: Ich werd die Note eben herabsetzen. Ick hab keine Lust, mir jetzt auch noch von dieser blöden Kuh das Leben zur Hölle machen zu lassen. Mir reichen die Seminarleiter. Ich gebe dem Schüler einfach mündlich einen Punkt mehr. Auf dem Zeugnis hat er insgesamt dann die gleiche Note.

26

NEURODERMITIS:
ZUR STRAFE KRATZEN

«Herr Serin, ham Se mal 'ne Minute?»

Eigentlich hatte ich keine, denn in fünf Minuten begann meine nächste Stunde. Und ich durfte keine Unterrichtszeit verschenken, da meine Prüfung kurz bevorstand. Sie war in anderthalb Monaten. Allerdings hatte Herr Rauter auch immer ein offenes Ohr für mich gehabt. Er hatte mit mir oft über die inkompetente Schulleitung gelästert. Und er hatte mich als einer der wenigen Lehrer gern in seinen Klassen hospitieren lassen, ohne sich in meiner Gegenwart zu verstellen. Vermutlich wollte er mich wegen meiner Geschichtsklasse sprechen, die er nach meinem Abgang von der Schule übernehmen würde. Seitdem er davon erfahren hatte, war er häufiger zu mir gekommen, um sich darüber zu informieren, was ich gerade mit den Schülern durchnahm und welche Methoden ich einsetzte. Und um sich meiner Hilfe zu versichern: «Ick hab ja überhaupt keine Ahnung mehr, wie man Geschichte unterrichtet. Das hab ich ja schon zehn Jahre nicht mehr gemacht. Immer nur Bio. Vielleicht können wir uns, kurz bevor Sie gehen, noch mal zusammensetzen. Damit Se mir noch so ein paar Sachen erklären.» Sein sympathisches Eingeständnis und seine Bitte konnte ich mittlerweile mitsprechen. Doch diesmal war er deutlich aufgeregter als üblich. Sein dürrer Körper schien regelrecht geladen.

«Herr Serin, Sie komm' doch grade von der Uni. Da ham Se doch auch Psychologie jehabt, oder?»

«Ein bisschen.»

«Ick hab in meiner Neunten ein Mädchen mit Neurodermitis. Hab ick von der Klassenlehrerin erfahren, Frau Reich. Und da hab ich mir jedacht: Mach ick im Unterricht mal was zu chronischen Krankheiten. Und hab gleich mit Neurodermitis anjefangen. Und dit Mädchen is dann total ausgerastet. Finden Sie dis psychologisch betrachtet denn so unmöglich von mir? Das muss man doch ansprechen dürfen. Finden Sie doch auch, oder?» Durch seine kleine runde Nickelbrille blickte mich Herr Rauter in einer Eindringlichkeit an, die mir unmissverständlich klarmachte, dass er sich von mir die Absolution für seinen Umgang mit der Schülerin erhoffte.

«Was ist denn genau passiert?»

«Erst hab ick gesagt, dass ich was zu chronischen Krankheiten mache. Dass immer mehr Jugendliche davon betroffen sind. Das wissen Se wahrscheinlich selber. Und dann habe ick gesagt, dass wir heute über Neurodermitis sprechen …» Die Zeit verrann. Bald würde es klingeln, und ich hatte noch nicht einmal mein Material für die Klasse sortiert. «Dass man sich dauernd kratzen muss bei dieser Krankheit, dass die Haut schuppt, gerötet ist und Ekzeme bildet. Ich meine, is doch wichtig, die Schüler aufzuklären. Finden Sie doch auch?»

«Ja», pflichtete ich ihm ungeduldig bei. «Und das hat das Mädchen bereits gegen Sie aufgebracht?»

«Nee! Nee! Das noch nicht. Also, ich hab mir gedacht, dit is doch am besten, wenn Anna, so heißt das Mädchen, selber von ihrer Neurodermitis berichtet. Finden Sie doch auch, oder?»

«Tja. Ich weiß nicht … Also …» Herr Rauter zappelte unruhig von einem Bein auf das andere. «… kommt drauf an. Nicht unbedingt … Wenn …»

Er fiel mir ins Wort: «Aber Anna kennt sich doch viel besser mit dieser Krankheit aus als ich. Ick meine, dit is doch viel glaubwürdiger, wenn die dit erzählt.» Es war fast so, als springe er mit jedem Satzende ein bisschen in die Luft, um seiner Empörung Ausdruck zu verleihen.

«Möglich. Aber sie sollte das schon selber entscheiden dürfen. Fragen müssen Sie schon vorher. Haben Sie das denn?»

«Natürlich! Was denken Sie denn?», entrüstete er sich. «Gleich nachdem ich das Thema angekündigt habe, hab ick Anna jefragt, ob sie ihren Mitschülern als Betroffene denn was darüber erzählen möchte. Um mit dem Vorurteil aufzuräumen, Neurodermitis kommt davon, dass man sich nicht wäscht.»

Ich war mir nicht sicher, ob ich ihn richtig verstanden hatte.

«Vor der ganzen Klasse?»

«Ja, wieso? Ich meine, ich hab das doch auch für sie jemacht. Die ist ja in der Klasse total ausgegrenzt. Das hat bestimmt ooch was mit ihrer Neurodermitis zu tun. Wenn die davon berichtet, hab ick mir jedacht, merken die andern, dass dit eigentlich nichts ist, wofür man was kann. Dann ist die auch wieder besser akzeptiert. Aba die hat ja nischt jesagt. Janich reagiert! Überhaupt nicht!» Herr Rauters Stimme überschlug sich fast.

«Ich dachte, sie sei ausgerastet.»

«Na, nicht sofort. Zuerst hat se nur auf stur jemacht.»

Was ich verstehen konnte. Obwohl in einer Minute die Stunde beginnen würde, wollte ich nun mehr wissen.

«Und warum ist sie denn nun ausgerastet?»

«Was weiß ich! Wissen Sie, ich wollte der für ihren Erfahrungsbericht sogar eine Note geben. Die beteiligt sich ja sonst nie am Unterricht.»

«Also, was haben Sie gemacht, als Anna nicht reagierte?»

«Na, ick hab versucht, sie ein bisschen zu provozieren. Hab gefragt, ob Neurodermitis davon kommt, dass man sich nicht wäscht. Und sie gefragt, ob sie sich nicht oft wäscht.»

«Was?!» Herr Rauter war im Kopf sicherlich nicht mehr der Fitteste. Aber so wenig Taktgefühl hätte ich ihm nicht zugetraut.

«Ja, Mensch! Wissen Sie, ick biete der die Möglichkeit zu einer guten Mitarbeitsnote. Und zu einer besseren Stellung in der Klasse. Und die nimmt dit nich an!»

«Trotzdem, Herr Rauter!» Ich sprach nun lauter und mit mehr Nachdruck. Er zuckte leicht zusammen. «Das können Sie doch nicht machen! Gerade bei Schülerinnen in der Pubertät. Da steht sowieso die Hälfte kurz davor, sich umzubringen, sobald man eine falsche Bemerkung macht. Ein solches Problem müssen Sie erst einmal unter vier Augen klären. Und provozieren ist überhaupt nicht angebracht. Gerade in solch einer intimen Angelegenheit.» Ich wusste das, da ich selbst wiederholt mit erheblichen atmosphärischen Kollateralschäden Schüler herausgefordert hatte, deren Sinn für Ironie dabei deutlich überschätzend. «Bei so einer Bemerkung hat die Klasse doch bestimmt gelacht.»

«Das fand ich ja ooch unmöglich von denen.»

«Und dann hat Anna geweint?»

«Noch nicht. Ihre Lippen haben nur gezittert.»

Es klingelte.

«Wie? Noch nicht? Ging es etwa noch weiter?»

Herrn Rauters Lippen zitterten nun ebenfalls.

«Na ja! Ick hab dann gemeint, dass sie bestimmt denkt, alle aus der Klasse finden sie eklig. Dass ick aber glaube, dass dit nich so ist. Dass bestimmt viele Jungen aus der Klasse mit ihr gehen würden. Weil die bei ihr nicht so aufs Aussehen achten, sondern auf den Charakter. Und dann hab ick jefragt, wer denn mit ihr gehen würde. Und da hat sich keiner jemeldet. Und da hat sie anjefangen zu weinen. Da hab ich gemeint, dass ick mit ihr jehen würde. Dit hat nicht geholfen. Und weil ick da hilflos war und auch sauer auf die Jungen aus der Klasse, weil die nicht mit ihr gehen wollten, hab ick in meiner Wut jesagt, dass die Jungen zur Strafe Anna dabei helfen sollen, sich zu kratzen. Und da ist die flennend aus dem Raum jerannt. Ick meine: Klar, dit war sicherlich nicht jeschickt. Aber sagen Sie, Herr Serin: Rein psychologisch, muss man da flennend aus dem Raum rennen? War dit denn wirklich so schlimm von mir?»

Ich konnte die Geschichte kaum glauben. Herr Rauter war eigentlich ein sehr angenehmer Mensch. Aber wie konnte er dabei gleichzeitig so unsensibel sein? Ich mochte mir gar nicht ausmalen, wie er sich verhalten hätte, wenn er es mit einer magersüchtigen Schülerin zu tun gehabt hätte. Hätte er sie mit ihrer Störung auch vor der ganzen Klasse konfrontiert? Hätte er, um Schülerinnen zu überführen, die ihr Problem leugneten, die Mülleimer der Mädchentoiletten durchsuchen lassen, weil bei Anorexie die Monatsblutung ausblieb und fehlende Binden und Tampons somit für ihn ein Beweismittel darstellten? Hätte er die Jungen der Klassen instruiert, zu den essgestörten Mädchen zu sagen, dass sie so dünn voll scheiße aussähen und zunehmen sollen? Vorstellen konnte ich es mir.

«Natürlich darf man flennend aus dem Raum rennen», fuhr ich fort. «Ich wäre schon viel früher aus dem Raum gerannt. Versetzen Sie sich doch mal in ihre Lage! Sicherlich haben Sie es gut gemeint. Aber was zählt, ist das, was bei der Schülerin ankommt. Und vor allen Dingen auch die Reaktion der Mitschüler. Und vor denen fühlte sie sich ja total gedemütigt. Da müssen Sie wirklich noch mal mit der Schülerin in Ruhe reden und sich entschuldigen.»

«Echt?» Herr Rauter kratzte sich an seiner Glatze. Sein Blick war zu Boden gerichtet. Und er schien kleiner als sonst.

«Tun Sie es für die Schülerin! Ihr geht's mit Sicherheit gerade sehr schlecht. Und reden Sie auch mit der Klasse, am besten in Annas Abwesenheit.» Herr Rauter wirkte auf mich nun nicht mehr aufgeregt, sondern fast ein bisschen betrübt.

«Aber was soll ich denn der Klasse sagen? Und erst Anna?»

Darauf hatte ich keine Antwort. «Tut mir leid, aber das kann ich Ihnen so spontan nicht sagen. Außerdem muss ich jetzt in meinen Unterricht. Ich bin eh schon zu spät. Ich denk aber darüber nach. Versprochen! Beim nächsten Mal sag ich's Ihnen.»

Beim nächsten Mal würde ich Herrn Rauter besser aus dem Weg gehen. Ich konnte mir nicht vorstellen, dass mir etwas einfallen würde, was er Anna und den anderen Schülern sagen sollte. Hätte ich mit Melanie nicht gerade eine kleine Beziehungspause eingelegt, hätte ich sie um Rat fragen können. Sie hatte für schwierige Gespräche immer die treffenden Worte gefunden – außer wenn wir uns stritten.

Lehrerzimmer, Montag, zwischen dritter und vierter Stunde
Frau Reiz: Stephan, ich hab mir Ihren Jahresplan angeschaut. Das können Sie so nicht machen! Da müssen wir noch mal drüber sprechen. Sie müssen mehr mit dem Lehrbuch arbeiten! Ich setze mich am besten öfter rein in Ihren Unterricht. Für den Fall, dass ich nächstes Jahr die Klasse übernehmen sollte. Das ist nicht gegen Sie gerichtet. Aber ich hab mit anderen Kollegen schon schlechte Erfahrungen gemacht.

LANGENSCHEIDT ODER HANDY?

Irgendwo im Raum klingelte ein Handy. Dabei hatte der Unterricht bereits begonnen. Das durfte eigentlich nicht sein. Hatte ich nicht das Problem Mobiltelefone in der 9 b ein für alle Mal zu meinen Gunsten entschieden? Der Kampf gegen elektromagnetische Wellen hatte mich in dieser Klasse viel Kraft gekostet, obwohl bei meiner Ankunft am Werner-Heisenberg-Gymnasium die Frage längst beantwortet schien. Auf dem gesamten Schulgelände war die Benutzung von Handys untersagt. Also erst recht im Unterricht. Mir kam das sehr entgegen, denn ich hatte Mobiltelefone aus konsumkritischen Erwägungen – ich wollte mir nicht jede überflüssige technische Neuerung aufnötigen lassen – und dem Bedürfnis, nicht permanent erreichbar zu sein, immer abgelehnt. Noch im Jahr 2007 hoffte ich, dass es sich dabei um ein vorübergehendes Phänomen handelte.

Für meine 9 b hingegen war ein Leben ohne dieses Kommunikationsmittel aber nicht mehr vorstellbar, wie ich sofort merkte, als ich sie übernahm. Das allgemeine Handyverbot in der ganzen Schule galt in den Augen der Schüler nur für Lehrer. In der ersten Stunde, in der ich die Klasse in Französisch unterrichtete, wurde unter den Tischen mit Sicherheit mehr Text gesimst als auf ihnen geschrieben.

Ich war neu, also versuchte ich es zunächst im Guten. Ich war naiv, also ging ich davon aus, die Schüler würden mich, weil ich noch unter dreißig war, für cool halten und folglich auf meine Meinung und *attitude* etwas geben: «Hört zu!», erklärte ich ihnen, bevor ich sie in die Pause entließ: «Handys vermitteln euch ein falsches Gefühl von Freiheit. In Wirklichkeit machen sie euch nur abhängig, weil man von euch erwartet, ständig verfügbar zu sein. Und wenn ihr mal nicht rangeht, macht man euch Vorwürfe. Ihr werdet so total kontrolliert. Also, mich würde das total nerven. Darum hatte ich auch noch nie ein Handy und werde auch nie eins haben.»

Mit dem letzten Satz hatte ich jeden Sympathievorschuss, den mir die Schüler wegen meines noch relativ jungen Alters entgegengebracht hatten, verspielt. Meine Worte übten auf sie ungefähr die gleiche Wirkung aus wie zwanzig Jahre zuvor auf mich die Brandrede meines Großvaters, als er gegen das Übel Fernsehen wetterte. Nämlich gar keine. Im Gegenteil, sie verstärkten eher die Entschlossenheit der Jugendlichen, ihr Mobiltelefon im Unterricht trotz Verbot zu benutzen. Zumal es für Schüler oftmals ein lohnender Versuch war, auszutesten, wie weit sie bei einem neuen Lehrer gehen konnten. Und die Machtverhältnisse zwischen ihnen und mir waren schließlich noch ungeklärt.

In der folgenden Stunde beschränkte sich der Gebrauch der Geräte nicht mehr allein auf das Verfassen und Senden von SMS-Nachrichten. Einige Schüler hörten damit sogar Musik.

«Eure Musik stört!»

Sie holten Kopfhörer heraus.

«Im Unterricht wird keine Musik gehört! Sonst gibt es eine Sechs. Fürs SMS-Schreiben gilt das Gleiche.»

Als ihnen klar wurde, dass ich nicht spaßte, ließen sie das Simsen und Musikhören tatsächlich sein. Dabei hatte ich, da ich zu jenem Zeitpunkt noch keine Namen aus der Klasse kannte, die Sechsen ohne namentliche Zuordnung notiert. Ich wusste gar nicht, an wen ich die dreizehn Sechsen vergeben hatte, nur dass es fünf Jungen und vier Mädchen waren und ein Schüler gleich viermal die Note Ungenügend erhalten hatte.

Wochen später erwischte ich sie, wie sie mich mit ihren Mo-

biltelefonen heimlich fotografierten und filmten. Ich stand vor
einem Dilemma. Einerseits war ich mir ziemlich sicher, dass
Fotografieren und Filmen unter das Schulverbot fielen. Andererseits schmeichelte mir das unerwartete Interesse an meiner
Person. Meine Eitelkeit war schließlich stärker als mein Pflicht-
bewusstsein. Und so bemühte ich mich, wenn während der
Stunde ein Handy auf mich gerichtet schien, besonders fotogen
zu unterrichten. Wiederholt schürzte ich meine Lippen zu einem
erotischen Kussmund, nachdem ich sie mit der Zunge befeuchtet
hatte.

Bald jedoch erfuhr ich von André Groll von einer Internet-
Plattform namens YouTube, die bei der Eingabe der Kombination
«Lehrer + peinlich» mittlerweile über zwanzig Videos mit mir in
der Hauptrolle ausspuckte. Ich war tief enttäuscht von meinen
Schülern. Um sie einzuschüchtern und ihnen einen Spiegel vor-
zuhalten, brachte ich nun meine Kamera mit in den Unterricht:
«Jetzt fotografiere ich euch mal. Und dann stell ich das auf You-
Tube rein. Das findet ihr dann bestimmt nicht mehr lustig.» Sie
waren wenig beeindruckt, vielleicht, weil es sich nicht um eine
digitale Kamera handelte, sondern eine Leica aus den vierziger
Jahren, ein Erbstück meines Großvaters.

Meine Enttäuschung über das Verhalten meiner Schüler und
die Ernüchterung darüber, über keine vergleichbaren Waffen zu
verfügen, veranlassten mich schließlich, nun doch gegen jede
Form von Handynutzung rigoros vorzugehen. Sollte ich zukünftig einen Schüler oder eine Schülerin mit einem Taschentelefon
erwischen, egal bei welcher Betätigung, würde ich es ausnahmslos einsammeln und einzig den Eltern wieder aushändigen. Allerdings stand ich mit diesem Vorhaben vor der Herausforderung,
die Geräte als Handys identifizieren zu müssen. Keine leichte Aufgabe für jemanden wie mich, der als ehemaliger Bürger der DDR
seit dem Fall der Mauer aufgehört hatte, mit der technischen Ent-

wicklung Schritt zu halten, und für den ein Polylux, ein in der DDR geläufiger Tageslichtprojektor, den letzten Schrei im Bereich Hightech darstellte.

Unter einem prototypischen Handy stellte ich mir einen schwarzen, zwischen fünfundzwanzig und dreißig Zentimeter langen Klotz vor mit einer Antenne zum Ausziehen. Dass man zur Bedienung eines Mobiltelefons des Jahres 2007 keine Mikrostifte benötigte, wäre mir nie den Sinn gekommen. Entsprechend wahllos stürzte ich mich auf die Schüler:

«Was hast du da unterm Tisch? Ein Handy, gib's zu!»

«Das ist kein Handy. Das ist ein elektronisches Wörterbuch.»

«Lüg mich nicht an! Das sehe ich drei Meilen gegen den Wind, dass das ein Handy ist. Her damit! Deine Eltern können es sich bei mir abholen.»

«Nein!»

«Wenn du es mir nicht gibst, dann sag ich Herrn Stern, dass du im Unterricht ein Handy benutzt.»

Irgendeiner rief: «Petze! Petze!»

Tung, der in Geschichte als Einziger auf Eins stand, verstieg sich zu einem absurden Vorwurf: «Sie sind wohl von der Stasi!»

«So übel war die Stasi gar nicht.» Mit einem Scherz versuchte ich mein Gesicht zu wahren: «Die Stasi hat in der DDR einfach nur darüber gewacht, dass niemand über einen anderen Menschen etwas Schlechtes gesagt hat.»

Niemand verstand den Witz, aber immerhin rückte Adina ihr Gerät heraus. Doch ich hatte bereits in jenem Moment ein ungutes Gefühl. Seit wann stellte Langenscheidt Handys her? Aber ich brachte nicht den Mut auf, vor der versammelten 9b das demütigende Eingeständnis zu machen, mich geirrt zu haben. Ich zog es vor, diesen Irrtum Adinas Eltern zu gestehen. Immerhin konnte ich zu meiner Entlastung vorbringen, dass ein elektronisches Wörterbuch Englisch-Deutsch in Geschichte keinen Sinn habe und die Beschäftigung damit nur vom Unterrichtsgeschehen ablenke.

Aus dieser unangenehmen Situation zog ich eine Lehre. Fortan sammelte ich einfach alles ein, was auf Strom, Batterie oder Akku angewiesen war. So wurde ich der Situation in der 9 b doch noch einigermaßen Herr.

Leider hatte ich nicht nur in der 9 b Unterricht. In Vertretungsstunden für Kollegen musste ich mit dem Handyverbot jedes Mal ganz von vorne anfangen und verfügte, da ich meistens nur eine Stunde bei den Schülern blieb, kaum über abschreckende Sanktionsmöglichkeiten. Es war deprimierend. Wenn ich in einer Ecke des Raumes nach langer Diskussion einen Schüler dazu gebracht hatte, sein mobiles Gerät wegzustecken, hatten in einer anderen Ecke des Raumes drei Schüler ihres hervorgeholt.

Das beschämendste Erlebnis hatte ich in einer siebten Klasse, in der ein Junge während der Stunde einen Anruf entgegennahm:

«Ja, weißdu! Heute, komisch … Ja … Klar … Krass … Isch weiß.»

«Mach dein Handy aus!»

«Weißdu! Nein … Spinnt die Fotze?! … Musst krass schlagen, du!»

«Das Handy aus!!!»

«Wat ma, ey, hier is Lehrer … Isch mach nisch aus.»

«Gib das Handy her!»

«Isch geb nischher!»

«Doch!»

«Nein!»

«Sonst sag ich's Herrn Stern.»

«Mach doch! Wieheißisch?»

Ich verzichtete darauf, auf das Duzen des Schülers zu reagieren, denn ich wollte mich nicht in meinem Kampf verzetteln.

«Sag mir, wie du heißt!»

«Sag isch nisch!»

«Doch!»

«Nein!»

«Sonst sag ich Herrn Stern, dass du mir deinen Namen nicht verraten willst.»

«Was willst du!?»

Ich antwortete nicht, sondern entwendete ihm blitzschnell sein Telefon und sprach ins Mikro: «Dein Freund muss jetzt Schluss machen! Ich hoffe, der Satz war nicht zu kompliziert für dich.» Danach legte ich auf. Besser gesagt: Ich drückte auf eine Taste, die ich mit dieser Funktion in Verbindung brachte. Doch statt aufgelegt zu haben, hatte ich ein Foto von mir gemacht, genau genommen von meinen orthopädischen Schuhen. Damit der Junge das nicht merkte, konfiszierte ich vorsorglich sein Handy: «Deine Eltern können es sich bei mir abholen.»

Mit Andrés Hilfe gelang es mir, das Foto zu löschen.

Solche Auseinandersetzungen hatte ich in der 9 b längst nicht mehr. Das Handyproblem schien gelöst. Dachte ich. Bis es im Unterricht klingelte. Überraschenderweise reagierte niemand der Schüler. Das Klingeln wurde immer lauter. Schließlich begriff ich, dass es aus meiner Jackentasche kam. Melanie hatte mich vor kurzem dazu gezwungen, mir trotz meiner ideologischen Imperative ein Mobiltelefon zuzulegen, mit der Begründung: «Nur für Notfälle.»

«Tut mir leid», entschuldigte ich mich bei meinen Schülern. «Meine Freundin. Ein Notfall … Ja?»

«Hallo Stephan. Ich bin's. Ich wollte nur mal ausprobieren, ob du wirklich rangehst, wenn ich dich anrufe. Tschüss.»

Der Anruf diskreditierte mein ganzes Anti-Handy-Workout gegenüber der 9 b. Noch schlimmer war aber, dass ich Karol bitten musste, mein Handy auszustellen. Ich wollte nicht wieder aus Versehen ein Foto von mir schießen.

28

UNCOOL TROTZ HIP-HOP

Diese Woche hatte ich wieder meine Ups und Downs als Lehrer. Dienstag war ein guter Tag. Vor dem Vertretungsplan lief mir nach langer Zeit mal wieder Karol aus der 10 b über den Weg, den ich bis letztes Jahr in Geschichte unterrichtet hatte.

«Na, Karol! Wie läuft es denn in Geschichte?»

«Ist voll langweilig. Bei Ihnen hat's mehr Spaß gemacht. Sie waren ein echt cooler Lehrer.»

Diese Worte taten gut. Von meinen Ausbildern erhielt ich weiterhin nur die Rückmeldung, meinen Berufswunsch noch einmal zu überdenken. Schön, wenn einen wenigstens die Schüler schätzten. Zugleich war ich allerdings verwundert, gerade aus Karols Mund so überschwängliches Lob zu vernehmen. Schließlich hatte er mir den Unterricht oft durch sein ständiges Stören unmöglich gemacht. Und er verdankte mir seine einzige Fünf auf dem Zeugnis, drei Tadel, einen schriftlichen Verweis und einen zweitägigen Ausschluss vom Unterricht. Aber offenbar bewahrten selbst die schlechten Schüler einen sehr klaren Blick dafür, welche Lehrer etwas drauf hatten beziehungsweise welche sich zumindest gut mit Hip-Hop auskannten.

Natürlich fragte ich mich, ob er sich nur einschleimen wollte. Aber was hätte es ihm gebracht? Ich unterrichtete ihn nicht mehr – und würde ihn auch nicht mehr unterrichten. Nach meiner Prüfung am Ende des Schuljahres würde ich das Werner-Heisenberg-Gymnasium verlassen müssen. Sein Verhalten bestätigte wohl nur, dass Schüler im Äußern von Zu- und Abneigung schonungslos ehrlich waren, zumindest die jüngeren.

Zwar gehörte Karol als Schüler der Zehnten eigentlich nicht mehr wirklich zu den Kleinen. Aber er hatte den naiv-interessierten Ausdruck in den Augen sowie diese zapplige Motorik, die man eher bei Siebt- oder Achtklässlern beobachtete. Zudem kämpfte er gerade erst mit dem Stimmbruch. Und die Stupsnase, der leichte Flaum über den schmalen Lippen sowie die glatten Wangen im sommersprossigen Gesicht ließen ihn eher wie dreizehn denn wie sechzehn wirken. Die Pubertät hatte also noch ein gutes Stück Arbeit an ihm zu verrichten. Wenn ich zudem sein nicht übermäßig erwachsenes Verhalten in Rechnung stellte, von dem ich mir noch vor wenigen Monaten in unserem gemeinsamen Unterricht regelmäßig hatte ein Bild machen können, dann durfte ich ihn guten Gewissens zu den jüngeren, den ehrlichen Schüler zählen.

Dank seines Lobes ging es mir gleich erheblich besser. Eigentlich war das der bisher schönste Tag in meinem Referendariat. Schade, dass ich seine Klasse hatte abgeben müssen. Ich hätte sie gern für meine Staatsexamensprüfung behalten. Jugend-forscht-verdächtig waren sie zwar nicht gerade, aber in Vorführstunden hatten sie sich stets bemüht. Nach anfänglichen Disziplinproblemen war unser Verhältnis immer freundlicher geworden. Besonders stolz machte mich der Umstand, dass sich der Notendurchschnitt der Klasse, der beim ersten Test noch bei 4,2 gelegen hatte, bis zum Ende des Schuljahres kontinuierlich auf 3,9 verbesserte.

Seit Ende August wurde sie nun von Frau Schmidt unterrichtet. Frau Schmidt hatte burnoutbedingt zwei Jahre gefehlt, war zu diesem Schuljahr wiedergekommen und hatte die 10 b übernommen. Um ihr den Einstieg zu erleichtern, hatte ich meine Schüler über die psychischen Probleme von Frau Schmidt ins Bild gesetzt und sie gebeten, sie wohlwollend zu behandeln.

«Das kann ich mir gar nicht vorstellen, dass Frau Schmidt keinen guten Unterricht macht, Karol?» Ich ergriff für meine Kollegin Partei.

«Doch! Voll langweilig. Alle wollen Sie wieder. Wenn Sie wollen: Wir machen die fertig.» Karol grinste verschmitzt, so wie er es auch in meinem Unterricht oft getan hatte, wenn er etwas ausgeheckt hatte. «Dann kriegtse wieder Burnout. Dann muss sie wieder weg. Und wir kriegen wieder Sie, Herr Serin.»

In diesem Vorhaben durfte ich meinen ehemaligen Schüler auf keinen Fall bestärken. Obwohl: Wenn Frau Schmidt noch mal eine kleine krankheitsbedingte Pause einlegte, dann hätte ich für Geschichte eine bessere Examensklasse, nicht die von Burak … Nein, das ging nicht! Hier musste ich Karol ins Gewissen reden. Hier hatte ich kollegial zu sein.

«Karol, du kannst nicht von mir erwarten, dass ich dich und deine Mitschüler auffordere, eine andere Lehrerin zu mobben. Selbst wenn ich wollte, dürfte ich das gar nicht. Dennoch sollst du wissen, was immer ihr tut, ich würde euch liebend gern wieder unterrichten.» Mit diesen Worten verhielt ich mich einerseits loyal gegenüber Frau Schmidt, anderseits verbog ich mich nicht.

Meine Freude über den Zuspruch meiner ehemaligen Schüler erhielt jedoch einen Tag darauf einen Dämpfer, als ich während meiner Pausenaufsicht folgende Bemerkung aufschnappte: «Frau Wojcik, Französisch ist jetzt voll langweilig. Mit Ihnen war es besser.» Wie konnte ein Schüler den Unterricht bei Frau Wojcik irgendeinem anderen Lehrer vorziehen? Das war mir unbegreiflich. Sie hatte selbst unter Kollegen einen erbärmlichen Ruf, denn sie konnte praktisch kaum Französisch und Deutsch nur unwesentlich besser, weshalb ihre Arbeitsanweisungen häufiger von einem polnischen Schüler der Klasse für die anderen übersetzt werden mussten. Sie hatte Frankreich noch nie besucht. Ihr Lieblingsautor war Guy de Maupassant, den sie aber nur auf Polnisch lesen konnte. Seit *Louis und die verrückten Politessen*, in dem man Louis de Funès in seiner letzten Rolle vor seinem Tod sehen kann, hatte sie keinen französischen Film mehr gesehen. Und sie kannte nicht einmal Renaud, den französischen Chanteur, in den nun wirklich jede Französischlehrerin in Deutschland verliebt war. Im Unterricht verfuhr sie nach der Devise, dass die Schüler erst mit Sprechen anfangen dürften, wenn sie die französische Grammatik perfekt beherrschten, was bis zum Abitur natürlich niemandem gelang.

Wie konnte man sich als ehemaliger Schüler bloß bei ihr beklagen, nicht mehr von ihr unterrichtet zu werden? Dies entwertete doch völlig das Kompliment, welches mir am Tag zuvor Karol gemacht hatte. Am demütigsten war, dass es sich bei Frau Wojciks Bewunderer um Akin handelte, einen Schüler, den *ich* nun in Französisch unterrichtete. Er ging in die 8a, und die hatte ich von ihr übernommen. Und dabei bemühte ich mich nun wahrlich um schülergemäßen Unterricht. Oft setzte ich Rollenspiele ein. Ich ließ die Schüler viel in Partnerarbeit miteinander sprechen, ohne ständig ihre Fehler zu korrigieren. Ich suchte nach Texten und Übungen, die authentischer waren als die Angebote im Lehrbuch. Oder dachte mir selbst Dialoge aus. Und ich arbeitete mit Comics, mit Filmen und mit Chansons. In meiner Elften hatte ich in einer Lehrprobe sogar von NTM[13] «Qu'est-ce qu'on attend?»[14] behandelt und es mir mit Herrn Schubert übel verscherzt, weil in dem Lied zu Gewalt gegen die französische Regierung aufgerufen wurde. Akins ältere Schwester Serpil besuchte diese Elfte. Und nun das! Eine wohlwollende Benotung würde Akin sich damit abschminken können, das stand schon mal fest, ebenso alle anderen aus der 8b, die sich nach Frau Wojcik zurücksehnten. Und ich würde die Schüler fortan jede Stunde mit Tests und Grammatik quälen. Aber vielleicht kam ich auch gar nicht mehr dazu.

---

[13] Pariser Hip-Hop-Band aus der Banlieue Saint-Denis mit entsprechend ungeschönten Texten und Rechtsstreitigkeiten mit dem französischen Staat.

[14] «Worauf warten wir?»

«Sollen wir Herrn Serin fertigmachen, damit wir wieder bei Ihnen Unterricht haben, Frau Wojcik?»

«Gerne.»

Raum 020, Dienstag, 12.09 Uhr, 5. Stunde, Geschichte 8b
Burak: Herr Serin, wissen Sie, wie 50 Cent escht heißt?
Ich: Ja, aber jetzt machen wir weiter Unterricht!
Burak: Also, Sie wissen nisch!
Ich: Doch! Aber wir sind jetzt im Unterricht.
Burak: Wenn Sie wissen würden, würden Sie sagen.
Ich: Curtis Jackson.
  (Anerkennendes Raunen in der Klasse und ein
  «Tschüüüsch» von Burak)
Jamal: Und Jay Z?
Ich: Das sag ich euch nach der Stunde.
Jamal: Sie wissen dis nich!
Burak: Genau! Sie wissen nisch!
Ich: Doch, weiß ich!
Jamal: Michael Brown?
Ich: Mensch! Shawn Corey Carter.
  (Noch lauteres Raunen in der Klasse)
Burak: Und Eminem?
Ich: Nach der Stunde. Das ist mein letztes Wort.
Burak: Bitte, dann sind Sie unsa Lieblingslehrer.
Ich: Marshall Bruce Mathers III.
  (Ganz lautes Raunen in der Klasse. Klatschen)

Gerade bin ich im Lehrerzimmer. Bald müssen für die Schüler die Halbjahreszwischennoten gemacht werden. Viele hier im viel zu kleinen Raum brüten folglich über den Klausuren und Tests. Trotz der Enge gibt es eher wenig Interaktion zwischen den Kollegen. Dennoch handelt es sich um einen sehr spannenden Moment, zumal kaum ein Lehrer tatsächlich still korrigiert. Praktisch jeder von ihnen spricht dabei – zumindest zu sich selbst. Und wie er das tut, gibt in der Regel sehr gut Aufschluss darüber, wie zufrieden er mit seinem Beruf ist. Es lohnt sich also zuzuhören.

Zum Beispiel bei Maren, der neuen, überaus kontaktfreudigen und motivierten Referendarin mit der roten Ilona-Christensen-Brille, die sich in diesem Augenblick an den Geschichtstest der 9 d mit dem Ausspruch setzt: «So! Mal sehen, was meine Lieben so verzapft haben!» Das ist eine Bemerkung, an deren idealistischer Dynamik man erkennt, dass Maren neu im Geschäft ist und ihrer Klasse durchaus noch etwas zutraut. Ganz anders die seriös in schwarzen Hosenanzug gekleidete Frau Zeck: «Nun denn! Dann werd ich mal!» Frau Zeck hat bereits die bittere Erfahrung machen müssen, von den Jugendlichen immer wieder enttäuscht zu werden. Und sie hat ihre Erwartungen diesen Bedingungen angepasst, indem sie von den Schülern nichts mehr erwartet. Lehrersein ist für sie längst nur noch ein Beruf, keine Berufung mehr. Das erspart ihr den Burnout, an dem Frau Flach leidet, vor der ein Stapel mit Klassenarbeiten aus dem Leistungskurs Deutsch liegt. Jeder Atemzug lässt einen befürchten, sie hauche mit diesem gerade ihr Leben aus: «Hh … Hh … Hh … einhundertfünfzig Seiten! Hh … Hh … Hh … Wie soll ick denn dit schaffen?! Hh … Hh … Hh!»

Frau Flach quält die meiste Zeit des Schuljahres über ein Zustand emotionaler und körperlicher Erschöpfung, der sich auch an ihrer Kleidung bemerkbar macht, welche genauso farblos und knitterig ist wie ihre Haut. Regelmäßig fehlt sie krankheitsbedingt. Frau Reiz hingegen ist noch nicht so weit. Sie befindet sich erst in der Phase der Frustration, die sich durch schnippische Zurechtweisungen gegenüber Referendaren und zunehmenden Zynismus gegenüber den Schülern kennzeichnet: «Sooooo! Die 10 b! Na, da brauch ich eigentlich gar nicht zu korrigieren. Kann ich gleich überall 'ne Sechs drunterschreiben.»

Maren beginnt mit einem leistungsstarken Schüler, denn sie möchte sich zunächst ein Erfolgserlebnis verschaffen: «Ah! Der Mohammed! Da bin ich ja mal gespannt. Der grüßt immer so freundlich. Den mag ich.» Frau Zeck korrigiert vom schlechtesten zum besten Schüler, weil es so nur aufwärts geht. Frau Flach startet mit dem Schüler, der als Letzter seine Arbeit abgegeben hat – diese liegt oben auf dem Stapel, und sie ist zu erschöpft, um eine andere aus ihm zu ziehen. Frau Reiz nimmt auch die Klausur von ganz oben, aber nur deshalb, weil alle gleich schlecht sind.

Nun macht Maren zum ersten Mal Bekanntschaft mit der Realität im Speckgürtel des Weddings: «Was schreibt der denn da? Das war gar nicht gefragt! Drei Parteien. Ich hatte das Thema doch extra wiederholt!» Während sie über die erste Aufgabe stolpert, hat Frau Zeck die erste Arbeit schon abgehakt: «Dann mal weiter!» Frau Flach beschäftigt sich noch mit den Formalitäten: «Hh … Hh … Hh … Ich hab doch gesagt, ein Drittel Rand. Hh … Hh … Hh … Das ist kein Drittel. Hh … Hh … Hh … Das sehe ich, ohne nachzumessen. Mit bloßen Augen! … Hh … Hh … Hh … Das kann man doch gar nicht korrigieren! Hh … Hh … Hh … Dieser

Kurs bringt mich noch ins Grab!» Sie liegt fast auf ihrem Resopal-
tisch. Frau Reiz wiederum lässt sich vom Rand nicht deprimieren:
«So, 6,5 Zentimeter Rand von einundzwanzig! Das ist weniger als
ein Drittel. Das gibt schon mal ein paar Punkte Abzug. Mit dem
Abi war's das wohl, Nima.»

Frau Zeck ist nun beim fünftschlechtesten Schüler angelangt.
Maren ist noch nicht so weit: «Ach Mensch, Mohammed. Mensch!
Dies ist doch kein Deutsch. Drei Stunden haben wir das geübt.»
Frau Flach hinkt hinterher: «Hh … Hh … Hh … Hh …!»

In diesem Moment stürmt Herr Unger ins Lehrerzimmer.
Unter dem Arm trägt er seine Abi-Klausuren Mathe. Frau Reiz
hat immerhin schon die zweite Arbeit erreicht: «Karol! Nun biste
dran! Du hättest mich besser nicht als Schlampe beschimpft.»
Frau Zeck nimmt einen Schluck aus ihrem Flachmann, denn sie
hat die Hälfte der Klausuren korrigiert. Es ist ihr Bergfest: «Weiter
geht's!» Maren ruft aus: «Mohammed! Das kann doch nicht sein.
Hier steht ganz klar: Erkläre die Rolle der Weimarer Koalition in
der Weimarer Republik. Mein Gott! Bin ich eine so schlechte Lehrerin? Das gibt's doch nicht!» Als Referendarin im ersten Semester ersucht sie schließlich Rat im Kollegium: «Hören Sie mal! Ich
hab nach der Bedeutung der Weimarer Koalition in der Weimarer
Republik gefragt, und einer meiner Schüler schreibt hier CDU,
SPD und NPD. Soll ich ein Auge zudrücken und dem noch einen
Punkt geben wegen der Nennung der SPD?»

Frau Reiz fühlt sich zu einer Antwort bemüßigt: «Nur nicht
kulant sein. Im Zweifel immer gegen den Schüler entscheiden.»

«Aber er ist der Beste in der Klasse. Wenn nicht mal der eine
gute Note bekommt, wie sollen dann erst die anderen Schüler abschneiden?»

«Das kann Ihnen doch egal sein!»

«Aber was sagt denn so ein katastrophaler Test über meinen
Unterricht aus?»

«Natürlich nichts. Das sagt nur was über die Schüler aus. Gewöhnen Sie sich daran, dass das fast ausnahmslos schlechte, dumme, faule Menschen sind. Zum Beispiel Karol Nowak aus der 10 b. Der schreibt das Wort leger: l-e-s-c-h-ä-r. Dies sollte man mal auf unsere Homepage stellen. Bei dem hätten sie vor der Einreise einen Sprachtest machen sollen.»

«Hh … Hh … Ein Drittel Rand ist doch nicht zu viel verlangt! Ich kann nicht mehr.»

«M … M … M … M … Mmh!» Jetzt hat auch Herr Unger mit der Korrektur seiner Abi-Klausuren begonnen. Etwa dreißig Arbeiten hat er durchzusehen, aber als Mathelehrer tut er sich damit etwas leichter als die anderen. «Das gibt's doch nicht! Hab ich mich verzählt, oder was? Karol kann doch nie im Leben auf eine Fünf plus kommen. Da muss ich wohl noch mal nachgucken.»

«Mensch, Mohammed! Wie dumm bist du eigentlich?»

«Ho! Krass! Dat jibt's nich!» Das ist Herr Alt, unser kurz vor der Pensionierung stehender Sportlehrer, beim Lesen der *BILD*-Zeitung. Er muss keine Klausuren oder Tests durchgehen.

«Hh … Hh… Hh … Hh …! Ob ich mal Frau Reiz frage, ob sie mir ein Lineal borgt. Vielleicht ist der Rand ja doch ein Drittel.»

«So!» Herr Unger hat die Klausuren zu Ende korrigiert.

«Hh … Hh … Hh … Lieber nicht fragen. Frau Reiz will bestimmt, dass ich mir das Lineal bei ihr abhole. Hh … Hh … Hh … Dafür hab ich heute echt keine Kraft.»

«Razzrazzrazz!» Das ist Frau Reiz, die bei Karol mit einer Rasierklinge eine richtige Antwort wegkratzt, um an deren Stelle eine falsche zu setzen.

«Mohammed, ey!»

«Äh?» Herr Alt hat in seiner Zeitung nun das erste Fremdwort entdeckt. «Kann mir einer sagen, was leger bedeutet? L-E-G-E-R … Ach so! Leschär wird dies ausgesprochen, echt? Wird das dann nicht l-e-s-c-h-ä-r geschrieben?»

«Huh! Na geht doch.» Frau Zeck hat gerade die Klausur vom besten Schüler zu Ende korrigiert. Und dieser hat eine Drei minus erhalten. So eine gute Note hatte sie schon lange nicht mehr vergeben. Sie ist jetzt ebenfalls mit ihrem Stapel durch.

So, das soll fürs Erste reichen. Ich selbst muss noch meinen Vokabeltest durchsehen. Wenn ich das nicht mache, dann habe ich überhaupt nichts Schriftliches für die Zwischennote.

«Hh … Hh … Hh … Dreiundzwanzig Tests! Wie soll ick denn dit schaffen? Hh … Hh … Hh! … Ich kann nicht mehr … Hh … Hh … Hh …»

Raum 103, Mittwoch, 10.59 Uhr, 4. Stunde, Französisch 10 a

Mahmoud: Hab 'ne Frage.

Ich: Hat's was mit dem Unterricht zu tun? Wenn nicht, dann bitte in der Pause! Ich lass mich jetzt auf kein Gespräch mehr zu meinem Privatleben ein.

Mahmoud: Machen Se eigentlich Ballett?

Ich: Ick?! … Wieso?

Mahmoud: Ihr Körper! Sieht so aus.

Ich: Wie bitte?! Mein Körper? Haste schon mal einen Balletttänzer gesehen?

Mahmoud: Sie sind aber voll dünn.

Ich: Nicht dünn! Ich bin schlank!

Mahmoud: Aber Sie können doch Spagat.

Ich: Nee!

Mahmoud: Aber auf Zehen tanzen.

Ich: Nein.

Mahmoud: Machen Se mal vor! Spagat.

Ich: Mach ick nich.

Mahmoud: Tanzen Se mal uff Zehen!

SOLLTE DER LEHRER ZUM UNTERRICHT MIT WENIGER KLEIDUNG ERSCHEINEN?

Meine Schüler können echt unfair zu mir sein. Zum Beispiel wenn sie mich evaluieren: «Geschichte mit Ihnen ist voll anstrengend.» Was soll ich mit solch einer Äußerung anfangen? Dabei hatte ich mir anfangs so viel von ihren Rückmeldungen versprochen. Doch Bewertungen und Kommentare von Jugendlichen sind in der Regel dermaßen nichtssagend oder einfach dermaßen falsch, dass ich all die Kollegen verstehe, die Evaluationen aus Prinzip ablehnen. Als Lehrer wissen sie schließlich am besten, wie ungerecht – weil subjektiv – jede noch so vorgeblich rein leistungsbezogene Bewertung am Ende ist. Zensuren sollen zwar theoretisch dem Schüler Auskunft über seinen Lernfortschritt erteilen und ihm so ermöglichen, seine Defizite zu erkennen und an diesen zu arbeiten. Aber sie eignen sich in der Praxis viel besser zur Belohnung sozial erwünschten Verhaltens und zur Bestrafung von aufmüpfigen Lernern. Durch ein bisschen Absprache mit anderen Lehrkräften kann man über die richtige Benotung seine Klassen auch von störenden Elementen reinigen. Im Idealfall vermacht man sie dabei einem Kollegen, den man überhaupt nicht leiden kann. Leider kann man im umgekehrten Fall von anderen Lehrern schwierige Kinder erben.

Bis Anfang dieses Jahrtausends oblagen Schülerfeedbacks an fast allen Schulen dem persönlichen Belieben jedes einzelnen Paukers. Dass sich das in den letzten Jahren geändert hat, ist Ergebnis der allgemeinen Tendenz zur Evaluation aller gesellschaftlichen Bereiche, aber auch des Internets. Früher konnten die Jugendlichen ihren Unmut über Lehrer durch Nachrichten an den Schulklowänden oder auf den Tischen im Klassenraum Ausdruck verleihen. Oder – damit es der Adressat mitbekam – als an die Tafel geklierte Kreidebotschaften, in Form eines Galgens oder eines Grabsteins. Wer ehrlich oder mutig war, beschimpfte den Lehrer im Unterricht direkt als *Spast* oder als *schwul.*

Heute stehen den Heranwachsenden deutlich wirkungsvollere Medien zur Verbreitung ihrer Meinung zur Verfügung, beispielsweise lustige YouTube-Videos, die Pädagogen in ihrer ganzen Hilflosigkeit und in äußerst kompromittierenden Momenten vor einem weltweiten Publikum lächerlich machen. (Siehe unter Suchkombinationen wie: *Lehrer rastet aus, Lehrer dreht durch, Lehrer schlägt Schüler, Schüler schlägt Lehrer* oder *Lehrer fertig machen.*) Und es gibt zahlreiche von Schulpflichtigen und nicht mehr Schulpflichtigen genutzte Internetforen, zum Beispiel schülerVZ, in denen sich eine sehr breite Rückmeldungspalette darstellt. Das geht von sachlicher Kritik zum Unterricht: «FRAU Ehrlich IST EINE DER SCHLIMMSTEN LEHRERIN AUS DER Ranke-Oberschule in Berlin. SIE IST DIE SCHLECHTESTE POLITIKLEHRERIN DER WELT» über kritische Kommentare zu den politischen Orientierungen der Lehrer: «Herr Kraft ist ausländerfeindlich, passt auf!» bis hin zu Drohungen wie: «Wie würdet Ihr Frau Kling umbringen? Den Gürtel enger machen, dann erstickt die. Ok, is nich lustig, aber klappt.»

Für große Aufregung sorgte 2007 die Gründung des Portals spickmich.de, die eine Klage bis zum Bundesgerichtshof nach sich zog – sie wurde abgewiesen. Anstoß erregte vor allem das Bewertungskriterium *sexy*, weil dieses nichts über die Qualität des Unterrichts aussagte – und weil die meisten Lehrer auch nicht sexy sind. Für mich hingegen war das Kriterium Grund genug, mich als Referendar bei spickmich.de anzumelden. Dazu musste ich mich zunächst, als Schüler getarnt, über die Eingabe meiner Mail-Adresse registrieren lassen. Ich war äußerst gespannt, wie sexy mich die Jugendlichen fanden. Darüber hinaus interessier- ten mich die Kriterien *cool und witzig* sowie *beliebt.* Ziemlich egal waren mir die Punkte *faire Noten, guter Unterricht* und *mensch-lich.* Aber die hingen sowieso davon ab, ob man *sexy, cool, witzig* und/oder *beliebt* war.

Leider stellten sich die Schüler am Werner-Heisenberg-Gym-nasium als ausgesprochene spickmich.de-Muffel heraus. Zehn Nutzer mussten einen Lehrer bewerten, damit dessen Noten sichtbar wurden. Und obwohl ich mich letztlich unter fünf ver-schiedenen Schüleridentitäten auf der Plattform angemeldet hatte, um fünfmal bewerten zu können, blieben meine Beurtei-lungen verborgen. Meine vier neuen Mail-Adressen hatte ich mir umsonst zugelegt. Als dann doch das Kriterium *sexy* im Zuge der deutschlandweiten Proteste von Kollegen durch die spick mich.de-Macher in *vorbildliches Aussehen* umgewandelt wurde, verlor die Plattform für mich jeglichen Reiz.

Notgedrungen setzte ich meine ganze Hoffnung fortan auf Evaluationsbögen. Die hatte unsere Schulleitung mittlerweile für jeden Kollegen zur Pflicht gemacht, vielleicht auch, um die Unzu-friedenheit der Schüler über den Unterricht besser zu kanalisie-ren, nach der Devise: «Wen man nach seiner Meinung fragt, der verschafft seinem Unmut nicht mehr im Internet Luft.» Um den Unterrichtenden böse Überraschungen zu ersparen, erhielten die Bögen allerdings nur Fragen zum Ankreuzen, zum Beispiel: *Hast du den Stoff gut verstanden oder hattest du Schwierigkeiten? War das Lerntempo für dich richtig oder falsch? Hat die Lehrerin / der Lehrer gut erklärt oder nicht? Glaubst du, dass du viel gelernt hast?*

Wie André ermöglichte ich den Schülern aber, am Ende der Evaluation noch frei formulierte Anmerkungen, Tipps, Kritik oder Wünsche zu verfassen, im Glauben, sie dadurch zu ein paar aussagekräftigeren Feedbacks zu bewegen. Doch gerade von diesen offenen Rückmeldungen wurde ich durchweg enttäuscht, denn sie gaben mir nie einen Hinweis auf den Grad meiner körperlichen Attraktivität. Stattdessen las ich vor allem Bemerkungen wie: *Sie machen zu viel Gruppenarbeit. / Das ist langweilig. / Sie sind zu streng. / Sie wiederholen zu oft. / Wenn Sie Vorträge machen lassen, dann sollte jede Gruppe ein anderes Thema vorstellen. / Dafür, dass Sie erst Referendar sind, war es okay. / Ich finde gut, dass Sie noch so jung sind. Bleiben Sie so. / Irgendwie sollten Sie den Unterricht spannender gestalten oder ganz anders. Aber eigentlich war der Unterricht okay. / Ich würde gerne mehr Zeit mit Ihnen verbringen. Karol. /* Und: *Geschichte mit Ihnen ist voll anstrengend.*

Die Unergiebigkeit dieser Kommentare war umso frustrierender, als jemand in Andrés Leistungskurs – mit Sicherheit eine Schülerin – geschrieben hatte, er solle mit weniger Kleidung zum Unterricht erscheinen. Und in einer anderen Klasse wurden seine Arme gelobt, besonders seine Tattoos. Warum schrieb mir keine Schülerin, dass ich mit weniger Kleidung in der Schule erscheinen solle? Und warum lobte keine Schülerin meine Arme? War ich etwa unattraktiver als André? Weil ich im Gegensatz zu ihm eine Brille trug und nicht tätowiert war? Dafür hatte ich schönere Augen. Und abgesehen davon sahen wir einander nicht mal unähnlich. Klein, braune kurze Haare, kantiges Gesicht. Man hatte uns sogar schon für Brüder gehalten. Oder trauten sich die Schülerinnen mir gegenüber nicht, mit der Wahrheit herauszurücken?

Leider konnte ich es mir als Referendar nicht leisten, weiter nachzuhaken. Aber sollte ich irgendwann als Lehrer unbefristet eingestellt werden, dann würde ich die Evaluationen zwar trotz meiner bisherigen Enttäuschungen nicht abschaffen, aber um zielführendere Ankreuzfragen ergänzen, zum Beispiel um Punkte wie *Findest du den Lehrer sexy?* oder *Sollte der Lehrer zum Unterricht mit weniger Kleidung erscheinen?*

Raum 103, Mittwoch, 10.55 Uhr, 4. Stunde, Französisch 10 a

Mahmoud: Und? Was ham Se? Ne Eins?

Ich: Hat mir Frau Lau nicht gesagt. Aber sie war sehr zufrieden mit der Stunde.

Mahmoud: Heißt dit, wir ham Ihren Arsch gerettet?

Ich: So würde ich es nicht ausdrücken. Ihr habt zwar sehr gut mitgearbeitet, aber ein bisschen habe ich als Lehrer zum Gelingen der Stunde sicherlich auch beigetragen.

«DU BIST NICHT MEIN TYP!»

Nach der letzten Französischstunde kam Serpil zu mir an den Lehrertisch, um mit mir über ihre Note zu sprechen. Unser Gespräch hat sie dann sehr verletzt. Noch einige Wochen zuvor hätte ich es anders geführt. Ganz unbefangen hätte ich mich darauf eingelassen. Ich hätte ihr in Abwesenheit aller anderen Schüler meine Entscheidung für die Fünf kriterienorientiert und in aller Ausführlichkeit dargelegt und ihr, wenn sie wegen der drohenden Nichtversetzung in Tränen ausgebrochen wäre, Trost zugesprochen. Vermutlich hätte ich sie sogar in den Arm genommen. Doch ich war nicht mehr derselbe Mensch. Gerade hatte ich mit meiner Seminargruppe an einer Veranstaltung der «Arbeitsgemeinschaft gegen sexuellen Missbrauch an Mädchen» teilgenommen. Seitdem war ich nicht mehr ungezwungen und sorglos im Umgang mit meinen Schülerinnen, sondern geradezu gehemmt und verunsichert.

Die Fortbildung hatte uns einerseits helfen sollen, sexuelle Gewalt definieren zu können. Andererseits hatte sie uns adäquate Handlungsstrategien an die Hand geben wollen für den Fall, dass wir von sexueller Gewalt an einer Schülerin erfuhren. Von Letzterem war jedoch eher nicht auszugehen, da es eher unwahrscheinlich war, von den betroffenen Schülerinnen eingeweiht zu werden. Diese Erkenntnis war für uns ziemlich ernüchternd, weshalb das Interesse der Referendarsgruppe während der Veranstaltung bald in eine andere Richtung ging. Verschiedene meiner Kollegen hatten davon gehört, dass Lehrer von Schülern fälschlicherweise sexueller Belästigung beschuldigt worden waren – zum Beispiel

aus Rache für schlechte Noten. Sie wollten nun von Frau Traut, der Referentin, wissen, wie man auf einen solchen Vorwurf reagieren könne.

Frau Traut, eine knapp sechzigjährige bekennende Feministin mit Alice-Schwarzer-Brille, riesigen, silbernen Kreolenohrringen und einem grellgelben Strickpulli, glaubte nicht an die Möglichkeit einer unverschuldeten Anschuldigung. Sie selbst habe in dreißig Jahren Berufserfahrung noch kein Mädchen betreut, bei dem ihr Zweifel gekommen seien. Wenngleich wir ihre Erfahrung und Menschenkenntnis nicht infrage stellten, so konnten uns ihre Ausführungen auch bei dieser Problematik nicht wirklich befriedigen. Sie musste diese Unzufriedenheit gespürt haben, denn sie fügte ungefragt hinzu, dass man, wenn man sich als Lehrer transparent und unzweideutig verhalte, nichts zu befürchten habe. Nur: Was bedeutete das? Frau Traut fuhr sich mit ihren Fingern durchs wuschelige Haar, danach ließ sie eine Erklärung folgen: «Ich will Ihnen Beispiele geben. Als nicht transparent und nicht eindeutig kann ein Verhalten bezeichnet werden, wenn man den Arm um eine Schülerin legt, wenn man ihr Parfum, ihre Figur lobt oder sie fragt, ob sie bereits einen Freund hat.»

Mir stockte der Atem. Das hatte ich alles bereits getan. Ich hatte sogar, als Nedime meine Frage nach einem Freund mit einem Ja beantwortete, enttäuscht ausgerufen: «Oh, Scheiße! Dann bist du schon vergeben.» Natürlich war diese Bemerkung nur Spaß gewesen. Und auch bei den anderen Aktionen hatte ich mir nichts weiter gedacht. Ich beugte mich zu Christina, die neben mir saß, um mich bei ihr zu vergewissern, dass ich mich bisher im legalen Bereich bewegt hatte:

«Ich habe Schülerinnen den Arm um die Schulter gelegt, ihre Figur gelobt und nach einem eventuellen Freund gefragt. Allerdings diente das nicht der Befriedigung meiner sexuellen Bedürfnisse. Würdest du sagen, dass so was noch in Ordnung ist?»

Christina kam nicht dazu, mir zu antworten. Denn obwohl ich leise gesprochen hatte, unterbrach Frau Traut ihren Vortrag: «Sagen Sie es ruhig laut! Vielleicht können wir gemeinsam im Plenum darüber diskutieren.»

Gerade das hatte ich vermeiden wollen. Ich wollte nicht vor allen als Sexualstraftäter dastehen. Aber irgendetwas musste ich von mir geben: «Äh, bei mir ist es eher umgekehrt. *Ich* wurde schon mal von Schülerinnen gefragt, ob ich eine Freundin habe. Und letztens hat mich eine Schülerin sogar am Arm gestreichelt. Da habe ich mich ein bisschen gefreut, ohne aber sexuell erregt zu sein. Jetzt wollte ich wissen, ob das bereits verboten ist.»

Ihre Reaktion überraschte mich. «Ich kann mir gut vorstellen, dass sich Schülerinnen in Sie verlieben. Sie sehen flott aus und sind gewiss ein netter Lehrer, der auch mal ein Auge zudrückt, wenn er seine Schüler beim Spicken erwischt.»

Sollte ich mich über Frau Trauts Kompliment freuen? Es war sehr unwahrscheinlich, dass sich ihr Geschmack mit dem meiner Schülerinnen deckte. Zumindest wusste ich nun, dass man zu ihrer Schulzeit, also in den Fünfzigern, als Lehrer nur nett zu sein hatte und seine Schülerinnen abschreiben lassen musste, damit sie sich in einen verliebten. Das Attribut *flott* blieb mir allerdings ein Rätsel. Vermutlich hätte ich zu Frau Trauts Schulzeit auch mit einigen anderen Eigenschaften als männlicher Lehrer bei den Mädchen gepunktet: Geradlinigkeit, Ehrlichkeit, Hilfsbereitschaft. Leider genügte das heutigen Teenagerinnen nicht mehr. Unvorstellbar, dass Seda, Nedime, Serpil oder Ailyn vor ihren Freundinnen folgendermaßen von mir schwärmten: «Oh, der Herr Serin! Der ist so geradlinig und hilfsbereit. Ich träume jede Nacht von ihm. Leider hat er eine Freundin. Diese Schlampe.»

Mit Flottsein, Nettsein und Spickenlassen kam man ohne Zweifel nicht weiter. Um als Mann interessant zu sein, musste man mittlerweile mindestens attraktiv aussehen, wobei die Deutungshoheit diesbezüglich zu allem Übel bei den Schülerinnen lag. Darüber setzte ich Frau Traut aber nicht in Kenntnis. Ich erkundigte mich stattdessen, wie ich mich in den zitierten Situationen zukünftig verhalten sollte.

«Seien Sie transparent! Machen Sie deutlich, dass Sie nicht an der Schülerin interessiert sind, dass Sie nichts von ihr wollen! Vermeiden Sie unnötige Nähe! Natürlich dürfen Sie sich freuen, wenn Sie merken, dass Schülerinnen Sie mögen. Aber lassen Sie denen gegenüber nicht den Eindruck entstehen, Ihnen bedeute dies etwas.»

In der Praxis zeigten sich alsbald die Grenzen der Ratschläge von Frau Traut. Nicht nur, dass ich nun um die Gefahr wusste, zu Unrecht sexueller Übergriffe bezichtigt zu werden. Die Handlungsempfehlungen der Referentin erwiesen sich bei näherem Nachdenken obendrein als viel zu schwammig, um in der Realität tatsächlich praktikabel zu sein. Ich hatte mir zwar die Maximen Transparenz, Desinteresse und Distanziertheit gemerkt. Wie man sie gegenüber Schülerinnen aber mit Inhalt füllte, blieb mir überlassen. Meine daraus resultierende Unsicherheit hatte zur Folge, dass ich den Mädchen in meinen Kursen im Unterricht nie mehr das Wort erteilte, damit sie nicht annahmen, ich hege irgendwelche Sympathien für sie. Kam eine zu mir an den Lehrertisch, so wich ich verschreckt zurück: «Bitte setz dich wieder! Du kannst mir die Frage auch vom Platz aus stellen.»

Serpil erwischte mich mit ihrem Wunsch, über ihre Note zu sprechen, völlig auf dem falschen Fuß. Und was die Sache noch heikler machte: Alle ihre Mitschüler hatten die Klasse bereits verlassen. Ich war allein mit ihr, hatte also auch keine Zeugen, die mich entlasten konnten, sollte der – falsche – Verdacht aufkommen, ich würde mich an Mädchen vergreifen. Unter dem Druck, nur keinen Fehler zu begehen, reagierte ich wohl etwas über. Zunächst stürmte ich auf die andere Seite des Raumes. Danach hielt ich eine kurze Ansprache, in der ich mich bemühte, transparent, distanziert und desinteressiert zugleich zu sein: «Serpil! Du kriegst eine Fünf. Du bist mir nämlich total egal. Ob du sitzen bleibst und früh verheiratest wirst, ist mir schnuppe! Und übrigens, du bist auch überhaupt nicht mein Typ. Du bist echt unattraktiv. Du darfst natürlich trotzdem was von mir wollen. Nur werde ich das nicht erwidern.»

Ihre Lippen zitterten, und mit Tränen in den Augen verließ sie wortlos den Raum.

Obwohl ich versucht hatte, mich an Frau Trauts Leitlinien zu orientieren, fühlte ich mich schlecht. Vielleicht, weil ich gelogen hatte. Denn eigentlich fand ich Serpil ausgesprochen anziehend. Neben Nedime und Essraa war sie eindeutig die attraktivste Schülerin der 11a. Und außerdem fürchtete ich mich nun vor Serpils Reaktion. Was, wenn sie mich nun erst recht beschuldigte, sie sexuell belästigt zu haben, aus Rache dafür, sie so gedemütigt und verletzt zu haben? War das auszuschließen? Sollte ich ihr doch besser noch eine Vier geben? Oder eine Zwei, um ganz sicherzugehen?

Raum 103, Dienstag, 10.59 Uhr, 4. Stunde, Französisch 11a
Ahmet: Herr Serin, Sie ham gesagt, wenn ich gut mitarbeite, dann machen Sie mit mir Armdrücken.
Ich: Ich habe gesagt, wenn du bis zum Ende gut mitarbeitest, dann machen wir nach meiner Prüfung Armdrücken. An deiner Stelle würde ich schon mal zu trainieren anfangen.

KREIDE AUF DEM
OBERSCHENKEL

Warum musste immer mir so etwas passieren? Es war die letzte Seminarstunde vor den Ferien, und Herr Schubert hatte die verrückte Idee, einmal etwas anderes auszuprobieren, um das Halbjahr locker ausklingen zu lassen. Jeder sollte auf ein Blatt zwei Merkmale notieren, die er an seinem Sitznachbarn schätzte. Im ganzen Hauptseminar gab es vielleicht drei Referendare, zu denen mir überhaupt mehr als eine positive Eigenschaft in den Sinn gekommen wäre: André, Christina und Lutz. Bei den anderen fiel mir nicht ein einziger positiver Wesenszug ein, und ich hätte mir mit Scheinkomplimenten wie *nett* und *sympathisch* behelfen müssen, um mich irgendwie aus der Affäre zu ziehen. Und nun saß, weil genau dreiundzwanzig Referendare anwesend waren und für mich sonst niemand übrig blieb, auch noch Herr Schubert neben mir. Das hatte ich nun davon, oft genug auf Einzelgänger gemacht zu haben. Den Blicken der anderen Kursteilnehmer entnahm ich, dass sie froh waren, nicht an meiner Stelle zu sein.

Unser Hauptseminarleiter, also Ausbilder und Vorgesetzter in Personalunion, hatte mir in den achtzehn Monaten seit Ausbildungsbeginn keine zwei positiven Eigenschaften offenbart. Er ließ sich selbst dann nicht, wenn man sich nur auf sein Äußeres beschränkte, als irgendwie angenehm oder sympathisch verkaufen. Seine grauen, perfekt gestriegelten, immer noch vollen Haare, seine braunen Ein-Meter-neunzig-Anzüge und seine goldgerahmte Brille ließen gar nicht erst den Verdacht aufkommen, ein entspanntes Verhältnis zu ihm sei möglich. Die Förmlichkeit eines Musterbeamten stand ihm praktisch in sein blutarmes Gesicht geschrieben. Betrat Herr Schubert Punkt 15 Uhr am Montag steif wie ein Feldwebel den Seminarraum, um zunächst seinen ernst-prüfenden Blick langsam durch die Reihen wandern zu lassen und anschließend seinen schwarz-goldenen Kugelschreiber aus der Jackettasche herauszuholen und mit diesem in aller Ruhe zu notieren, wer fehlte, dann brachen für die Referendare meiner Gruppe die unangenehmsten zweieinhalb Stunden der Woche an. Es dürfte wohl keinen Mitarbeiter in der gesamten Berliner Verwaltung geben, der seine Arbeit so entmenschlicht-emotionslos und beamtenhaft-förmlich verrichtete wie Herr Schubert. Im Vergleich zu ihm entfaltete Egon Krenz das Charisma eines Robbie Williams.

Sicher, auch Herr Schubert hatte soziale Anwandlungen, dann war es, als überkomme ihn ein schlechtes Gewissen, weil er so gar keine Wärme ausstrahle. In solchen Momenten versuchte er die Stimmung im Kurs aufzulockern, indem er seine Ausführungen mit vermeintlichen Scherzen und Pointen aus seiner Zeit als Lehrer versah, die jedoch in der Regel nicht unterhaltsamer waren als die Paragrafen des Berliner Schulgesetzes. Dass Humor von ihm in Wirklichkeit nicht goutiert wurde, hatte ich wiederholt bei meinen Bemühungen zu spüren bekommen, die bleierne Seminaratmosphäre durch witzige Bemerkungen zu entspannen. Diese hatten mir zwar oft Lacher der versammelten Referendare eingebracht, waren an Herrn Schuberts versteinerter Mine aber einfach nur abgeprallt. Die Einwürfe wurden mir von ihm mit Sicherheit als fehlende Ernsthaftigkeit ausgelegt, in seinen Worten: als Kompetenzdefizit. Und leider besaß ich in seinen Augen ausgesprochen viele Kompetenzdefizite. Für die bald anstehende Prüfung war das ein schlechtes Omen, denn Kompetenzen waren Herrn Schuberts zehn Gebote.

Für ihn waren sie so zentral, vermutlich konnte er selbst in seinem privaten Umfeld nicht auf sie verzichten. Wahrscheinlich erhielt auch seine Tochter eine jährliche Beurteilung: *Elke versteht sich ganzheitlich als Tochter, die wächst, lernt, gehorcht, im Haushalt ihre Pflichten erledigt und ihre Freizeit sinnvoll zu nutzen weiß. Diese Kompetenz ist vorhanden.* Und wahrscheinlich drückte er sich gegenüber seiner Frau nicht grundsätzlich anders aus. «Manfred, liebst du mich noch?» Auf diese Frage von Frau Schubert würde er mit Sicherheit antworten: «Du bist in der Lage, in mir Gefühle der Zuneigung, des Vertrauens, der Verbundenheit, der Verantwortung, der sexuellen Begierde hervorzurufen. Diese Kompetenz ist im Ansatz vorhanden. Deine Leistungen entsprechen den Anforderungen, weisen aber dennoch einige Mängel auf. Bitte melde dich bei mir zu einem Beratungsgespräch!»

Lange hatte ich nach einer emotionalen Schwäche in Herrn Schuberts Bewertungssystem gesucht, in der Hoffnung, mir diese eventuell zunutze machen zu können. Gab es irgendeinen Typ Referendar, den er bevorzugte? Irgendwelche Charakterzüge, die er favorisierte? Ich notierte mir für jeden Seminarteilnehmer, ob er positive oder negative Rückmeldungen erhielt. Ausgehend davon wollte ich günstige von ungünstigen Merkmalen isolieren: Marlene erhielt viel Lob, Tim viel Kritik. Hanna erhielt viel Lob, Lukas viel Kritik. Nina erhielt viel Lob, Christian viel Kritik. Regine erhielt viel Lob, André viel Kritik. Christina erhielt viel Lob, Lutz erhielt viel Kritik. Doreen erhielt viel Lob, Peter viel Kritik. Ich konnte einfach kein Prinzip dahinter erkennen, bis Peter irgendwann zu mir meinte, Herr Schubert würde Frauen bevorzugen. Ich konnte das nicht glauben. Peter untermauerte seinen Eindruck mit dem Hinweis, dass unser Seminarleiter Hanna, Nina, Regine, Christina und Doreen immer die Kreide vom Oberschenkel klopfen würde. Warum war ich nicht selbst darauf gekommen? Das hatte ich doch auch längst bemerkt. Mir hatte er schließlich nie Kreide von der Hose geklopft. Aber ich hatte mir immer eingeredet, der Griff auf den Oberschenkel sei eine unbeholfene Anerkennungsgeste für erbrachte Leistungen im Seminar und in den Unterrichtsbesuchen. Vielleicht tat ich das, weil ich mir nicht wirklich hatte vorstellen können, dass sich hinter der Fassade aus absoluter Bewertungsobjektivität ein Mann verbarg, der in seinem Dienst als Seminarleiter Frauen den Vorzug gab.

Doch zurück zur letzten Seminarstunde: Egal, welche Eigenschaften ich zu Herrn Schubert notieren würde, ich riskierte in jedem Fall etwas. Lobte ich ihn, indem ich ihm eine Qualität zuschrieb, die er gar nicht besaß, verlor ich bei den anderen Referendaren meinen nur bedingt gerechtfertigten Ruf, mich nicht zu scheuen, Vorgesetzten meine Meinung zu sagen. Äußerte ich, um ehrlich zu sein und weil mir nichts Positives einfiel, entgegen der Aufgabenstellung etwas Kritisches, zum Beispiel zur Bevorzugung der Referendarinnen, würde Herr Schubert dafür sorgen, dass ich nie Lehrer werden würde. Nach acht Jahren Studium. Und nach fast zwei Jahren Referendariat, wegen dem ich meine letzten Freunde verloren hatte und meine Beziehung zu Melanie auf der Kippe stand. Was war wichtiger? Natürlich mein Ruf. Trotzdem wollte ich nicht meine berufliche Zukunft verspielen. Konnte ich mein Unglück noch abwenden?

Ich meldete mich und unterbreitete folgenden Vorschlag: «Es ist wenig originell, immer nur positive Merkmale zu notieren. Wollen wir stattdessen nicht zwei Eigenschaften aufschreiben, die wir an unserem Nachbarn überhaupt nicht ausstehen können?» Herr Schubert zeigte sich nicht offen für diese Anregung und kommentierte meinen Vorschlag mit einem missbilligenden Kopfschütteln. Bereits mein zweiter Fauxpas an diesem Tag! Einige Minuten zuvor hatte ich gedankenversunken etwas zu laut vor mich hingemurmelt: «Scheiße! Scheiße! Zwei positive Eigenschaften von Herrn Schubert. Das ist doch unmöglich.» Zu diesem Zeitpunkt saß er bereits neben mir.

Am Ende überkam mich die Angst vor meiner eigenen Courage. Darum griff ich zu einer Kompromissformulierung, die in beide Richtungen interpretiert werden konnte, von den Referendaren als Kritik und von Herrn Schubert als Kompliment: «Ihnen ist es egal, ob Sie wegen Ihrer Strenge bei den Referendaren unbeliebt sind. Und Sie versuchen, wenigstens hin und wieder lustig zu sein.» Damit er meine ambivalenten Komplimente auch positiv deutete, klopfte ich ihm, während ich sie dem Kurs vorlas, heimlich unter dem Tisch auf seinen knochigen Oberschenkel.

Lehrerzimmer, Montag, Elegie in der Freistunde

André: Momentan denke ich echt, dass ick dit vielleicht nicht schaffe.

Ich: Ach Quatsch! Dit schaffste! Du bist doch viel besser als ich.

André: Weeßte, wat der zu mir gesagt hat: «Bei mir gibt es drei Anforderungsbereiche, Herr Groll: 1, 2 und 3. Und Sie haben mit Ihrer Stunde den Anforderungsbereich 0,5 erreicht ...»

Ich: Krass! ... Arsch! ... Na ja! Bei mir ist dit in Geschichte auch nicht wirklich besser mit meiner Seminarleiterin. Schon deren Blick, während die hinten drinsitzt. Da denkste schon am Anfang der Stunde: Scheiße, was ist jetzt wieder los? Die guckt so streng, als wärst du ein totaler Versager. Ich hab ja wiederholt versucht, sie zum Lächeln zu zwingen, indem ich sie einfach offensiv angelächelt habe. Hat aber nicht geklappt. Die hat nicht einmal zurückgelächelt.

André: Dabei habe ich die Stunde vorher noch Herrn Müller gezeigt und Frau Sauer. Die haben beide gesagt, dass die gut ist.

Ich: Man müsste mal die schlimmsten Reaktionen der Seminarleiter sammeln.

André: Müsste man.

Ich: Ich hab gehört, wie Christines Seminarleiter zu ihr meinte:
«Bis zu unserem Auswertungsgespräch haben Sie noch eine
Woche Zeit, um sich Gedanken zu machen, was heute nicht
so gelaufen ist. Nutzen Sie die Zeit. Es ist eine Menge da-
nebengegangen.»

André: Hier, im Lehrerzimmer?

Ich: Ja! Vor allen Leuten. Ich glaube, sogar Herr Stern war
anwesend. Ach übrigens: Der meinte neulich wieder zu
mir, ich hätte nicht die richtige Stimme für einen Lehrer, zu
monoton.

André: Spast! ... Weeßte, die verlangen immer, dass man
Schüler in ihrer Persönlichkeit ernst nimmt und die Stärken
hervorhebt. Aber selber behandeln se einen wie Dreck.

Ich: Und meine Geschichtsseminarleiterin meinte einmal zu
einer anderen Referendarin: «Schon beim Einstieg wusste
ich, dass Ihre Stunde in die Hose geht. Eigentlich wollte ich
da gleich wieder den Raum verlassen.»

André: Und der von heute hat zu einem anderen gesagt: «Sie
haben sich deutlich verschlechtert, Sie haben abgebaut, Ihre
Vorführung entspricht nicht ...»

Frau Baum: Pssst! Könnten Sie bitte leiser reden! Das ist wirklich anstrengend. Ich muss Klausuren korrigieren.

Ich bin einfach kein guter Verkäufer. Das hätten mir meine Französischkolleginnen glauben sollen. Dann hätten sie mich nicht dazu gedrängt, ihnen am Tag der Offenen Tür dabei zu helfen, unseren Fachbereich zu vertreten. Schließlich hat mich meine Unfähigkeit, ein Produkt an den Mann zu bringen oder auch nur glaubhaft dafür Werbung zu machen, schon so manchen Job gekostet. Zum Beispiel, als ich mir damit Geld verdienen wollte, den Passanten vor den Schönhauser-Allee-Arkaden Probe-Abos der *Berliner Zeitung* anzudrehen. Auf ablehnende Kommentare wie: «Ich mag die *Berliner* nicht», verteidigte ich das Blatt nicht, sondern entgegnete wahrheitsgetreu: «Na, ich mag die *Berliner* auch nicht. Was denken Sie denn, warum ich versuche, die loszuwerden?» Als ich, noch als Schüler, bei McDonald's jobbte, blickte ich beim Kassieren die Kunden nicht an, weil es mich beschämte, für diese Fast-Food-Kette zu arbeiten. Manchmal duckte ich mich hinter die Kasse, sodass man nur noch meine Hände sah, die die Bestellung eintippten. Heute weiß ich, mein Verhalten war falsch. Die McDonald's-Klientel hätte vor *mir* den Blick senken müssen, denn schließlich ist es viel erbärmlicher, dort etwas zu essen, als dort zu arbeiten. In Anbetracht meiner Schwierigkeiten im Umgang mit Kundschaft jeglicher Couleur ist es nicht verwunderlich, dass ich meine Rolle als Botschafter Frankreichs und seiner Sprache nur unzureichend ausfüllte, so sehr ich Land und Sprache schätze.

Oft nehmen die Schüler mir gegenüber kein Blatt vor den Mund, wenn sie ihre Meinung zum Fach bekunden: «Französisch ist voll langweilig! Hab escht keen Bock uff den Scheiß.» Ich kann es ihnen nicht verdenken. Schließlich ist es ihre Meinung. Ich kann nicht von ihnen erwarten, die Sprache zu mögen, bloß weil ich sie mag. Und wenn mir ein türkischer Schüler an den Kopf haut, alle männlichen Französischlehrer seien schwul, dann würde ich lügen, wenn ich dieser These widerspräche. Das stimmt einfach. Darum gibt es auch kaum männliche Französischlehrer, weil sich viele Schwule nicht zu ihrem Coming-out durchringen können. Ich bin eigentlich der einzige nicht-homosexuelle Französischlehrer in Berlin. Und somit sehe ich meine Entscheidung für dieses Fach ebenso als Kampf um die Gleichberechtigung sexuell anders orientierter Männer. Wenn die Schüler durch die Konfrontation mit mir begriffen haben, dass Lehrer dieses Faches nicht zwangsläufig homo sein müssen, wenn sich diese Korrelation im kollektiven Bewusstsein der Schüler aufzulösen beginnt, dann werden sich Schwule bestimmt wieder trauen, Französisch zu unterrichten.

Meinen Einwänden schenkte Frau Reiz kein Gehör. Unbedingt sei meine Teilnahme am Tag der Offenen Tür erforderlich, mahnte sie mich in ihrer strengen Art. Zum einen sei ich die einzige männliche Fachlehrkraft, könne also besser die weibliche Klientel ansprechen. Zum anderen sei ich der einzige Französischlehrer unter fünfundfünfzig, verkörpere also die Dynamik, auf die dieses Fach im Wettstreit mit Englisch und Spanisch angewiesen sei. Und schließlich sei ich als Einziger von ihnen schon in Frankreich gewesen.

So wartete ich nun im Raum 113 des Werner-Heisenberg-Gymnasiums zwischen drei etwa sechzigjährigen Kolleginnen – neben Frau Reiz noch Frau Flach und Frau Schalow – auf Eltern, die mit dem Gedanken spielten, ihren Nachwuchs ab der siebten Klasse für das Fach Französisch anzumelden. Wir gaben vermutlich kein wirklich gutes Bild ab. Frau Reiz stand steif in ihren

Stöckelschuhen da und drückte dabei ihre Brust so weit vor, dass sie mit ihrem dunkelblauen Hemd, ihrem blauen Halstuch, ihren dauergewellten kurzen blonden Locken und ihrer an einer goldenen Kette um den Hals hängenden Brille wie eine in die Jahre gekommene Pionierleiterin aussah. Frau Flach hatte Schutz suchend hinter unserer Fachbereichsleiterin auf einem Stuhl Platz genommen, aus chronischer Erschöpfung, aber vielleicht auch, damit ihre Alkoholfahne nicht bis zu eventuell auftauchenden Besuchern vordrang, und um ihre tiefen Tränensäcke und ihre gerötete Nase zu verbergen. Frau Schalow, die gute Seele des Fachbereichs, die mir vor jeder Lehrprobe immer Schokolade zusteckte, lächelte ihr wärmstes Lächeln. Obwohl sie kurz vor der Pensionierung stand und in einem unserer ersten Gespräche über die Schüler resigniert geseufzt hatte: «Zunächst sind die lieben Türken aus dem Wedding an unsere Schule gekommen, dann die bösen», hatte man, anders als bei ihren beiden um wenige Jahre jüngeren Kollegen, dennoch den Eindruck, dass sie sich gerade auch um die «bösen Türken» besonders bemühte, dass ihr gerade das Schicksal der schwierigen Schüler am Herzen lag. Dennoch sah man auch ihr an, dass sie nur noch eine kurze Zeit als Lehrerin vor sich hatte. Sie konnte folglich nur schwer einen energiegeladenen und modernen Fachbereich verkörpern. Für Dynamik und Modernität war tatsächlich allein ich zuständig. Die Frage war nur, ob ich im Kontrast zu meinen Kolleginnen und wegen meines DC-T-Shirts nicht eher wie ein Schüler der Oberstufe erschien, wenn auch einer mit Geheimratsecken.

Mein Wirken stand von Anbeginn unter einem schlechten Stern. So hatte ich es versäumt, etwas Landestypisches mitzubringen, weshalb wir mit dem werben mussten, was Frau Reiz, Frau Schalow und Frau Flach zur Verfügung stellten. Authentizität war in der heutigen Fremdsprachendidaktik das A und O. Auf dem Präsentationstisch lagen bei meiner Ankunft bereits die deutsche

Ausgabe von *Asterix der Gallier* und eine Schachtel *merci.* Diese beiden «authentischen» Materialien wurden von Frau Flach offeriert. Frau Schalow hatte eine Sammlung Paris-Postkarten ausgelegt, die ihr wohl Anfang der Neunziger vom Tourismusbüro der französischen Hauptstadt auf Anfrage zugeschickt worden waren. Frau Reiz schob ein Video über Frankreich in den Rekorder: «Video ist modern. Das kommt bei Schülern immer gut an.» Allerdings wusste niemand von uns, wie man eine so moderne Technik bedient. Deshalb musste uns Martin aus der 7 b die ganze Zeit über zur Seite stehen und die Kassette jedes Mal, wenn sie zu Ende war, wieder zurückspulen und erneut abspielen. Das Video wurde allerdings nur tonlos gezeigt, da es sich um einen Mitschnitt aus dem DDR-Schulfernsehen des Jahres 1987 handelte, in dem vor allem die Themen Arbeitslosigkeit, soziale Armut und der diskriminierende Umgang mit den Migranten in Frankreich behandelt wurden. Für den Unterricht fand es keine Verwendung mehr, aber als Stummfilm zum Tag der Offenen Tür war es in den Augen der Fachseminarleiterin noch zu gebrauchen.

Es war Augenwischerei, anzunehmen, mit diesem Dekor gegen die Engländer und Spanier bestehen zu können. Der Spanisch-Fachbereich wartete mit einer Powerpoint-Präsentation und einem Hip-Hop-Workshop auf. Im Fachbereich Englisch hatte man dank der Beziehung einer Austauschschülerin den Harry-Potter-Darsteller Daniel Radcliffe einladen können. Und als ob das nicht reichte, handelte es sich beim Raum 113 um einen der verwahrlostesten der ganzen Schule. Zwar hatte Frau Schalow immerhin die Schmierereien an den Wänden mit Plakaten zum letzten Schüleraustausch nach Poitiers verhängt. Aber die zahlreichen Löcher vom vielen jahrzehntelangen Stühlekippeln im graugelben PVC-Fußboden lagen frei wie eh und je. Und der herausgerissene Teil der Deckenverkleidung hinten links in der Ecke musste jedem Besucher sofort ins Auge stechen.

Doch der Andrang bei uns war erwartungsgemäß sehr überschaubar. Von 10 bis 14 Uhr dauerte der Tag der Offenen Tür. Bis 13 Uhr hatten sich gerade drei Besucher in den Raum 113 verirrt. Und «verirrt» war die treffende Bezeichnung. Es handelte sich um Sechstklässlerinnen auf der Suche nach Daniel Radcliffe. Frau Reiz versuchte sie zum Bleiben zu bewegen, indem sie auf mich deutete: «Das ist Daniel Radcliffe.» Aber die Mädchen ließen sich nicht foppen. Der Overhead-Projektor, mit dem wir die Trikolore und die Begrüßung *bienvenu* an die Wand projizierten, war bis zu diesem Zeitpunkt bereits fünfmal ausgegangen, weshalb der Gruß nun ohne Fahne – weil rote und blaue Kreide fehlten – an der Tafel stand. Um 13.30 Uhr gab Frau Reiz schließlich enttäuscht das Zeichen zum Aufbruch. Wir begannen, die Sachen zusammenzupacken. Gegen alle Erwartungen tauchte aber plötzlich doch noch eine Mutter mit ihrer Tochter auf.

Schnell stellte sich heraus, dass es eine Mutter von der unangenehmen Sorte war, eine, die für ihr Kind nur das Beste wollte und dafür mehrere Angebote verglich. Ohne mich zu konsultieren, kamen Frau Reiz, Frau Schalow und Frau Flach überein, dass ich der beste Ansprechpartner für diese Person wäre. «Am besten, Sie fragen unseren jungen Kollegen, Herrn Serin. Er kommt gerade von der Uni und macht wirklich sehr modernen Unterricht.» Woher sie das wissen wollten, war mir ein Rätsel. «In Englisch und Spanisch gibt es keine solchen jungen und dynamischen Kollegen.» Jetzt logen sie auch noch, denn André war am selben Tag geboren wie ich. Außerdem verschwiegen sie, dass ich die Schule bald zum Ende des Referendariats verlassen würde.

«Was machen Sie denn in der siebten Klasse so im Unterricht?», fragte die Mutter.

«Viel Grammatik und Vokabeltests.» Selbst hatte ich keine siebten Klassen, aber ich wusste aus den Hospitationen, was bei meinen drei Kolleginnen im ersten Lernjahr passierte.

«Wenn das modern ist, dann werden Sie den Kinder nicht vermitteln, dass man die Sprache später gebrauchen kann, zum Beispiel im Berufsleben.»

«Das kann man wahrscheinlich auch nicht», gab ich unumwunden zu. «Französisch ist heutzutage aus beruflichen Erwägungen ziemlich nutzlos. Die Sprache ist auf einem absteigenden Ast. Die möchte keiner mehr lernen, schon aus dem Grund, weil sie viel zu schwer ist. In zwanzig Jahren wird sie die gleiche Bedeutung haben wie Latein. Wer Französisch nimmt, kann eigentlich nur Lehrer werden. Allerdings bekommt er mit diesem Fach sowieso keine Stelle. Ich würde Spanisch empfehlen. Die Sprache ist zwar hässlich, aber man bekommt leicht gute Noten.»

«Meine Tochter hat Spanisch schon als erste Fremdsprache.»

«Dann soll sie Englisch nehmen, wenn sie etwas lernen möchte, das ihr beruflich etwas bringt.»

Die Mutter war weiterhin unschlüssig. Als sie aber von mir erfuhr, dass ich das Werner-Heisenberg-Gymnasium bald verlassen würde, wodurch der Altersdurchschnitt im Fachbereich auf sechzig Jahre anstiege, und dass Französisch in der Regel schlecht für die Abinote sei, weil auch die besten Schüler hier oft nur eine Drei bekämen, hatte ich ihr die Sprache tatsächlich ausgeredet. Das war zwar nicht meine Absicht gewesen, aber ich konnte nicht lügen. Und sie hatte mich auch nicht danach gefragt, ob die Sprache schön sei oder ob ich Frankreich mochte. Frau Reiz und Frau Flach nahmen mir meine Ehrlichkeit sehr übel. Selbst Frau Schalow schien enttäuscht. Dabei hatte ich sie alle gewarnt.

Raum 103, Dienstag, 10.59 Uhr, 5. Stunde, Französisch 11 a

Ich: Ahmet! Wann bekomme ich endlich meine Revanche im Armdrücken? Über Monate hältst du mich schon hin.

Ahmet: Nach Ihra Prüfung. Sie müssen trainieren!

34

DEN BEHINDIE KENNT HIER JEDER

In meinem Fach lag ein Zettel. «Herr Serin, morgen müssen Sie in der 8 n in der vierten eine Stunde Geschichte vertreten. Sprechen Sie sich dazu bitte mit Frau Jeschke ab.»

Wer war Frau Jeschke? Als neuer Vertretungslehrer kannte ich außer dem stellvertretenden Direktor noch keinen Kollegen beim Namen. Schließlich war ich erst drei Monate an der Hellersdorfer Fried-Gesamtschule, meiner zweiten Station nach dem Referendariat, und bis zum Ende des Schuljahres mehr als zwei Namen lernen zu wollen, wäre für mich ein utopisches Unterfangen gewesen. Ich musste mir schließlich bereits die der Schüler merken. An die wandte ich mich auch, genauer an Ferdinand aus der Siebten, den ich in Französisch unterrichtete:

«Sag mal Ferdinand, kennst du Frau Jeschke?»

«Natürlich! Die kennt hier jeder. Den Behindie.»

Mir war klar, dass ich mich auf sehr dünnem Eis bewegte: «Okay! Beleidigungen mal beiseite. Wie sieht Frau Jeschke denn aus?» Das war eine unglückliche, weil hochexplosive Frage, denn Ferdinands vorherige Äußerung ließ erahnen, welches die hervorstechenden Attribute von Frau Jeschke waren. Wahrscheinlich würde er einen krummen Rücken, O-Beine, einen Beckenschiefstand oder eine besonders große Brille anführen. Ich musste dann so tun, als seien mir solche Merkmale noch bei keiner Lehrkraft aufgefallen. In meiner Vorbildfunktion durfte ich bei den Schülern keineswegs den Eindruck erwecken, Menschen über ihre Äußerlichkeiten wahrzunehmen.

Als Lehrer durfte ich gegenüber Schülern Menschen nur als

Persönlichkeiten sehen, und wenn diese Persönlichkeiten selbst Schüler waren, dann als Erbringer von Leistungen. Am besten, man sprach vor Schülern nie über deren Mitschüler. Und wenn doch, dann nur in einer Weise, die keinen Anlass zu Spott boten. Übte ich im Französischunterricht Personenbeschreibungen, erschwerte mir das meine Aufgabe ungemein. Einmal ließ ich ein Spiel spielen, in dem es darum ging, in einer vorgegebenen Zeit einen Schüler aus der Klasse zu skizzieren, der anschließend von den anderen erraten werden musste. Die Klasse bildete zwei Mannschaften, und weil in der einen ein Mitspieler fehlte, sprang ich ein. Mein Selbstbild als Lehrer kostete unsere Mannschaft schließlich den Sieg, da ich bei den Charakterisierungen nicht auf die Äußerlichkeiten eingehen konnte, sondern nur auf Kompetenzen: *Die Sachkompetenz der Person ist solide und mit Einschränkungen verfügbar, allerdings nur teilvernetzt. Was die Mitarbeit betrifft, so sind die Beiträge meist nicht weiterführend und zeugen von geringem Ausdrucksvermögen. Die Beteiligung ist leider nur schwach und selten situationsgerecht. Im Bereich der Methodenkompetenz gelingt es der Person nur mit Einhilfe, die angemessenen Strategien, Methoden und Techniken zu finden, wobei das Zeitmanagement eindeutig defizitär ist. Das zeigt sich auch in der Lernsteuerung, wo die Person nur bei begleitender Animation geeignete Lernstrategien findet. Erfreulich ist die Kooperation der Person: Sie entwickelt Initiative, übernimmt Verantwortung und zeigt Fähigkeit zur Selbstkritik.* Da ich Französisch sprach, verwundert es im Nachhinein nicht, wieso uns Punkte durch die Lappen gingen. Ein einfaches: *Die Person ist fett und riecht* hätte uns den Sieg beschert, mich als Vorbild aber unwiderruflich diskreditiert.

Dabei nehme ich Menschen fast ausschließlich über Äußerlichkeiten wahr. So merke ich mir beispielsweise am schnellsten die Namen der Schüler, die auffällige körperliche Defizite haben, oder Schülerinnen, die besonders wohltuend für mein Auge sind.

Leistungen im Unterricht hingegen sind das denkbar wirkungsloseste Mittel, um sich in meinem Gedächtnis festzusetzen. Auch

wer sich bei mir jede Stunde noch so sehr ins Zeug legt – wenn er nicht wenigstens eine kleine körperliche Anomalie oder eine interessante Verhaltensauffälligkeit hat, kann er nicht erwarten, dass ich am Ende des Schuljahres seinen Namen bereits weiß.

Dass ich nicht der einzige visuelle Typ bin, erfuhr ich regelmäßig im Lehrerzimmer. Hier, geschützt von den Wänden einer ganzen Institution, wurde deutlich offener als in den Klassenräumen geredet. Oft hatte ich erleben müssen, wie Kollegen, wenn sie nicht sicher waren, ob sie über den gleichen Schüler sprachen, äußerliche Merkmale heranzogen:

«Dennis aus der Achten? Das ist doch der mit den vielen Pickeln?»

«Nein! Das ist Robert.»

«Ach so! Aber wer ist dann Dennis?»

«Dennis lässt immer den Mund offen stehen, so, als sei er schwachsinnig.»

«Ach, den meinst du! Na klar. Ich glaub, der ist aber wirklich ein bisschen schwachsinnig.»

Oder ein anderes Beispiel:

«Meinst du Cindy Kröger?»

«Nein, nicht Cindy Kröger. Cindy Schmidt.»

«Die, wo der Arsch immer so rausguckt, mit den großen Möpsen?»

«Genau! Warum die überhaupt noch auf der Schule ist und nicht auf'm Strich, wundert mich bei ihrem Aussehen echt.»

Natürlich sind nicht alle so ehrlich. Lehrerinnen achten auch gegenüber Kollegen mehr auf die inneren Werte:

«Dennis aus der Achten. Das ist doch so ein ganz Fleißiger, oder?»

«Nein! Das ist Robert.»

«Ach so! Aber wer ist dann Dennis?»

«Dennis ist manchmal fleißig, manchmal unaufmerksam.»

«Ach, den meinst du! Na klar. Ich glaub, der ist aber manchmal auch ein bisschen überfordert.»

Oder ein anderes Beispiel:

«Meinst du Cindy Kröger?»

«Nein, nicht Cindy Kröger. Cindy Schmidt.»

«Die, die immer so frech ist?»

«Genau! Bei der wundert mich, warum die überhaupt noch auf der Schule ist und nicht schon im Heim.»

Lehrer durften vor Jugendlichen aber ebenso wenig Abwertendes über Kollegen verlauten lassen – das war schlimmer, als Mitschüler zu verunglimpfen. Nur wenn man als geschlossene, amorphe und nicht auseinanderdividierbare Masse in Erscheinung trat, saß man als Pädagoge auf Dauer am längeren Hebel. Damit einher ging die Verpflichtung, vernichtende Äußerungen von Schülern über das Aussehen oder über Verhaltensauffälligkeiten von Kollegen nicht dadurch zu bestätigen, dass man zugab, diese Besonderheiten seien einem ebenfalls bereits aufgefallen. Zu Beginn meines Referendariats hatte ich in dieser Hinsicht einen ziemlichen Fauxpas begangen. Karol aus der neunten Klasse wollte von mir wissen, ob ich Herrn Reich kenne. Ich verneinte und bat den Schüler um eine Beschreibung:

«Na ja. Der riecht aus'm Mund immer nach Alkohol.»

«Weißt du, Karol, das hilft mir jetzt aber nicht weiter. Fünfundvierzig Prozent aller Lehrer an dieser Schule haben regelmäßig eine Fahne.»

Schon diese Äußerung hätte mir nicht unterlaufen dürfen. Aber dass ich meinen Schülern dann die von mir des Alkoholismus verdächtigten Kollegen in diversen Hofpausen auch noch zeigte, war ein Fehler, der nur einem Anfänger unterlaufen konnte und mir im Kollegium viele Feinde einbrachte.

Gegenüber Ferdinand würde mir so etwas nicht passieren.

«Okay! Beleidigungen mal beiseite. Wie sieht Frau Jeschke aus?»

«Na ja. Die sitzt im Rollstuhl.»

«Aha!» Ich stellte mich unwissend. «Gibt es sonst noch etwas, woran man sie erkennen kann? Wie ist sie so vom Charakter?»

Ferdinand konnte mir das natürlich beantworten, aber ich wusste längst, wen er meinte. Außerdem hätte mir eine Beschreibung ihrer Persönlichkeit sowieso nicht weitergeholfen, denn bisher kannte ich schließlich noch keinen Kollegen wirklich.

In der nächsten Pause begegnete ich Frau Jeschke in der Kantine. Sie sprach gerade mit einem meiner Schüler:

«Sag mal, kennst du Herrn Serin?»

«Natürlich! Sie meinen den Zwerg.»

Ihre Reaktion schockte mich noch mehr als die Äußerung des Schülers. «Ach, den meinst du. Wir nennen den Liliput. Aber nicht weitersagen!»

Zu Hause, Dienstag, 16.32 Uhr

Melanie: Schon wieder!? Aber du warst doch erst vor einer Stunde.

Ich: Muss ich mich jetzt dafür auch noch erklären?

Melanie: Hast du denn irgendwas gegessen, was vielleicht schlecht war?

Ich: Mann!! Das ist wegen der Lehrprobe! Weißte doch!

Melanie: Aber die ist doch erst nächsten Montag ... Mach wenigstens das Fenster auf.

«Drehst du mir jetzt auch noch den Rücken zu!? Ist ja toll! Wozu schlaf ick überhaupt noch bei dir?»

«Mann ey! Muss dit jetzt sein?»

Fünf Stunden am Computer hatte ich hinter mir und war nachts um eins erschöpft ins Bett gekrochen mit der frustrierenden Gewissheit, in der Planung meiner nächsten Lehrprobe in zwei Wochen keinen Schritt weitergekommen zu sein. Ich wollte einfach nur noch schlafen und mir nicht von Melanie Vorwürfe anhören müssen, weil ich falsch herum lag.

«Leg dich doch gleich neben die Matratze.»

«Is ja jut! Können wir dit vielleicht ein anderes Mal besprechen? Ich hab morgen nullte Stunde.»

Melanie schwieg. Eine ganze Weile. Hatte sie etwa ein frühes Einsehen? Passte eigentlich nicht zu ihr. So weich und zart ihre äußere Erscheinung auch war, so hart und unnachgiebig war meine Freundin im Ausfechten von Meinungsverschiedenheiten.

«Früher haste mir nicht den Rücken zugedreht.»

«Oh, Mann, ey! Stimmt doch gar nicht! Ich hab dis auch früher so jemacht. Hab ick dir doch erklärt: Ick kann dir nicht das Gesicht zuwenden, weil ick mich sonst eingeengt fühle. Und weil ick dann keine Luft kriege. Ich brauch zum Schlafen freie Sicht.»

Wieder Schweigen. Nur ihr leises Atmen war zu vernehmen.

«Und außerdem ist die Rückenhaut sehr sensibel bei mir. Kannst dich ja gegen kuscheln. Ist ja nicht nur meine Aufgabe zu kuscheln.»

Immer noch keine Antwort.

«Du fasst mich auch sonst nicht mehr an.»

«Sag mal, spinnst du? Dit stimmt doch gar nicht!»

«Doch.»

«Neee!»

«Doch!»

«Nee!»

Melanie konnte es einfach nicht lassen, durch pauschalierende und falsche Behauptungen überzogene Kritik an mir zu üben. Wenn wir stritten oder auch nur diskutierten, dann wurde sie zur undifferenziertesten und unsachlichsten Person, die mir je begegnet war. Immer. Ausnahmslos.

«Dafür, dass wir schon so lange zusammen sind, und dafür, dass ich im Referendariat bin, fasse ich dich aber noch recht oft an. Du solltest mal Gustav sehen.» Gustav war ein fiktiver Referendar aus meinem Hauptseminar, den ich immer ins Feld führte, wenn ich jemanden brauchte, dessen Beziehung noch schlechter lief als meine. Allerdings hätte ich auch André, Lutz und Thomas ins Spiel bringen können, die mit ihrer Freundin überhaupt nicht mehr zusammen waren. Aber von Trennung fing ich besser nicht an, um Melanie nicht auf dumme Gedanken zu bringen.

«Mach du mal Referendariat!»

«Weißte, ich kann es nicht mehr hören! Referendariat hier, Referendariat dort. Am Anfang hast du mir versichert, dass es mit der Zeit besser wird. Und was hat sich geändert? Du sitzt noch genauso lange am Unterricht wie zu Beginn.»

«Kann ick was dafür, dass ick jetzt bis auf die Elfte in Französisch nur neue Klassen habe, dass ich zehn Stunden habe, obwohl eigentlich nur acht zulässig sind? Oder für die Vertretungsstunden. Kann ick was dafür, dass die Geschichtslehrbücher so schlecht sind? Und dass sich Geschichte so schwer vorbereitet. Ruf doch mal die anderen aus meinem Seminar an! Frag die mal, ob

die schneller sind. Ob die vor mir im Bett sind. Frag mal André. Und der hat nicht Geschichte.»

«Ich bin mit dir zusammen und nicht mit den andern. Du hast auch eine Verpflichtung mir gegenüber, nicht nur gegenüber Herrn Schubert, Frau Stahl und deinen Schülern. *Ich* bin deine Freundin.»

Am meisten regte es mich auf, dass sie ihren Vorwurf und ihre Enttäuschung so ruhig vortrug. Als solle mir ihr zurückgenommener Ton die Überlegenheit ihrer Argumente signalisieren.

«Ja, aber du wusstest vorher, dass das eine harte Zeit wird. Das hatten wir diskutiert. Und du hattest mir versprochen, mich zu unterstützen. Ich werde dich schließlich auch unterstützen, wenn du deinen Facharzt machst.»

«Was mach ich denn bitte seit über einem Jahr? Ich koch dir regelmäßig dein Essen, besorge deine Einkäufe, putze, obwohl ich nicht hier wohne. Ich wasche deine Wäsche. Ich pflege dich, wenn du krank bist. Ich tröste dich, wenn deine Lehrprobe schlecht gelaufen ist. Wenn du betrübt bist, weil die Schüler scheiße sind.»

«Ja, aber das nützt mir nichts, wenn du mir deswegen dauernd Vorwürfe machst und mich nicht schlafen lässt. Dann brauchste mich auch nicht zu unterstützen.»

Eigentlich war dieses Argument so gut, dass Melanie darauf keine Erwiderung finden konnte. Sie fand, nach einer kurzen Pause, dennoch eine:

«Trotzdem! Auch wenn das Referendariat eine extreme Zeit ist. Du musst lernen, dir Grenzen zu setzen. Dass auch mal Schluss ist mit Schule. Wie soll dir das später gelingen, wenn du sechsundzwanzig Unterrichtsstunden hast? Denkste, da ist das einfacher? Das ist bestimmt nicht weniger Arbeit. Außerdem kannste noch so viel tun, eine gute Note garantiert dir das auch nicht. Herr Schubert hält doch sowieso nicht viel von dir. Was machste, wenn du trotz all der Arbeit nur 'ne Drei bekommst? Was is'n dann?»

«Drei wäre okay. Hauptsache bestehen!»

«Haha. Dit möchte ick sehen. Heul'n wirste!»

«Gar nicht!»

«Is mir auch egal, ob Drei, Eins oder Durchgefallen. Ich will einfach, dass du mir auch in schwierigen Phasen hin und wieder zeigst, dass unsere Beziehung, dass ich dir wichtig bin.»

Wir schauten jetzt beide zur dunklen Decke.

«Seitdem du im Referendariat bist, haben wir nichts mehr unternommen.»

«Wieso? Wir haben doch *Little Miss Sunshine* gesehen.»

«Das ist ein Jahr her.»

«André war gar nicht im Kino.»

«Jetzt hör endlich mit André auf! Oder mit Gustav oder wie die alle heißen!» Melanie klang das erste Mal gereizt. Vielleicht, so überlegte ich, sollte ich jetzt besser einlenken, ihr irgendetwas versprechen, damit unser Streit nicht eskalierte und ich gar nicht mehr zum Schlafen kam.

«Gut, dann gehen wir halt …»

«Und Sex hatten wir genauso lange nicht mehr.»

Typisch. Wenn man ihr die Hand reichen wollte, wechselte sie einfach das Thema. So, als sei sie gar nicht an einer Versöhnung interessiert.

«Du weißt doch, dass das auch hier sehr hellhörig ist!»

«Wenn wir bei mir sind, ist das auch nicht anders.»

«Und du weißt auch, dass ich oft krank war. Aber ich verspreche dir, dass wir mal wieder Sex haben. Am Wochenende. Ist das für dich okay?»

«Du hast sowieso nicht den Kopf frei. Dann kannste doch wieder nicht.»

«Doch! Ich kann! Versprochen!»

Ich wusste nicht, woher ich diese Zuversicht nahm, was meine sexuelle Performance betraf. Denn meine Leistungen im Bett waren ein sicherer Indikator dafür, wie es mir insgesamt ging. Und gut ging es mir bekanntlich nicht. Vielleicht schöpfte sich meine

Hoffnung daraus, dass ich immerhin noch gelegentlich Kraft fürs Onanieren fand. Oder ich hatte einfach nur irgendetwas geantwortet, was meinen guten Willen unterstreichen sollte und mir im Streit eine Atempause verschaffen würde.

«Außerdem hast du unseren Jahrestag vergessen.»

Schon wieder wechselte Melanie unvermittelt das Thema. In meinem eigenen Interesse war es wohl nicht ratsam, sie jetzt auf eine mangelnde Kohärenz ihrer Argumente hinzuweisen.

«Aber André … äh … ich meine, tut mir leid. Es kommt nicht wieder vor.»

Da mir keine bessere Entschuldigung einfiel, drehte ich mich zu ihr, um mich reuig an ihren warmen Körper zu schmiegen. Ich war bereit, Atemnot in Kauf zu nehmen und so meine Vergesslichkeit zu sühnen. Weil ich mich wirklich schämte. Und weil ich hundemüde war und hoffte, dass sie mich dadurch endlich schlafen lassen würde. Und Melanie ließ mich tatsächlich schlafen. Allerdings wandte sie mir nun selbst ihren Rücken zu. Das empfand ich doch als ein bisschen widersprüchlich.

HERR SERINCHEN

«Herr Serin, kommen Sie bitte! Ich bringe Sie in den Vorbereitungsraum.» Jetzt war der Moment gekommen, um meinen Direktor unter Druck zu setzen. Eben hatte ich meine beiden Examensstunden gehalten und in den nächsten dreißig Minuten würde die Prüfungskommission über meine Noten verhandeln, deren Mitglied Herr Stern war. Zu meinem Leidwesen hatte der sich in den zwei Jahren, in denen ich an seiner Schule Referendar war, nicht gerade als ein großer Fan von mir erwiesen. Das war mir aber erst mit der Zeit klargeworden.

Sofort an ihm aufgefallen war mir allerdings ein mich anwidernder Spleen. Namen von Kollegen, die bereits lange an der Schule arbeiteten, wurden von Herrn Stern durch das Suffix *chen* verniedlicht, offenbar als Ausdruck von Sympathie. Aus Frau Witt wurde so Frau Wittchen, aus Frau Ullrich Frau Ullrichchen und aus Frau Chen Frau Chenchen. Wenn dann noch ein Hallöchen hinzugefügt wurde, sträubten sich mir die Nackenhaare. Obwohl er meinen Namen nicht dergestalt verunglimpfte, ahnte ich nicht, dass er mir nicht gewogen war. Denn schließlich erkundigte er sich in den ersten Monaten meines Referendariats sogar hin und wieder danach, wie es mir am Werner-Heisenberg-Gymnasium gefalle. Es war fast ein bisschen putzig, wie der kleine, dicke, glatzköpfige, rotwangige Herr Stern das Lehrerzimmer betrat und mit tänzelnden Schritten zu mir an den Tisch kam, um nach meinem Befinden zu fragen.

Bald begriff ich jedoch, dass dahinter kein ernst zu nehmendes Interesse an meinem Wohl stand. Die nur gespielte Anteilnahme offenbarte sich mir, nachdem ich die ersten gravierenden Disziplinprobleme in meiner achten Klasse zu beklagen hatte. Als Herr Stern wieder einmal von mir wissen wollte, wie es so laufe, entschied ich, mich ihm anzuvertrauen:

«Also, mit der Neunten und der Elften läuft es gut. Aber meine achte Klasse mobbt mich. Ich habe jedes Mal Bauchschmerzen, wenn ich in den Unterricht gehe. Und die Nacht davor kann ich nur mit Tabletten einschlafen.»

Zugegeben, möglicherweise schüttete ich meinem Vorgesetzten etwas zu freimütig mein Herz aus, aber er hatte schließlich extra sein Büro verlassen und mich aufgesucht, um sich nach meinem Befinden zu erkundigen. Zudem luden seine jovial-gemütliche Art, seine Geselligkeit und seine legere Kleidung – Turnschuhe, Jeans und ein nicht ganz bis oben zugeknöpftes Hemd – dazu ein, sich vertrauensvoll zu öffnen. Man hatte eher den Eindruck, vor einem Kumpel denn vor einem Vorgesetzten zu stehen. Erst viel später schwante mir, dass hinter seinem scheinbaren Interesse wohl eher die Neugier stand, herauszufinden, ob ich meinen Aufgaben gewachsen war oder zu den überforderten Referendaren gehörte. Und sein damaliger Rat war dann logischerweise auch keiner, der mir weiterhalf:

«Sie gehen schon Ihren Weg.»

Ähnlich erging es mir, als ich ihm Wochen später davon berichtete, Tancan und Cemal aus eben dieser Achten hätten mir in der Stunde zuvor mit körperlicher Gewalt gedroht. Eigentlich hatte ich mich in der Erwartung an ihn gewandt, meine Mitteilung würde zu einer Ordnungsmaßnahme gegen die Schüler führen, zum Beispiel einer Suspendierung vom Unterricht oder der Umsetzung in eine andere Klasse. Stattdessen beließ er es bei den bekannten Worten: «Sie gehen schon Ihren Weg.»

In jenem Moment fragte ich mich, ob er ebenso reagieren würde, wenn er von mir damit konfrontiert worden wäre, dass ich aufgrund eines tätlichen Übergriffs eines Schülers fortan im Rollstuhl in der Schule erscheinen müsste. Bei Mahmoud aus der Zehnten, der mir ebenfalls Prügel in Aussicht gestellt hatte, durfte ich mich am Ende ohne Herrn Sterns Beistand mit dem Schüler und seiner nur Arabisch sprechenden Mutter über die Konsequenzen beraten.

Selbst wenn es für mich tatsächlich brenzlig wurde, konnte ich nicht auf ihn zählen. Bei einer Hofaufsicht am Tor 1, dem Einlass zum Hof 1, stand ich im zweiten Ausbildungshalbjahr einmal fünf sechzehn- bis achtzehnjährigen Arabern gegenüber, die nicht zur Schule gehörten, aber trotzdem aufs Gelände drängten, weil sie mit einem Russen aus der Zehnten noch eine Rechnung zu begleichen hatten. Umgehend schickte ich einen meiner Schüler zu Herrn Stern, um ihn darüber zu benachrichtigen. Das tat ich nicht aus Angst, denn ich war ja älter als die fünf Araber, sondern weil es das Schulrecht so vorsah. Herr Stern erschien auch, verschaffte sich aus sicherer Distanz einen raschen Überblick von der Lage und verabschiedete sich von mir mit den Worten: «Ich sehe, Sie haben alles im Griff. Lassen Sie die nicht auf den Schulhof!» Ich blieb allein mit den Typen, von denen einer bereits sein Butterfly-Messer schwang.

Zunächst nahm ich an, Herr Stern verschwand, weil er die Polizei rufen wollte. Auf diese wartete ich aber bis zum Ende der Pause vergeblich. Tatsächlich hatte er sich wie ein Erdhörnchen schnell wieder in sein Loch verkrochen, das in seinem Fall sein Büro war. Die fünf Jugendlichen bekam ich nur deswegen gebändigt, weil ich sie mit ein paar arabischen Beleidigungen beeindrucken konnte, die ich mir von einem meiner Schüler vorsorglich hatte aufschreiben lassen, um zu wissen, mit welchen Worten man mich im Unterricht gerade beschimpfte. Und weil ich den Eindringlingen versprach, dem Russen das Leben auf der Schule zur Hölle zu machen.

Hatte mich Herr Stern nun aus Desinteresse oder aus Feigheit im Stich gelassen? Für Letzteres sprach so einiges.

So besaß er nicht das Rückgrat, sich mit Schülern oder Eltern anzulegen. Weil unsere Schule einen schlechten Ruf und Jahr für Jahr weniger Anmeldungen hatte, war jeder Schüler willkommen und musste gehalten werden. Unsere Lehrer mussten auf den Schulen im angrenzenden Wedding regelrecht um Schüler werben. Der Zwang, jeden zu akzeptieren, hatte zur Folge, dass unser Gymnasium auch von manchen Jugendlichen besucht wurde, die in einer Jugendstrafanstalt deutlich besser hätten betreut werden können. Bei uns genossen sie praktisch Narrenfreiheit. Herrn Stern sah lieber weg, statt gewalttätigen Schülern Einhalt zu gebieten. So wie er ohne zu reagieren vorbeiging, wenn vor ihm jemand Müll auf den Boden fallen ließ. Kein Wunder, dass die Schule innen wie außen verfiel. Wenn sich Herr Stern nicht zuständig fühlte, warum sollten sich Lehrer oder Schüler daran stoßen, dass in jeder Etage mindestens ein Wandschrank herausgerissen war, dass an manchen Stellen Elektrokabel von der Decke hingen und dass man zu den Klos auch mit geschlossenen Augen fand, indem man dem Geruch folgte. Viele Kollegen hatten die Schule längst aufgegeben und warteten nur noch auf eine in Aussicht gestellte Zusammenlegung mit einem anderen Gymnasium.

Nur ein einziges Mal war während meines Referendariats Jugendlichen ein Verweis von der Schule angedroht worden – nachdem diese Schüler eine Lehrerin zusammengeschlagen hatten. Dabei hatte unser Schulleiter jedoch darauf geachtet, dass nicht er, sondern eine Kollegin diese Nachricht der betroffenen Klasse und den Eltern übermittelte. Herrn Sterns Beitrag zu diesem Vorfall beschränkte sich auf einen selbst verfassten Brief, den er am Infobrett im Foyer aushängte:

Liebe Schülerinnen und Schüler des Werner-Heisenberg-Gymnasiums! Letzte Woche Montag kam es wieder zu einem tätlichen Übergriff auf eine Kollegin. Diese wurde dabei verletzt. Mittlerweile geht es ihr glücklicherweise wieder besser. Dennoch erschüttert mich so ein Verhalten. Wir werden eine Gesamtkonferenz einberufen und die beteiligten Schüler zur Rede stellen. Das Ausmaß an Vandalismus und Gewalt an dieser Schule ist nicht mehr tolerabel. Einige von Euch scheinen vergessen zu haben, dass wir uns hier auf einem Gymnasium befinden und nicht in Afghanistan oder im Irak. Ihr wollt hier Euer Abitur machen. Doch das Verhalten einiger von Euch lässt mich daran zweifeln, ob Ihr dazu willens und in der Lage seid. So macht es mir jedenfalls keinen Spaß mehr, Direktor an dieser Schule zu sein. Und den Lehrern macht es immer weniger Spaß, hier ihren Dienst zu verrichten. Denkt daran, wenn Ihr das nächste Mal Eure Faust erhebt. Gezeichnet: Stern.

Den angesprochenen Schülern müssen ob dieser Worte vor Angst die Knie geschlottert haben. Am Tag nach dem Anbringen dieser Notiz hatte jemand Sterns Unterschrift durchgestrichen und durch das Wort «Gandhi» ersetzt. Vielleicht sogar ein Lehrer. Es war ohnehin sehr ungewiss, ob überhaupt ein Schüler das Schreiben komplett gelesen und verstanden hatte, da es in seiner Länge deutlich alles überbot, was an Texten im Unterricht behandelt wurde. Es hätte sich in Stil und Länge besser an einer SMS orientieren sollen: *Hi. Einer hat Frau Rösel geschlag. Das ist nicht lol. CU. Stern.*

Nur ganz wenige Menschen hatten von Herrn Stern überhaupt etwas zu befürchten: Referendare, die bei ihren Ausbildern nicht wohlgelitten waren. Denn er schloss sich grundsätzlich der

Meinung der Seminarleiter an, verstärkte sogar noch deren Kritik, weil er nicht den Mut besaß, gegen die Ausbilder eine eigene Meinung zu vertreten. Es war somit ziemlich ausgeschlossen, dass Herr Stern, wenn es um meine Note für die beiden Examensstunden ging, in der Prüfungskommission freiwillig für mich Partei ergreifen würde. Dennoch brauchte ich jede Stimme, gerade weil Herr Schubert und Frau Stahl eher wenig von mir hielten. Da ein Werben um seine Gunst von meinem Direktor sicher als Schwäche ausgelegt werden würde, blieb eigentlich nur ein Mittel: Erpressung. Zum Glück wusste ich, dass Herr Stern einst bei der Stasi war. Das hatte mir ein Freund berichtet, der zu DDR-Zeiten bei ihm Physikunterricht gehabt hatte. Genau genommen hatte er gemeint, es würde ihn bei Herrn Stern nicht verwundern, wenn dieser bei der Stasi gewesen wäre. Vorstellen konnte ich es mir, denn er tratschte immer sofort alles weiter, was anderen schadete. Zudem konnte man Restzweifel nie ausschließen, selbst wenn etwas vermeintlich bewiesen war.

Meine Klassen hatte ich bereits über die Verstrickungen ihres Direktors in ein Unrechtsregime informiert. Sollte ich jetzt schlechter als 2,4 abschneiden, würde auch die Prüfungskommission davon erfahren. Diese Warnung wollte ich Herrn Stern, während er mich zum Vorbereitungsraum für die noch ausstehende mündliche Prüfung führte, mit auf den Weg geben. Doch irgendwie brachte ich die Drohung dann doch nicht über die Lippen. Als er sich zur Beratung über die Noten verabschiedete, war ich nur imstande, folgende Worte zu sagen: «Bis dannchen!»

Zu Hause, Freitag, 21.04 Uhr
Ich: Du, ich kann jetzt nicht telefonieren ... Na, weil ich 'ne Lehrprobe hab ... Donnerstag. Ja ... Versprochen!

Als ich kurz vor der dritten Stunde den Raum 104 aufschloss, bedrängten mich alle Schüler der 11 a, die ich in Französisch unterrichtete, mit derselben Frage: «Und, haben Sie bestanden?» Es ging um meine Staatsexamensprüfung, die ich am Tag zuvor abgelegt hatte. Ich kam nicht dazu, auch nur einen Satz zu Ende zu sprechen: «Ja …», setzte ich an, und umgehend brachen Essraa, Ailyn und Nedime in einen ohrenbetäubenden Gesang aus, der zehn Minuten nach Beginn der Unterrichtsstunde noch nicht verebbt war und der begleitet wurde von einer Streetdance-Performance, mit der die Mädchen beim Casting zu *Germany's Next Dancestar* gute Chancen hätten. Eigentlich hatte ich tief verbittert und sarkastisch erklären wollen: «Ja, ich habe bestanden, aber mit einem Notendurchschnitt, der mich ein Leben lang davor bewahren wird, als Lehrer arbeiten zu müssen.»

Das Absurde an meiner Enttäuschung war, dass ich mir vor meiner Prüfung und das ganze Referendariat hindurch eingeredet hatte, schon zufrieden zu sein, wenn ich überhaupt bestehen würde. Aber mit diesem Widerspruch stand ich nicht allein da. Die meisten Lehramtsanwärter hatten im Vorfeld des Staatsexamens für sich nur ein Minimalziel formuliert: «Einfach nur durchkommen!» Sehr verbreitet war zudem die Beteuerung, eigentlich gar nicht Lehrer werden, sondern sich mit dem Zweiten Staatsexamen lediglich eine zusätzliche Option zum Beruf des Künstlers erschließen zu wollen. Leider bestand für mich diese Option nicht, da ich kein Künstler war. Ein Referendar trieb die selbstschutzindizierte Abgrenzung von seinem eigentlichen Be-

rufswunsch gar so weit, dass er zur Prüfungskommission meinte:
«Ach, wissen Sie, ich muss nicht unbedingt Lehrer werden. Ich

kann auch jederzeit bei meinem Bruder in der Sauna anfangen.»
Als er dann tatsächlich nicht bestand, versank er in einer tiefen
Depression mit Selbstmordversuch. Ich weiß nicht, wie ich auf
ein Durchfallen reagiert hätte, aber wohl kaum gelassen. Denn
selbst meine bestandene Prüfung schockte mich nachhaltig, weil
ich mich viel zu ungerecht benotet fühlte. Und schon lange vor
dem Examen hatten mich meine Selbstschutzstrategien im Stich
gelassen: *Es ist nur eine Prüfung! Es ist nur eine Prüfung! Es ist
nur eine Prüfung! Stephan, mach dich nicht verrückt! Selbst wenn
du es nicht schaffst, egal! Du willst doch sowieso nicht Lehrer werden. Es ist nur eine Prüfung! Dein Wert als Mensch bemisst sich
nicht an deinem Zweiten Staatsexamen! Du bist trotzdem ein
Mensch!* Täglich hatte ich mich mit diesem Mantra zu beruhigen
versucht. Ohne Erfolg. Für Autosuggestion war ich einfach nicht
geschaffen.

Überhaupt waren die letzten Monate die Hölle gewesen. Bereits acht Wochen vor meiner Prüfung am 20. Mai hatte ich das
letzte Mal eine Nacht durchgeschlafen. Eine Woche darauf hatte
sich Melanie von mir getrennt, weil sie nicht mehr mit einem
Mann zusammensein wollte, der mittlerweile gar keine Stärken
mehr besaß, sondern ausschließlich Schwächen. Weil sie es leid
war, mich immer nur aufbauen zu müssen. Den letzten Kontakt
zu Menschen außerhalb des Universums Schule hatte ich am 20.
April, als ich meinen Vater zu seinem Geburtstag besuchte. Immerhin raffte ich mich am 1. Mai noch zu einem Telefonat mit
meiner Mutter auf. Um sie zu bitten, mich bis zum 20. Mai nicht
mehr zu stören.

Sämtliche folgenden Nachmittage und Nächte hatte ich vor dem
Computer verbracht, an den Wochenenden auch die Vormittage.
Essen hatte ich mir bringen lassen, weil es zu lange gedauert hätte,

selbst welches zuzubereiten. Saft, den ich in der Küche vergossen hatte, war bis nach dem 20. Mai auf dem Boden kleben geblieben, so sehr waren meine Gedanken vom Tag X eingenommen.

Die Prüfungsvorbereitungen hatten auch meinem Körper noch in einem besonderen Maße zugesetzt. Schon vor dem Referendariat hatte mich ein seltsamer chronischer Druck in der Bauchgegend belastet, den keiner der aufgesuchten Gastroenterologen zu erklären oder gar zu heilen vermochte. Vor jedem Unterrichtsbesuch meines Hauptseminarleiters und meiner Fachseminarleiterinnen hatte ich in den vergangenen zwei Jahren diarrhöbedingt tagelang auffällig oft die Toilette aufsuchen müssen. Und im letzten Monat vor meiner Prüfung nahm mein Haarausfall bedenkliche Ausmaße an. Mittlerweile bereitete es mir Mühe, meine Haare so zu legen, dass man nicht von einer Halbglatze sprechen konnte. Dabei hatte ich sie vor dem Referendariat zu einem Zopf binden können.

Und dann war da noch das Schwitzen. Seit Anfang April war ich jeden Morgen völlig klatschnass und durchgeschwitzt erwacht. Ich hatte in der Nacht so viel Flüssigkeit verloren, dass es mir ein Rätsel gewesen war, wieso ich nicht vertrocknete und für den Tag überhaupt noch Schweiß übrig blieb. Eigentlich hätte meine Haut brüchig werden und ich zu Staub zerfallen müssen. In der Schule hatte ich nur noch Schwarz getragen, damit ich meine Kleidung nicht ständig wechseln musste. Die Schüler hätten es sicherlich seltsam gefunden, wenn ich sie alle fünf Minuten aufgefordert hätte: «So, Augen zu! Jetzt machen wir eine Fantasiereise. Stellt euch vor, ihr seid an einem weit entfernten Ort! Ich sag euch Bescheid, wenn ihr die Augen wieder öffnen dürft» – nur um in der Zwischenzeit ein frisches Shirt oder Hemd anzuziehen. Dennoch hatte ich mich kaum getraut, meine Arme zu heben, denn vielleicht sah man trotz des dunklen Outfits doch etwas. Meine Motorik war folglich etwas eingeschränkt gewesen, aber wahrscheinlich hatten die Schüler sowieso gerochen, dass ich prüfungsbedingt nicht mehr ganz frisch war.

Am Prüfungstag, mit Beginn der ersten Stunde, war meine Aufregung plötzlich verschwunden. Es war wie im Film gewesen. Unwirklich. Ich hatte neben mir gestanden und mir zugeschaut. Es schien sogar ein guter Film zu sein, wenigstens aus meiner Perspektive. Zunächst die Französischstunde. Ich hatte keine gravierenden Fehler beobachten können. Dann Geschichte. Die fünfundvierzig Minuten waren besser gelaufen als in jeder vorherigen Lehrprobe. Es war mir zu meiner Überraschung gelungen, mich von Frau Stahl nicht verunsichern zu lassen. Der Klasse hatte der Unterricht allem Anschein nach sogar Spaß gemacht. Selbst Burak und Jamal hatten sich eingebracht. Doch leider hatten meine Geschichtsseminarleiterin und Herr Schubert davon nichts mitbekommen, weswegen ich am Ende von der Prüfungskommission trotz meiner guten Note bei Frau Lau folgendes Ergebnis mitgeteilt bekam: «Zusammen ergibt das eine 3,5, die auf Vier abgerundet wird. Herzlichen Glückwunsch! Sie haben bestanden. Wollen Sie auch die tragenden Erwägungen hören, die Ihre Note begründen?» Das hatte ich gewollt, um sie mir zu merken und gegen die Fünf in Geschichte zu klagen. Aber die tragenden Erwägungen waren wieder aus meinem Kopf verschwunden, bevor ich sie irgendwo in meinem Gedächtnis hatte festzurren können. Schließlich akzeptierte ich mein Schicksal und war von meinem Hauptseminarleiter mit folgenden Worten verabschiedet worden: «Sie haben das Beste aus Ihren Möglichkeiten gemacht.»

Als ich meiner Elften nach ihrem Freudentanz dann noch etwas genauer vom Ausgang meiner Prüfung berichten konnte, reagierten die Jugendlichen in einer Weise, die mich überraschte: «Ihre Zensuren sind ja auch schlecht. So wie bei uns. Sie sind also auch nisch besser.» In dieser Bemerkung lag aber kein Spott: «Wir finden Sie trotzdem cool.»

«Hört zu», entgegnete ich gerührt, «ich weiß diese Worte zu schätzen. Und hoffe, wir sehen uns eines Tages wieder.» Eigentlich war ich mir sogar sicher, dass wir uns wieder treffen würden. Spätestens in ein paar Jahren im Jobcenter. Ich würde ihnen einen Platz in der Schlange freihalten.

Lehrerzimmer, Mittwoch, Freistunde

Frau Voigt: Und, wie is es gelaufen?

Herr Rauter: Ja, erzähl mal!

Ich: Scheiße. Französisch war gut. Aber in Geschichte hab ich eine Fünf. Dabei hatte ich so ein gutes Gefühl. Diese blöde Kuh. Und natürlich mein Hauptseminarleiter. Die haben das vorher abgesprochen!

Frau Voigt: Kopf hoch! Ich hatte damals auch einen schlechten Abschluss. Wenn du erst mal Lehrer bist, interessiert das keinen mehr. Und ich hab dir doch selber gesagt, dass du ein guter Geschichtslehrer wirst. Am wichtigsten sind doch sowieso die Schüler.

Ich: Was nützen mir die Schüler, wenn ich keine Stelle bekomme?

Herr Rauter: Du kriegst schon eene. Nächstes Jahr jehe ick in Pension. Dann lege ich ein Wort für dich ein, dass du meine erhältst.

FRIDA KAHLO
DIRECTOR'S CUT

«Stephan, könntest du in der 10 a bitte einen Film zeigen. Danke!»
Die Nachricht stand auf einem kleinen Zettel in meinem Lehrer-
zimmerfach und war von Leonora, der Kunstreferendarin, die ich
für eine Stunde vertreten sollte. Sie war wegen der Vorbereitung
eines Unterrichtsbesuchs anderweitig beschäftigt. Im Normalfall
war eine Vertretungsstunde für den betroffenen Lehrer schlimmer
als jeder reguläre Unterricht, zumindest, wenn man die Klasse
nicht kannte. Denn dann nahmen die Schüler einen nicht ernst,
und man genoss praktisch keine Autorität. Aber dieses Schicksal
schien mir Leonora mit dem Film ersparen zu wollen. Mit audio-
visueller Unterstützung sah eine Vertretungsstunde gleich ganz
anders aus. Die Schüler waren fünfundvierzig Minuten abgelenkt,
und man konnte die Zeit nutzen, um Klausuren zu korrigieren
oder den nachfolgenden Unterricht vorzubereiten. Es durfte nur
nicht zu technischen Schwierigkeiten kommen. Der neuralgische
Moment war darum der Anfang, wenn es darum ging, Abspielge-
räte zum Laufen zu bringen. Dafür gab es zum Glück aber immer
mindestens einen Schüler, der das konnte.

Diesmal fiel dieser Schüler allerdings aus. Leonora hatte den
Film auf Video, ein Medium, das die Jugendlichen allenfalls aus
ihren Geschichtsbüchern kannten. Dass nun eins der Mädchen
oder Jungen den Videorekorder in Gang zu setzen vermochte,
war also ein Ding der Unmöglichkeit. Ich wäre früher, als Schüler,
schließlich auch nicht in der Lage gewesen, einen Morseapparat
zu bedienen. Aber Leonora hatte auch für dieses Problem Vor-

kehrungen getroffen. Sie erschien zu Beginn der Stunde höchstpersönlich, um den Film einzulegen und zu starten.

«Ihr werdet heute den Film *Frida* gucken. Der ist über die mexikanische Malerin Frida Kahlo und ist sehr gut.» Mir lief ein kalter Schauer über den Rücken. Wie konnte mir Leonora dieses Werk antun? Hatte sie vergessen, dass es darin Sexszenen gab? Das wusste ich, obwohl ich *Frida* selbst nie gesehen hatte. Aber es war eine alte Angewohnheit von mir, aus Vorsicht, bevor ich mir einen Film anschaute, immer im Internet zu recherchieren, ob in ihm Frauen durch Zurschaustellen nackter Haut zu Sexobjekten degradiert wurden. Nicht dass ich auf den Film dann verzichtete, aber mein Blick war dadurch sehr kritisch, feministisch-emanzipatorisch sozusagen. Und natürlich ermöglichte mir diese Vorabrecherche, diejenigen Werke auszusortieren, die ich auf keinen Fall meinen Schülern zeigen durfte.

Leider war Frau Sohn, wie Leonora mit Nachnamen hieß, nicht so umsichtig gewesen. Und dummerweise war ich der Kollege, der ihre Sorglosigkeit ausbaden musste. Denn in *Frida* war Salma Hayek gleich viermal unbekleidet zu sehen. Hinzu kamen je eine Nackteinstellung mit Ivana Sejenovich, Mía Maestro und Lucia Bravo. Doch damit nicht genug. Es gab obendrein noch lesbischen Sex. Das würde mich gegenüber einer zehnten Klasse wiederholt in äußerste Verlegenheit bringen. Denn wenn ich in diesen Momenten jedes Mal meinen Blick schamhaft vom Bildschirm abwandte und demonstrativ konzentriert in meinen Unterlagen blätterte, dann war ich für die Schüler der verklemmte Herr Serin, der selbst noch nie eine Frau genagelt hatte. Hielt mein Blick jedoch dieser Herausforderung stand, wurde ich zum sabbernden, geifernden, lüsternen Herrn Serin, der sich an jeder noch so billigen Nacktszene aufgeilte. So oder so. Es war eine Lose-Lose-Situation. Und anders als bei einer DVD konnte ich die Stellen auch nicht einfach überskippen. *Frida*, zumal in VHS, war das denkbar ungeeignetste Medium, das Leonora für die Vertretung hatte auswählen können.

Natürlich gab es keine per se für die Schule völlig ungeeigneten Filme. Jede Regiearbeit besaß theoretisch didaktisches Potenzial. Doch selbst eine TV-Serie wie *Holocaust* vermochte ihres nicht zu entfalten, wenn dem Schauen nicht gezielte vorbereitende und nachbereitende Aktivitäten vorausgingen, wenn der Sehensprozess der Schüler nicht durch konkrete Hör- und Sehaufträge gesteuert wurde. Umgekehrt wurden mit den richtigen Arbeitsaufträgen sogar die *120 Tage von Sodom* eines Pier Paolo Pasolini zu einem tauglichen Unterrichtsfilm. Nur hatte mir Leonora weder vorbereitende und nachbereitende Aktivitäten noch Hör- und Sehaufträge mitgegeben. Und welche sollte ich mir auf die Schnelle zu einem Film einfallen lassen, den ich nie gesehen hatte? *Achtet bitte darauf, mit welcher Filmmusik der Regisseur die Sexszenen untermalt! Achtet in den Sexszenen bitte darauf, ob die Körpersprache von Frida (Salma Hayek) dafür spricht, dass sie eine emanzipierte und dominante Frau ist oder dafür, dass sie sich am Ende ihrem Mann Diego Rivera (Alfred Molina) doch wieder sexuell unterwirft! Achtet bitte in den Sexszenen vor allem auf die Augen von Salma Hayek!*

Mir blieb keine Zeit, länger über die Arbeitsaufträge zu sinnieren, denn zu meiner großen Verwunderung begann der Film, kaum dass meine Kollegin den Raum verlassen hatte, sofort mit einem Liebesspiel zwischen zwei Frauen und einem Mann. Damit hatte ich nicht gerechnet. Diese Szene war im Internet gar nicht dokumentiert. Es handelte sich hier offenbar um den Director's Cut mit zensierten, bisher nicht veröffentlichen Sequenzen. Die Schüler waren jedenfalls hellauf begeistert. Ihr Enthusiasmus ließ auch in den nachfolgenden Minuten nicht nach, in denen sich bei mir die Erkenntnis durchsetzte, dass es sich bei diesem Film nicht um die *Frida*-Version handelte, die ich befürchtet hatte, sondern um eine viel schlimmere, um ein gleichlautendes Remake aus irgendeinem osteuropäischen Land mit ausgiebigen Sexsequenzen, dessen Handlung nur noch wenig Gemeinsamkeiten mit der wahren Geschichte der Frida Kahlo aufwies: *Frida, eine bildhübsche wie temperamentvolle junge Frau (sie erinnert ein bisschen an Salma Hayek) erleidet 1925 einen tragischen Verkehrsunfall im Bus, weil sie den Fahrer oral befriedigte. Dieser Unfall fesselt sie für lange Zeit ans Bett. Doch sie gibt sich nicht auf, sondern beginnt im Krankenhaus mit großem Beharrungsvermögen ihren Zimmergenossen zu zeichnen und zu vernaschen. Behilflich sind ihr dabei ihre Eltern, die sie bei jedem Besuch in sein Bett tragen. Ihre Träume, Sehnsüchte und insbesondere ihre Schmerzen verarbeitet sie in leidenschaftlichen, unverblümten Aktgemälden und Orgien, die vom Krankenhauspersonal gefeiert werden. Ihre Werke haben eine solche Eindringlichkeit, dass sie die Aufmerksamkeit und Liebe ihres späteren langjährigen Lebensgefährten und Ehemanns gewinnt (in der Rolle als Diego Rivera ein Mann, der eine gewisse Ähnlichkeit mit Alfred Molina hat). Um das Feuer ihrer Liebe zu erhalten, sind sowohl Frida als auch Diego gezwungen, sich gegen ihren Willen regelmäßig zu betrügen. Ein Glück, dass sie dabei auf ihre jeweiligen Modelle zurückgreifen können. Frida trennt sich schließlich von Diego, als dieser mit ihrer Tochter ein Verhältnis beginnt, aus dem sogar ein Kind entsteht. Als Frida von ihrer Tochter verführt wird, versteht sie Diego – und kommt wieder mit ihm zusammen.*

Leonora hatte offenbar aus Versehen in das Erotiksortiment ihres Freundes gegriffen. Was sich von außen besehen wie ein lustiges Malheur ausnehmen musste, stellte mich vor ein quälendpeinigendes Dilemma. In meiner Rolle als pädagogisches Vorbild fühlte ich mich geradezu verpflichtet, dem zügellosen Treiben auf dem Bildschirm Einhalt zu gebieten. Nur hatte ich leider keinen Ersatzfilm dabei, den ich stattdessen hätte zeigen können. Zudem bestand immer noch die – zumindest theoretische – Möglichkeit, dass sich Leonora nicht mit dem Film geirrt hatte. Vielleicht beschäftigte sich die Klasse gerade in Kunst mit sexuellen Stereotypen im Medium Film. Und ich hatte nicht das Recht, mich in ihren Unterricht einzumischen. Darum entschied ich mich für einen Kompromiss. Ich blätterte während des Handlungsablaufs ostentativ in meinen Unterlagen und schaute dabei nicht auf. So musste der Eindruck entstehen, als bekomme ich von all der Wollust nichts mit. Denn wenn ich offiziell gar nicht merkte, dass da ein Sexfilm lief, konnte man mich dafür auch nicht verantwortlich machen.

Etwa eine halbe Stunde ging das gut, sah man davon ab, dass ich mich ziemlich anstrengen musste, um das Grölen und die unflätigen Kommentare vor allem der männlichen Schüler zu überhören. Diese waren von der Geschichte dermaßen fasziniert, dass sie meine Anwesenheit vergessen hatten. Aber nur fast. Plötzlich wurde ich nämlich von einem der Zehntklässler aus meiner Anonymität gerissen:

«Sie gucken janisch, Herr Serin. Interessiert Sie nisch?»

«Nein!», entgegnete ich, ohne aufzublicken. «Ich hab den Film schon gesehen.»

Ein Raunen ging durch den Raum. Ob eins der Anerkennung, konnte ich nicht erfassen. Die ganze Klasse war auf einmal sehr an mir interessiert: «Haben Sie mit Frau Sohn geguckt? Haben Sie mit Frau Sohn Sex gemacht?»

«Nein!» Angeekelt wies ich diese Vermutung von mir. Nie käme es mir in den Sinn, etwas mit einer Kollegin anzufangen. Lehrerinnen waren für mich grundsätzlich tabu.

«Schaun Sie oft Sexfilme?»

«Nein! Nie!»

«Wissen Sie, was Gangbang ist?»

«Natürlich!»

«Wissen Sie nisch!»

«Doch!»

«Dann Sie erklären!»

«Gangbang ist eine Form von Gruppensex, der sich durch eine extreme Überzahl männlicher Teilnehmer und durch abwechselnde Penetration einer Frau oder eines Mannes auszeichnet. Dagegen sind bei einem Reverse Gangbang die Frauen in der großen Mehrzahl.»

In diesem Moment öffnete sich die Tür, und Frau Gebuhr, die kurz vor der Pensionierung stehende Musiklehrerin, betrat den Raum, um sich den CD-Player auszuleihen. Auf dem Bildschirm wurde Frida gerade von drei Männern gleichzeitig penetriert, was die Situation für mich etwas heikel machte.

«Okay», rief ich geistesgegenwärtig. «Verliert bitte euren Arbeitsauftrag nicht aus den Augen! Achtet bitte darauf, ob das Frauenbild in diesem Film eher emanzipatorisch-feministisch ist oder sexistisch! Achtet dazu besonders auf die Augen! Ihr wisst, dass ihr im Anschluss einen Test darüber schreibt.»

Frau Gebuhr war aber schon wieder verschwunden. Sie hatte sich nichts anmerken lassen. Bis zum Ende der Stunde blieb mir weiterer Kollegenbesuch erspart. Trotzdem war ich froh, dass mein Referendariat in einer Woche zu Ende war und ich das Werner-Heisenberg-Gymnasium verlassen musste. Erst recht, nachdem ich auf der Jungentoilette hatte lesen müssen: *Herr Serin + Frau Sohn = Gangbang.*

Raum 103, Mittwoch, 13.55 Uhr, 5. Stunde, Französisch 11a

Nedime: Monsieur Serin. Vous venez?[15]

Ich: Oui ... Tu as une question?[16]

Nedime: Sind Sie noch mit Ihrer Freundin zusammen?

Ich: Was?! Äh ... ja! ... **Pourquoi**?[17]

Nedime: Schade!

Ich: Äh ... Alors ... äh ... concentre-toi maintenant sur ton examen![18]

---

[15] Herr Serin. Kommen Sie?

[16] Ja ... Hast du eine Frage?

[17] Warum?

[18] Äh ... Also ... äh ... konzentriere dich jetzt auf deine Klausur!

ICH BIN GEKOMMEN, UM EUCH ZU SAGEN, DASS ICH GEHEN MUSS

«Können wir heute ein Spiel spielen?»

«En français, Ahmet! Même si c'est notre dernière fois.»

«Nous jouez?»

«Nous jou …?»

«Nous jouons?»

«Non, aujourd'hui, on va travailler avec une chanson.» [19]

Diese Eingangsfrage von Ahmet war ich gewohnt. Meine Schüler versuchten es bei jeder sich bietenden Gelegenheit. Diesmal war der Wunsch sogar für mich nachvollziehbar, denn es handelte sich um unsere letzte gemeinsame Doppelstunde. Aber so klassisch, mit einem Spiel, wollte ich mich von meinen Schülern nicht verabschieden. Dazu bedeutete mir die 11 a zu viel. Ohne ihre naiv-ehrliche Begeisterungsfähigkeit und Zuneigung hätte ich während des Referendariats noch weniger Lichtblicke gehabt. Mein Lebewohl an die Schüler war das Lied «Je suis venu te dire que je m'en vais»[20] von Serge Gainsbourg. Heute endlich würden die Jugendlichen einen anderen Herrn Serin kennenlernen. In den beiden Jahren, in denen ich sie unterrichtete, hatte ich den Ratschlag meiner Seminarleiterin für Französisch beherzigt und die Schüler bei ihren Interessen abgeholt. Ich hatte sie nicht mit dem lebensweltfremden Lehrbuch *A Plus* genervt, obwohl mich

[19] «Auf Französisch, Ahmet! Selbst wenn es unser letztes Mal ist.» – «Wir spielt?» – «Wir spiel...?» – «Wir spielen?» – «Nein, heute werden wir mit einem Lied arbeiten.»

[20] «Ich bin gekommen, um dir zu sagen, dass ich fortgehe.»

Frau Reiz wiederholt dazu aufgefordert hatte. Stattdessen hatte ich die Schüler eine Geschichte über eine Teenagerin lesen lassen, die am französischen Pendant zu *Deutschland sucht den Superstar* teilnahm. Um der Lektüre noch mehr Realismus zu verleihen, hatte ich die letzten Kapitel sogar umgeschrieben. Das Mädchen stieg am Ende nicht gereift aus der Castingshow aus, sondern gewann diese. Nachdem ihre zweite Single nicht auf Platz eins, sondern nur auf Platz zwei der Charts landete, wurde ihr Vertrag von der Plattenfirma gekündigt. Statt in großen Stadien spielte das Mädchen fortan auf Autohauseröffnungen. Vereinsamt, da sie den Kontakt zu allen Familienangehörigen und alten Freunden abgebrochen hatte und von den neuen wegen Erfolglosigkeit fallen gelassen wurde, versank sie schließlich in einem Sumpf aus Drogen und Prostitution.

Darüber hinaus hatte ich mit den Schülern von dem französischen Zeichner Riad Sattouf *Retour au collège*[21] durchgenommen, einen Comic über ein Pariser Gymnasium. Um ihnen zu zeigen, dass der französische Schüleralltag sich von dem ihren nicht grundlegend unterschied. Und damit sie lernten, dass in Frankreich die Schüler nicht alle so redeten wie Marc, Pierre, Aurelie und Nathalie aus dem Lehrbuch, sondern wie Jugendliche. Der Comic enthielt auch unzählige Wendungen aus der Umgangs- und Jugendsprache sowie dem Vulgärfranzösischen. Die Schüler anderer Französischlehrer konnten nicht von sich behaupten, für die Begriffe *Joint*, *homosexuell* und *Penis* jeweils bis zu fünf Synonyme zu beherrschen. Ich hatte sogar einmal einen Vokabeltest zum Wortfeld Sex schreiben lassen. Allerdings darauf verzichtet, von den Schülern eine Unterschrift der Eltern für die Note zu verlangen.

Und natürlich hatte ich wiederholt mit Musik gearbeitet.

---

[21] Rückkehr ans Collège

Während meine Kollegen den Jugendlichen mit Alain Souchon, Francis Cabrel und, wenn sie sich dynamischer präsentieren wollten, mit Louise Attaque kamen und so wahrscheinlich dem Vorurteil der deutschen Schüler, dass französische Musik irgendwie schwul war, erst recht Zunder gaben, hatte ich mich – zur Freude von Frau Lau und zum Ärger von Herrn Schubert – bemüht, Songs auszuwählen, in denen Probleme behandelt wurden, mit denen die Jungen und Mädchen selbst konfrontiert waren: Kopftuch, Rassismus, Gewalt und Perspektivlosigkeit, also Hip-Hop von NTM, Assassin, Disiz la Peste oder La Rumeur. Hauptsache, es gab kein Happy End.

Und nun wollte ich mich mit Serge Gainsbourg verabschieden, von dessen Songs die meisten Französischlehrer wegen ihrer oftmals erotisch aufgeladenen Texte, wegen der provokativen Behandlung von Homosexualität, Inzest und Pädophilie lieber die Finger ließen. Aber «Je suis venu te dire que je m'en vais» war frei von Provokation, es sei denn, man empfand es als provokativ, dass jemand eine Beziehung beendete.

Mit diesem Chanson wollte ich mich den Schülern von meiner empfindsamen Seite zeigen. Bisher hatten sie mich ausschließlich als jugendlich, locker und cool erlebt. Aber ich war natürlich viel komplexer. Als ich in einem Video eine weinende Jane Birkin den Gainsbourg-Song als Hommage an ihren kurz zuvor verstorbenen Ex covern sah, kamen selbst mir die Tränen. Diese Sensibilität hatte ich bisher im Unterricht nicht offenbaren können. Ich musste hart auftreten, um zu bestehen. Aber nun, in der Stunde des Abschieds, konnte ich es mir leisten, mich zu öffnen. Vielleicht konnte ich darüber hinaus noch das eine oder andere Mädchen der Klasse emotional an mich binden, sodass diese ein Weinen nicht unterdrücken konnten, weil ich sie verließ. Vielleicht sogar Nedime, die in den letzten Monaten wiederholt zwei- bis eindeutige Bemerkungen zu mir gemacht hatte, die mir den

Eindruck vermittelten, als sehe sie in mir nicht nur den Lehrer, sondern auch einen Mann. Und ihr Lehrer war ich bald sowieso nicht mehr …

Selbstverständlich ließ ich die Schüler nicht unvorbereitet auf das Lied los, sondern begann mit einer vorbereitenden Aktivität zur thematischen und motivationalen Einstimmung. Meine *activité avant l'écoute*[22] verlangte von ihnen, zu notieren, auf welche Weise man mit seinem Partner Schluss machen konnte. Die Möglichkeiten wollte ich als Mind Map auf einer Overhead-Folie sammeln. Die Schüler nannten *Gespräch führen, SMS schreiben, sich einfach nicht mehr beim anderen melden, Handynummer wechseln* und *den alten Freund mit dem neuen Freund besuchen gehen*. Danach leitete ich über zum Chanson, indem ich die Tafel aufklappte, auf der der Interpret und der Titel standen. Anschließend bat ich Ahmet, den DVD-Player anzuwerfen.

Ich hatte ein YouTube-Video ausgewählt, das Serge Gainsbourg bei einem Fernsehauftritt sitzend inmitten einer größeren Zahl ebenfalls sitzender Frauen zeigte. Er hatte die Beine übereinandergeschlagen, trug einen schwarzen Anzug und ein hellblaues, halb aufgeknöpftes Hemd, unter dem die nackte Brust zum Vorschein kam. Dem Pornolicht, dem körperlichen Verfall und dem Alkoholisierungsgrad des Künstlers nach zu urteilen, musste das Video Ende der Siebziger oder Anfang der Achtziger aufgenommen worden sein. Während Gainsbourg beim Singen angestrengt auf seinem Stuhl vor- und zurückrutschte, überboten sich die in dunklen Seiden- oder Satinkleidern gewandeten Frauen darin, ganz *noblesse oblige*, ihre statusbedingte Eleganz durch die völlige Abwesenheit enthemmter oder wenigstens expressiver Mimik und Gestik zur Schau zu stellen. Behilflich waren ihnen dabei sicherlich die weißen, tief liegenden Schalensessel, die hervorragend für

---

22 Übung vor dem Hören

ein kurzes Nickerchen geeignet waren, weniger aber für schwung-volle Bewegungen zur Musik. Und so waren das Schnäuzen der älteren Dame mit der Gabi-Zenker-Frisur am rechten vorderen Bildrand, das Zigarette-zum-Mund-Führen der Blondine links hinten und das ruhige Mit-dem-Kopf-Wippen der Braunhaa-rigen in der Bildmitte das Äußerste an Körpereinsatz der Zuhöre-rinnen, während sich das Gros der Frauen darauf beschränkte, einfach nur ausdruckslos und gelangweilt in irgendeine Richtung zu starren, selbst nur in eine, wo kein Serge Gainsbourg saß. Doch es gab auch ein paar, die den Sänger konzentriert beobachteten, wie die aufmerksame Wasserstoffperoxidblondine mit der Bob-frisur, deren Blick die gesamte Dauer des Liedes über auf seinem nur zwanzig Zentimeter entfernten rechten Ohr ruhte. Ein Wun-der, dass er sich davon nicht völlig aus dem Konzept bringen ließ und tapfer weitersang.

Die Schüler hingegen schon. Sie hatten merklich Mühe, sich auf ihren Arbeitsauftrag zu konzentrieren. *Décrivez l'ambiance de la chanson! – Beschreibt die Stimmung des Liedes!* Hierbei sollten sie, ausgehend von der Körpersprache des Sängers und der Art, in der der Song vorgetragen wurde, stichpunktartig festhalten, ob aus dem Lied beispielsweise Wut, Trauer, Spott oder Hass etc. sprachen. In einem zweiten Durchgang hatte ich geplant, die Schüler vermeintliche Schlüsselwörter notieren zu lassen. Aber schon beim ersten Schauen wurde mir klar, dass die Jugendlichen nicht bei der Sache waren. Als Gainsbourg *Je suis venu te dir'que je m'en vais et tes larmes n'y pourront rien changer*[23] zu singen anfing, amüsierten sich Nesrin und Nedime über die Hässlichkeit des Franzosen, während Ahmet feststellte, dass die Frauen alle kaum Brust hatten. Bei *tu t'souviens des jours anciens et tu pleures tu suf-*

---

[23] Ich bin gekommen, um dir zu sagen, dass ich fortgehe, und deine Tränen werden daran nichts ändern können.

foques, tu blémis à présent qu'a sonné l'heure[24] bemerkte Hannah, die Leistungsstärkste der Gruppe, dass sie nichts verstehe, weil der Sänger so unmöglich nuschle, und Paul fand das Lied schwul. Worauf alle lachen mussten, außer Nesrin und Nedime, die sich mittlerweile mit Ahmet stritten, darüber, dass der bei Frauen nur auf die Brüste achten würde. Sie beschimpften ihn als hässlich, was ihn sehr aufregte, denn er investierte viel Zeit im Fitnessstudio und vor dem Spiegel und gab obendrein viel Geld für teure Markenklamotten aus.

Ich ließ das Video dennoch bis zum Ende durchlaufen. Aber bei der Auswertung bestätigte sich der Eindruck. Niemand hatte etwas aufgeschrieben. Nur Ahmet meldete sich: «*Nous jouez maintenant?*»[25] Obwohl eigentlich die Mehrzahl der Schüler die Frage nicht hätte verstehen dürfen, da sie nur rudimentär Französisch konnten, stieß dieser Vorschlag auf einhellige Zustimmung.

Ich verzichtete auf einen zweiten Anlauf. Und auch darauf, die Schüler ausgehend von dem Vers *Je suis venu te dire que je m'en vais* einen eigenen Liedtext verfassen zu lassen, um diesen dann mit den Zeilen von Gainsbourg zu vergleichen. Ich wischte die Tafel – und wir spielten *Hangman*. Enttäuscht übernahm ich die Rolle des Spielleiters. Ich hatte die gleiche Erfahrung gemacht wie damals als Fremdsprachenassistent in Frankreich, als ich in mehreren Kursen mit Tocotronic auf völlige Ignoranz gestoßen war. Beim Song «Samstag ist Selbstmord», in dem die Band den Ausgehzwang am Wochenende beklagte, hatte ein Schüler die abschätzige Bemerkung gemacht: «*Ils savent pas faire la fête* – Sie haben es nicht drauf, sich zu amüsieren.» Nur war die Enttäuschung diesmal vielleicht sogar noch größer. Denn schließlich kannten

---

[24] Du erinnerst dich an alte Tage, und du weinst, du bekommst keine Luft mehr, du erblasst, nun, wo die Stunde geschlagen hat.

[25] «Wir spielen jetzt?»

mich meine Elftklässler länger. Schließlich hatte ich die Stunden besser geplant. Es waren meine beiden letzten. Und die Zeilen von Gainsbourg waren ja auch irgendwie meine Abschiedsworte an die Klasse, an meine Lieblingsklasse. Ohne ihnen diesen Umstand pathetisch in Erinnerung zu rufen, ließ ich sie mit einem knappen «Es hat Spaß gemacht mit euch!» dreißig Minuten früher gehen. Sie verließen auf sehr unsentimentale Weise den Raum, noch bevor ich bis drei zählen konnte. Selbst die schlanke und hübsche Nedime mit dem kastanienbraunen langen Haar verschwand, ohne sich zu mir umzudrehen. Nur die zierliche Sophie brauchte mal wieder länger für das Packen ihrer Sachen. Immerhin war sie zu meinen letzten beiden Stunden, überhaupt erschienen. Sonst hatte sie sich während des Schuljahrs nicht oft blicken lassen, im Einvernehmen mit ihrer alleinerziehenden Mutter, die der Meinung war, Sophie habe das Recht, sich zu finden. Selbst wenn Sophie mal gekommen war, hatte sie kaum auf sich aufmerksam gemacht und die Stunden still und unbeteiligt in der letzten Reihe am Fenster zugebracht. Zu ihrer unscheinbaren Art passten ihre blasse Gesichtsfarbe und die durchweg schwarzen Jeans, die schwarzen Kapuzensweaters und schwarzen Chucks. Selbst die Haare hatte sie schwarz gefärbt. Das einzig Auffällige an ihr waren das Piercing am rechten Flügel ihrer Stupsnase und der Mando-Diao-Button an ihrer Federtasche.

Das Warten auf sie war mir ein bisschen unangenehm. Denn ich wollte mit meiner Desillusionierung darüber, dass mein Abschied von Nedime und den anderen so gar nicht gewürdigt worden war, endlich allein sein. Doch dann sprach Sophie die schönsten zwei Sätze, die jemals jemand zu mir während der zwei Jahre Referendariat gesagt hatte: «Herr Serin, können Sie noch mal den Namen von dem Sänger und dem Lied ranschreiben? Ich würd mir das gerne runterladen.»

GLOSSAR

Activité avant l'écoute (Übung vor dem Hören): Im Französischunterricht jede Übung, die dem Hören eines Liedes oder eines Gesprächs vorgeschaltet ist und die den Zweck hat, die Schüler thematisch einzustellen, ihr Interesse zu wecken und ihre Aufmerksamkeit auf den Hörtext zu fokussieren. Etwa: Die Schüler ausgehend von einem Songtitel Hypothesen zum Thema formulieren lassen oder ein Wortfeld zum im Hörtext behandelten Inhalt an der Tafel erstellen lassen. Die Aktivität kann aber auch dazu führen, dass das Interesse der Schüler am nachfolgenden Hörtext gemindert wird, weil sie nun wissen, was folgt, und dadurch ungewollt ihre Aufmerksamkeit auf etwas anderes gelenkt wird, beispielsweise auf ihren iPod, dessen Songs die Schüler hören können, ohne vorher anstrengende Übungen machen zu müssen. Die Aufgaben während des Hörens nennen sich *activités pendant l'écoute*, die nach dem eigentlichen Hörprozess *activité après l'écoute.*

Alexa: Das der Zahl der Läden nach größte Einkaufszentrum Berlins. Bunkerartiger Klotz aus sandsteinfarbenem Beton am Alexanderplatz, dessen Notwendigkeit sich keinem vernünftigen Menschen erschließt, es sei denn, man hält es für vernünftig, sicherzustellen, dass sich im Umkreis von drei Kilometern kein unabhängiger Einzelhandel entwickelt beziehungsweise dass alle Schüler der umliegenden Schulen für die Nachmittage, die Freistunden und das Schwänzen einen verbindlichen und gemeinsamen und überdachten Platz zum Abhängen haben.

Allgemeines Seminar: Studienseminar, in dem sich Referendare mit gleichem Ausbildungsbeginn und gleichem Schultyp, aber verschiedenen Unterrichtsfächern einen Nachmittag pro Woche für zweieinhalb Stunden fächerunabhängigen Aspekten der Lehrerausbildung zuwenden (Schulrecht, Elternarbeit, methodische und didaktische Fragen, Erstellung von Unterrichtsentwürfen) und sich darüber hinaus vergewissern, dass es bei den anderen Auszubildenden im Seminar genauso schlecht läuft wie bei ihnen. Pro Berliner Bezirk gibt es zwei bis vier Allgemeine Seminare. Unter den Auszubildenden wird das Allgemeine Seminar aus sprachökonomischen Gründen als Hauptseminar bezeichnet, obwohl es genau genommen eigentlich Schulpraktisches Seminar heißt.

DaZ (Deutsch als Zweitsprache): Für ein Kind ist Deutsch die Zweitsprache, wenn es in Deutschland aufwächst, aber zu Hause, weil seine Eltern aus einem anderen Land kommen, zunächst eine nichtdeutsche Erstsprache gelernt hat. Im Gegensatz zu einer Fremdsprache ist die deutsche Zweitsprache für die Kinder, da sie in einem deutschsprachigen Umfeld aufwachsen, täglich notwendig. Weil immer mehr Schüler ihre Zweitsprache nur defizitär erwerben, steigt in Schulen der Bedarf an gezielten Fördermaßnahmen, entweder durch Einrichtung eigener DaZ-Kurse oder durch fächerübergreifende Sprachförderung. Da allerdings auch viele Kinder und Jugendliche zunehmend nur noch eine unzureichende Muttersprache mit in den Unterricht bringen, wären oft selbst Deutsch als Erstsprache, Türkisch als Erstsprache, Arabisch als Erstsprache oder Russisch als Erstsprache als ergänzende Kurse nötig.

Didaktische Reserve: Dass man das, was man sich als Lehrer für die Stunde vorgenommen hat, nicht schafft, daran gewöhnt man sich als Referendar schnell. Wofür gibt es schließlich Hausaufgaben? Eine ganz andere Erfahrung ist es, wenn man bereits nach fünfunddreißig Unterrichtsminuten mit seinem Stoff durch

ist. In einer Lehrprobe, zu der man Haupt- und Fachseminarleiter sowie den Schulleiter eingeladen hat, in der man die Klasse nicht wie sonst einfach zehn Minuten früher gehen lassen kann, sollte man eine optionale zusätzliche Unterrichtsphase in petto haben, um die Zeit bis zum Klingeln zu überbrücken.

EASTGATE: In Berlin-Marzahn gelegenes Einkaufszentrum, das drittgrößte Berlins. Es soll die Bewohner des östlichen Randbezirks davon abhalten, zum Shoppen ins Zentrum der Stadt zu fahren. Sie stehen im Ruf, ihre Kinder mit Vorliebe Kevin, Justin, Johnny und Kimberley zu nennen und sollen eine Vorliebe für Kampfhunde und zackige Glatzen haben, was die sensiblen Touristen in den Innenstadtbezirken verschrecken könnte.

Fachbereichsleiterin: Zuständige Lehrerin für die Koordinierung eines Faches (Französisch) oder eines Fachbereichs (Fremdsprachen) an einer Schule. Wenn sie entspannt ist, lässt sie den Kollegen des Fachbereichs weitgehend freie Hand. Wenn nicht, dann korrigiert sie auch gern mal alle Klausuren der Referendare gegen, um über deren Notenvergabe zu sprechen. Die Fachbereichsleiterin kann auch ein Mann sein.

Fachseminare: Seminare, in denen die Referendare von je einem Fachseminarleiter in ihren Fächern ausgebildet werden. Jeder Auszubildende besucht zwei Fachseminare. Die Veranstaltungen finden an zwei Vormittagen in der Woche statt, in der Regel an den Schulen der Fachseminarleiter. Anders als beim Allgemeinen Seminar nehmen an einem Fachseminar Referendare unterschiedlicher Ausbildungsstände (1., 2., 3. oder 4. Semester) teil. Die Auszubildenden, die schon länger dabei sind, sollen den

Neuankömmlingen ihre Erfahrungen weitergeben, indem sie sie zum Beispiel warnen, dass man im Seminar nichts lernt und nur schlechte Noten erhält, weshalb man es besser zum Ende des ers- ten Semesters wechselt.

Fachseminarleiter: Neben ihrer Tätigkeit als Lehrer leiten sie ein Fachseminar, in dem sie Referendare in einem Fach ausbilden sowie bewerten. Für diese Tätigkeit erhalten sie Entlastungsstunden bei ihren normalen Unterrichtsverpflichtungen. Sie sind verpflichtet, ihre Seminarteilnehmer mehrmals pro Semester bei sich hospitieren zu lassen. In diesen Hospitationen können sich die Referendare ein Bild davon verschaffen, dass ihre Ausbilder auch keinen besseren Unterricht hinbekommen als sie selbst. In den anschließenden Auswertungen sind die Referendare dazu angehalten, sich möglichst lobend zu den eigentlich nur mittelmäßigen bis schlechten Vorführstunden der Fachseminarleiter zu äußern, um die Seminarleiter nicht gegen sich aufzubringen.

GEW: Gewerkschaft Erziehung und Wissenschaft.

Gesundbrunnencenter: Einkaufstempel mit den gleichen Ladenketten wie das Alexa und das EASTGATE. Wesentliches Distinktionsmerkmal zu diesen: Es liegt im Bezirk Wedding.

Hangman: Buchstabenspiel, bei dem sich zwei Mannschaften abwechselnd Worte überlegen, deren nur durch Striche an der Tafel markierte Buchstaben von der jeweiligen Mannschaft aufgeschlüsselt werden müssen, bis sie die Begriffe lösen kann. Wird ein falscher Buchstabenvorschlag gemacht, beginnt ein Spieler der Wortmannschaft einen Galgen mit einem Gehängten zu zeichnen. Ist die Zeichnung fertig und das Wort noch nicht gefunden, erhält die Ratemannschaft keinen Punkt. Bis in die Oberstufe hinein ist

Hangman der Klassiker unter den Schulspielen, weil Schülern und Lehrern oft nichts anderes einfällt, um die letzte Stunde vor den Ferien herumzubekommen. Synonyme: Galgenmännchen, Galgenraten, Galgenbaum, Galgenmann.

Hauptseminarleiter: Ehemaliger Lehrer, der sich über den Zwischenschritt Fachseminarleiter vor heutigen Schülergenerationen in Sicherheit gebracht hat und nun Referendare im Allgemeinen Seminar ausbildet, deren Dienstvorgesetzter er ist. Formal ist er eigentlich kein Hauptseminarleiter, sondern der Leiter des Allgemeinen Seminars beziehungsweise der Leiter des jeweiligen Schulpraktischen Seminars. Weil die Aussprache des Titels «Leiter des 2. Schulpraktischen Seminars Charlottenburg-Wilmersdorf» aber dreißig Sekunden dauern würde, hat sich der Begriff «Hauptseminarleiter» eingebürgert. Der Hauptseminarleiter verteilt die Referendare seines Seminars auf die in seinem Zuständigkeitsbereich liegenden Schulen und unterweist sie in allgemeindidaktischen, methodischen, schulrechtlichen sowie sonstigen ausbildungsrelevanten Fragen. Bei allen wichtigen Vorkommnissen muss er als Erster vom Lehramtsanwärter kontaktiert werden, zum Beispiel bei Erkrankungen, Problemen mit der Schule, beim Wunsch des Referendars, einer Nebentätigkeit nachzugehen, oder beim Wechsel des Freundes/der Freundin. Er entscheidet auch, was objektiv gesehen guter Unterricht ist, was sich allerdings oft nicht mit den Vorstellungen anderer Hauptseminarleiter und der Fachseminarleiter deckt und sich außerdem alle paar Jahre ändert.

Hospitation: Der Besuch einer Stunde eines anderen Lehrers zur Beobachtung bestimmter Unterrichtsaspekte wie Lehrerhandeln, Schülerhandeln oder Methoden- und Medieneinsatz. Auch der Haupt- oder der Fachseminarleiter hospitieren, indem sie den Unterricht des Referendars besuchen.

Kompetenzen: Das sind «die bei Individuen verfügbaren oder durch sie erlernbaren kognitiven Fähigkeiten und Fertigkeiten, um bestimmte Probleme zu lösen, sowie die damit verbundenen motivationalen, volitionalen (d.h. absichts- und willensbezogenen) und sozialen Bereitschaften und Fähigkeiten, um die Problemlösungen in variablen Situationen erfolgreich und verantwortungsvoll nutzen zu können».[26] Jede Stunde soll einen Beitrag zur längerfristigen Kompetenzentwicklung der Schüler leisten. Kompetenzschwerpunkte der Unterrichtsreihen und jeweiligen Stunden müssen im Unterrichtsentwurf ausgewiesen werden. Und natürlich müssen auch die Referendare Kompetenzen haben.

Lernziel: Bezeichnet den Zuwachs an Wissen, Fähigkeiten und Fertigkeiten, den Schüler am Ende einer Stunde oder einer Stundenphase erreicht haben sollen. Da aber momentan Kompetenzen voll angesagt sind, möchten manche Ausbilder Lernziele am liebsten abschaffen.

Mittlerer Schulabschluss (MSA): Löste in Berlin den Realschulabschluss ab. Setzt sich zusammen aus den Jahrgangsnoten der Klasse 10, einer schriftlichen und mündlichen Prüfung sowie einer Präsentationsprüfung. Ist entscheidend für die Versetzung in die gymnasiale Oberstufe und soll bei der Suche nach einem Ausbildungsplatz helfen, zum Beispiel als Lackierer, wofür man aber heutzutage oft schon das Abitur braucht.

Operatoren: Verben, die den Schülern im Imperativform sagen, was sie zu tun haben – sofern sie sie denn verstehen –, und die in

---

[26] Franz E. Weinert (Hg.): Leistungsmessungen in Schulen. Weinheim 2001, S. 27

die Anforderungsbereiche I (Reproduktion), II (Reorganisation und Transfer) und III (Reflexion und Problemlösung) gegliedert sind. Für das Fach Politik sind das beispielsweise: nennen, beschreiben (I), analysieren, erklären, vergleichen, herausarbeiten (II) und erörtern, prüfen, diskutieren (III).

Referendare: Menschen zwischen sechsundzwanzig und fünfundfünfzig Jahren, die später Lehrer werden wollen und deswegen das Referendariat absolvieren. Zeichnen sich durch einen außergewöhnlich schnellen Alterungsprozess, ein kontinuierlich abnehmendes Selbstbewusstsein und zunehmende soziale Vereinzelung aus. Synonym: Lehramtsanwärter, Heulsuse

Referendariat: Zweite Phase der Lehrerausbildung, die auf das mit dem Ersten Staatsexamen abgeschlossene Lehramtsstudium folgt. Dauert vierundzwanzig Monate und endet mit der Zweiten Staatsprüfung, die aus zwei Vorführstunden, dem Auswertungsgespräch zu diesen Stunden und einer mündlichen Prüfung besteht. Die Prüfung wird vom Referendar gern auch nicht bestanden, um die intensive Erfahrung des Referendariats um sechs oder sogar zwölf Monate zu verlängern und die Arbeitslosigkeit hinauszuzögern. Synonyme: schlimmste Zeit meines Lebens, Hölle.

Sachanalyse und didaktische Reduktion: Die Sachanalyse ist die im Unterrichtsentwurf vorzunehmende schriftliche Untersuchung des in der Vorführstunde behandelten Gegenstands (z. B. Kinderarbeitsverbot). Es geht dabei darum, welche Fragen, Aspekte und Perspektiven sich für die Bearbeitung im Unterricht anbieten. Die anschließende sogenannte didaktische Reduktion fokussiert den Gegenstand auf eine konkrete Leitfrage für die Stunde (z. B. «Nützt die Aufhebung des Kinderarbeitsverbots den Betroffenen?»).

Schüler: Menschen unterschiedlicher Größe, zumeist unter zwanzig Jahren, die den Referendaren in der Schule sagen, was diese zu tun haben. Dennoch für diese oft der einzige Lichtblick während der Ausbildung. Synonyme: Jungen und Mädchen, Jugendliche.

Schulpraktika: Sind während des Studiums zu absolvieren und unterteilen sich in Hospitationspraktika, in denen man sich den Unterricht gestandener Lehrer anschaut, Diagnostikpraktika, in denen beobachtend Stärken und Schwächen eines Schülers zu ermitteln sind, und Unterrichtspraktika, in denen man als Student die ersten eigenen Unterrichtsstunden erteilt.

Sekundarstufe I: In weiterführenden Schulen die Mittelstufe, also die Schüler im schwierigen Alter.

Sekundarstufe II: Gymnasiale Oberstufe.

Seminarleiter: Siehe Haupt- und Fachseminarleiter.